the Calling

더 콜링

the Calling 더 콜링

2010. 7. 27 초판 인쇄
2010. 8. 2 초판 발행

지은이 박 창 두
발행인 황 수 관
발행처 도서출판 신바람

등록번호 제 2007-15호
경기도 군포시 산본동 1061-1 현대아카데미센타 604호
☎ 031)394-0551   FAX. 031)394-0554
ISBN 978-89-960211-7-9   03230

저자 연락처 / 010 - 7566 - 9182
이메일 cdprayer@hanmail.net / cdprayer@hotmail.com
블로그 http://blog.daum.net/cdprayer
트위터 http://twitter.com/cdprayer

값 15,000 원

the Calling
더 콜링

박창두 지음

도서출판 신바람

말씀의 영적 원리와 교리를 설명한 책입니다

갈보리교회 담임목사 강문호

하나님이 주시는 선물 가운데 가장 큰 선물은 '만남의 선물' 입니다.

나는 박창두 목사님이 이 책을 가지고 왔을 때 처음 만났습니다. 그러나 박 목사님에 대한 소문은 익히 듣고 있었습니다. 박 목사님은 교회만 알고, 성경만 읽으며, 예수님만 말하는 성실한 목회자라고 듣고 있었습니다.

추천서를 써 달라고 이 책의 원고를 가지고 왔을 때 첫 번 느끼는 것이 있었습니다.

'과연 소문대로로구나!'

박 목사님이 내게 이 책의 초고를 주고 돌아 간 후 첫 페이지부터 읽었습니다. 심상치 않은 책 같았습니다. 과연 박목사님은 미래가 궁금해지는 목사입니다.

'the Calling'은 박 목사님이 15년간 말씀의 골방에 들어가 기도와 깊은 묵상과 사색으로 그동안 하나님께서 깨닫게 하시고 열어주셨던 복음을 독자들과 나누기 위해 사명감을 가지고 기록하였다고 말했습니다.

'the Calling'에는 특징이 있습니다.

1. 처녀작입니다.

나는 책을 100여 권 출판하였습니다. 첫번 책 출발이 어려웠습니다. 책 쓰는 방법도 숙달되지 않았고, 누가 알아주지도 않기에 출판도 걱정이었습니다. 누가 사주어야 하는 데 사주지도 않습니다. 읽어주지 않는 책을 혼자 출판한 들 무슨 소용이 있겠습니까? 그런 의미에서 첫 책은 더더욱 해산의 고통이 긴 책입니다. 이 책은 박 목사님의 처녀작입니다. 십여 년 넘는 해산의 수고와 고통을 치르며 집약되어진 생명줄과 같은 책입니다.

2. 본질적인 책입니다.

우리에게 가장 중요한 문제는 구원이고 하나님의 부르심입니다. 사람들이 추구하는 것은 행복과 건강과 축복입니다. 그러나 그보다 중요한 것은 하나님과의 만남입니다. 설령 이 땅에서는 가난하게 살아도, 병들어 일찍 죽어도, 하나님의 부르심을 받고, 하나님을 만나고, 하나님의 일을 하다가, 하나님 앞에 가는 것이 가장 큰 복입니다.

이 책은 이러한 인간의 가장 근본을 다룬 책입니다. 하나님의 관점에서 하나님 나라를 바라보는 눈이 열리도록 길라잡이가 되어주는 아주 중요한 책입니다.

3. 성경적인 책입니다.

이 책은 처음부터 끝까지 오직 성경이었습니다. 말씀으로 시작하여 말씀으로 이어가다가 말씀으로 끝나고 있습니다. 말씀의 영적 원리와 교리를 일목요연하게 정리하여 누구라도 알아듣기 쉽도록 설명한 책입니다. 교회에서 교재로 사용해도 아주 좋을 책입니다.

박창두 목사님!

이 책을 쓰느라고 수고하였습니다.

주변에서 종종 첫 권이 한 권으로 끝나는 경우를 보곤 합니다. 그러나 나는 이 첫 권이 시작이 되어 더 좋은 책들을 계속 출판하는 시발점이 되기를 바라고 있습니다. 박 목사님은 충분히 해내실 것입니다.

박 목사님!

걸어 온 길보다 뛰어갈 길이 더 많습니다.

한 일도 많지만 할 일은 더 많습니다.

이제 겨우 시작입니다.

우렁찬 출발의 책이 되기를 기원합니다.

모든 영광을 하나님께 드립니다.

2010. 6. 25

구원을 알고자 하는 이들의 필독서

모세성경연구원장 정수혁 목사

여호와 하나님께서 거하시는 곳을 성전이라고 합니다.

광야의 성막 위에 낮이면 구름기둥이 솟아올라, 이스라엘 백성들은 하나님의 임재를 깨달았습니다.

하나님께서는 성전에서 이스라엘 민족을 위하여 일하셨고, 이스라엘의 대적을 물리쳐 주셨고, 이스라엘 백성들을 보호해 주셨습니다. 그 당시 어떤 강한 국가도 하나님의 손 안에서 이스라엘 백성들을 빼앗을 수 없었습니다. 이렇게 하나님이 함께 하시는 것을 우리는 임마누엘이라고 합니다.

예수님께서는 예수님 자신을 하나님의 성전이라고 하셨습니다.

예수님께서 세상에 오셔서 수많은 환자들과 귀신들린 자들을 고쳐주시면서 이 일을 행하시는 분은 내 안에 계시는 하나님이라고 말씀하셨습니다. 초대교회 성도들에게 성령께서 임하셨을 때 사도바울은 너희가 하나님의 성전이라고 하였습니다. 사도들이 복음을 전파하자 귀신이 나가고 수많은 환자들이 치료를 받았습니다. 하나님께서 제자들과도 함께 일하셨다는 뜻입니다. 이러한 기적과 이적은 하나님께서 함께하심으로 일어났다 하여 임마누엘이라 합니다.

거듭났다는 말은 사단의 자녀에서 하나님의 자녀로 다시 태어났다는 말입니다. 거듭난 자 즉 임마누엘 된 자들에게는 오늘날에도 초대교회의 성도들과 같은 일들이 일어나야 합니다.

거듭 났는데도 그 사실을 모르며 신앙생활을 하고 있는 자, 거듭나지 않았는데도 거듭난 줄로 아는 자, 거듭 났는지 안 났는지 그 자체를 모르는 자, 이러한 상태로 신앙생활을 하고 있는 성도들이 한국교회에는 얼마나 많은지 모릅니다.

선지자가 많다는 것은 진리가 희귀 하다는 뜻입니다.

진리가 희귀할 때는 언제나 하나님의 진노가 임합니다. 이러한 급박한 시대에 진리를 바로 알아 정확한 구원을 전할 수 있는 선지자가 있다는 것은 한국교회의 큰 복이라 할 수 있습니다.

성경을 진리의 눈으로 바로 보고 해석하여 전달해 내는 박창두 목사님을 종으로 세우신 하나님께 감사와 영광을 올려드립니다. 모든 성도들이 읽을 수 있도록 글을 써낸 박창두 목사님께 감사드립니다.

구원을 알고자하는 모든 이에게 필독 할 것을 권면하며, 기쁜 마음으로 'the Calling' 을 추천합니다.

2010. 7. 22

이 책은 마치 문제집 뒤편의 답안지와 같습니다

신바람 건강 박사 황수관 장로

나는 어머니의 태중에 있을 때부터 어머니와 함께 교회를 다닌 모태신앙인입니다. 유년주일학교부터 청년대학부까지 거의 한 주도 빼먹지 않고 예배를 드리며 성장했습니다. 주일이면 당연히 교회에 나가야 되는 줄 알고 다녔던 어린아이가, 머리가 커지고 사고능력이 생기기 시작하면서부터 성경말씀에 대해 하나 둘씩 의혹이 생기기 시작했습니다. 그러나 차마 질문할 수도 없었던 그런 의문들이 쌓이면서, 결국 대학교를 졸업하고 잠깐, 신앙적인 방황을 하기도 했습니다.

동정녀가 아이를 낳았다는 사실이 생물학적으로 믿어지지 않았고, 물이 포도주가 되었다는 것이 화학적으로 믿어지지 않았고, 예수님이 물 위로 걸어 다니셨다는 말이 물리학적으로 믿어지지 않았고, 죽은 나사로가 살아난 것이 의학적으로 믿어지지 않았습니다.

"제가 의과대학 교수 아닙니까? 하! 하! 하!"

그러던 어느 날 부흥회에 참석하였다가 은혜를 받으니, 성경의 모든 말씀이 100% 믿어지기 시작했습니다. 특히 ●사53:5 말씀을 읽으면서 예수님이 칼과 창에 찔리심으로 우리의 허물이 용서받았고, 예수님의 몸이 상함으로 우리의 죄가 용서를 받았고, 예수님이 징계를 받으므로 내 마음이 평화를 누리게 되었고, 예수님이 채찍에 맞으므로 내가 건강하게 되었다는 사실에 대한 감사가 터져 나오기 시작했습니다.

그 뒤로 하나님께서 복을 주셔서 귀한 장로의 직분으로 교회를 섬기고 있습니다. 또한 매일 매일 하나님의 복음을 전파하려 동부서주하고 있습니다.

박창두 목사님과는 노량진 감리교회가 봉헌예배를 드릴 때, 제가 강사로 초빙되어 집회를 인도한 인연이 있습니다. 이번 박창두 목사님의 책을 접하게 되면서, 나만 이런 고민을 하였던 것이 아니구나 하는 공감대를 발견하였습니다.

이 책은 신앙 생활하면서 누구나 겪게 되는 의문점을 먼저 화두로 던져주고, 그동안 알기는 알았지만, 막상 말로는 설명할 수 없었던 영적 원리들을, 교리적으로 하나하나 짚어가며 설명해주고 있습니다.

그 내용이 어찌나 재미있고 정확한지, 이 책을 다 읽은 소감은 마치 '문제집의 답안지와 같은 책' 이라는 감명을 받았습니다.

진작 알았더라면 이렇게까지 속수무책 당하고 살지는 않았을 것인데 하는 아쉬운 마음이 들 정도입니다. 그동안 겪었던 숱한 신앙의 오류와 시행착오, 그리고 죄의식을 타고 다니며 나를 조종하였던 마귀의 간교한 속임수로부터 나는 진정으로 자유하게 되었습니다.

이 책은 성도들이 환경 속에서 누누이 부딪히는 영적 문제들과, 그걸 이겨낼 수 있는 영적 원리와 기도의 방법까지 꼭 집어 '이렇게 하시오' 라고 제시하고 있습니다.

장담하건데, 독자들은 처음 이 책의 첫 장을 열었을 때와, 이 책의 마지막 장을 다 읽고 닫았을 때, 자신의 신앙이 엄청난 진보와 성장을 이루었음을 발견하게 될 것입니다.

이 책이 독자 여러분에게 하나님의 말씀을 깨닫는 지혜와, 믿어지는 믿음과, 행동하는 변화를 가져다주시길 기원합니다.

2010. 6. 25

"내게는 늘 지고 다니는 큰 슬픔이 하나 있습니다."

사도바울이 이스라엘 민족의 구원을 놓고, 이렇게 심금을 울리는 고백을 합니다.

"내가 메시야께 저주를 받더라도 그들이 그분께 복을 받을 수 있는 길이 있다면 나는 조금도 주저하지 않고 그렇게 하겠습니다."

바울의 소원은 오직 더 많은 자신의 동족들이 그리스도의 복음을 영접하여 구원에 이르는 것이었습니다.

"말씀에 기갈이 들어 영적기쁨을 누리지 못하고, 원론적인 문제조차 해결하지 못하는 저들을 도우라!"

하나님께서 제게도 바울과 같은 마음을 품게 하셨습니다.

처음 신앙생활을 시작하면서 시간이 지남에 따라 하나 둘씩 의문들이 쌓여져 감을 느꼈습니다. 그건 의도적 반론이 아닌, 정상적 사고를 하는 사람이라면 누구나 자연스럽게 제기할 수 있는 문제들이었습니다.

예를 들면 '하나님은 아담이 선악과를 먹을 줄 아셨을까? 모르셨다면 하나님의 전지성이 깨어지는 것인데? 또 아시고도 만드셨다면 아담이 죽을 줄 뻔히 아시고 만드셨다는 말씀인데? 사랑의 하나님께서 고의성을 가지고 선악과를 만드셨다는 것은 너무 아이러니컬한 일이 아닌가?'

이런 의문은 제가 평신도로 신앙생활을 하던 11년 간 계속 꼬리표처럼 따라다녔습니다.

'인류 최초의 살인자라 불리는 가인이, 동생 아벨을 죽이고 난 후, 자신도 죽임을 당할까봐 극심한 공포에 시달렸는데, 그건 대체 누구로부터의 살의였을까? 또 그 당시 아담과 하와에게는 가인과 아벨 두 명의 아들만 있는 것처럼 기록되어 있는데 가인은 도대체 누구에게 장가들었다는 말인가?'

이런 원색적인 의문이 있었음에도 드러내놓고 물으면, 어찌 저리 믿음이 없느냐?, 혹시 이단 아니냐? 라고 치부될 것만 같아, 피차에 묻지도 못하는 것처럼 느껴졌습니다.

가일층 교회 내의 분위기에 익숙해지기 시작하자 의문은 보다 신학적인 문제에까지 다다르고 있었습니다.

'구원은 죄로부터의 건짐이고, 구원받은 자만 천국에 들어갈 수 있다고 했는데, 구원받은 성도가 죄를 지었을 때는 어떻게 해결해야 한단 말인가? 또 만약 회개를 하지 못하고 죽는다면 그 결과는 어떻게 되는가? 회개하지 못한 죄 때문에 믿었던 자가 지옥에 가게 된다면, 과연 내게 구원

은 보장되어 있단 말인가?'

독자 여러분에게는 이런 경우가 없으셨습니까?
• 막 5장에 보면 혈루증에 걸려 12년 동안이나 고생하는 여인의 이야기가 나옵니다.

그 여인은 자신의 병을 고치기 위해 많은 의사를 찾아 다녔지만, 가진 재산만 허비하였을 뿐, 더 많은 괴로움만 받고 도리어 병은 더 중하여졌다고 했습니다.

그렇다면 그 여인에게는 어떤 문제가 있었던 걸까요? 여인은 그동안 문제의 해결방법만을 찾아 다녔던 것입니다. 즉 헬레니즘적 사고를 가지고 자신의 문제에 대해 접근을 했던 것이지요. 여인은 모든 것을 잃고 난 후에야 비로소 왜 내게 이런 병이 왔을까를 생각하게 되었습니다.

병이 찾아오게 된 원인을 고민했을 때, 비로소 모든 문제에 대한 해답을 가지고 계신 예수님께 나올 수가 있었습니다. 비로소 히브리즘적 사고로 문제를 바라보는 눈이 떠졌던 것입니다.

어쩌면 우리에게도 이런 사고의 변환을 가져다 줄 수 있는 길라잡이가 필요했었던 것 같습니다. 왜냐면 모든 종교는 그 시대의 문화적 풍토와 관습 위에 터를 잡기 때문입니다. 더구나 불교와 유교사상으로 길들여진 우리의 정서와 사고의 습관은, 하나님의 말씀을 하나님의 관점으로 보는 데 엄청난 장애요소가 되기 때문입니다.

숱한 궁금증을 가지고 고민하던 제가, 입장이 바뀌어 궁금증을 풀어주어야 할 목사가 되었습니다. 된 바에야 내가 그동안 신앙 생활하면서 도무지 풀지 못하였던 궁금증들을 풀어주어야겠다는 사명감을 느꼈습니다.

그 후로 많은 시간들을 하나님과 독대하기 위하여 골방에서 보냈습니다. 하나님께 묻고, 하나님의 응답을 기다리고, 또 묻고 기다리기를 반복하며 말씀의 골방에 틀어박혔던 이유 중 하나는, 우선은 제가 먼저 말씀을 정확하게 선포하는 목사가 되고 싶어서였고, 또 하나는 성도들이 말씀 앞에서 하나님의 정확한 의지와 목적을 깨닫고 말씀의 궤도를 이탈하지 않도록 도움을 주고 싶어서였습니다. 그러면서 제일 강하게 부딪히던 문제들은, 그동안 우리가 큰 의심 없이 받아드렸던 말씀의 본질에 대한 무지함이었습니다. 너무나 익숙해져있어서 의미나 이유도 모른 채, 또 묻지도 않은 채 지켜왔던 풍습이나 관습처럼 말입니다.

불치하문(不恥下問)이란 말을 들어보셨을 줄 압니다. '모르는 것을 아는 척하는 것은 평생의 수치요, 모르는 것을 묻는 것은 순간의 수치다.' 라는 말입니다. 세상의 학문도 이러할진데, 하나님의 복음에 대해서는 더 말해 무엇 하겠습니까!

니체도 "익숙하지 않은 것에 대한 호의를 가져야 한다."라는 말을 했습니다. 이 말은 우리 교회 안에서도 적용되어야 한다고 생각합니다. 왜냐면 보편적인 것이 반드시 정통은 아니며, 일반적인 것이 반드시 진리는 아니기 때문입니다.

그동안 기독교 내에서 거듭되었던 잘잘못들 때문에 재림이나, 휴거, 귀신론 또는 계시록 강해다 그러면, 그 말씀이 분명 성경에 기록되어진 말씀이며, 우리가 믿어야 할 말씀임에도, 이상한 눈으로 보고, 불경스럽게 여기는 풍토가 조성되어 있어 쉽게 질문하기가 어려웠기 때문입니다.

아직도 향방을 알지 못하여 유리하고 방황하는 혼탁한 이 세대에 누군가는 분연히 일어나 하나님의 진실한 말씀을 분명하게 선포하게 되기를 소원합니다.

이 책을 저술하며 저에게는 분명한 소망이 하나 더 생겼습니다. 이 책을 접하는 독자들이 더 깊이 사고하고, 더 많이 고민하다가, 성경말씀에 대한 호기심이 생겨 성경이 읽고 싶어지고 송이 꿀처럼 달고 맛있어지는 것입니다.

그동안 사경회 때나 부흥회를 가서나 또는 말씀을 증거할 기회가 주어질 때마다, 매번 책이 나왔느냐는 질문을 받으면서도 게으름이었는지 무관심이었는지, 그냥 설교만 해 왔습니다.
그러던 중 어느 교회의 집회에 초청되어 갔다가 책을 집필할 것을 강권받는 계기가 있었습니다. 원고의 수정을 맡아주었던 진용숙 전도사님을 만나게 된 덕분입니다. 그는 몸이 연약함에도 불구하고 이 책이 출간되기까지 산파역을 맡아주었습니다.

먼저 이 책이 나오도록 용기와 힘을 주신 하나님께 영광을 돌려드립니다. 그리고 뒤늦게 부르심을 받고 목사가 되어 좌충우돌하는 동안 끝까지

인내하며, 미처 제가 보지 못하는 사각지대를 기도로 막아준 아내에게도 고마움을 표합니다. 그리고 몇 개월 후면 신학을 더 공부하기 위해 유학을 떠나는 아들 내외에게 이 책을 선물하고 싶었습니다. 부디 이 책을 밑거름 삼아 목회하기 좋은 토양을 만들기를 바라기 때문입니다.

이외에도 목회현장에서 만나 지금껏 나를 도와주며 함께 영적씨름을 하고 있는 동역자들에게 무엇보다 깊은 감사를 전합니다. 그리고 이 책이 나올 수 있도록 아낌없이 재정을 후원해준 노량진감리교회 모든 교우들에게 머리 숙여 깊이 감사한 마음을 전합니다.

더불어 간절히 바라기는, 성령님의 강력한 임재로 이 책을 읽는 모든 독자들과 깊은 영적 공감대를 공유하며, 하나님 주신 분복과 분깃을 풍성하게 누리게 되기를 소원합니다.

2010년 7월에

노량진감리교회 박창두 목사

차례

1부

구하여도 얻지 못하는 사람들

'방안의 코끼리'라는 말이 있습니다. 모두가 잘 알고는 있지만, 또 많은 사람들이 궁금해 하고는 있지만 껄끄럽다는 이유로 뜨거운 감자처럼 덮어놓고 피해가는 주제들을 일컫는 말입니다.

신앙생활하면서 우리 주변에도 이렇게 '방안의 코끼리'처럼 피해가고 우회해 가는 금기사항들이 있습니다. 물론 어느 경우엔 그것이 기독교 교리의 정통성에 충돌한다는 이유이기도 하고, 어느 경우엔 지엽적인 문제라는 이유로 치부되어서이기도 하고, 어느 경우엔 말하는 본인조차도 확신이 없는 때문이기도 합니다.

그러나 분명 우리가 가슴 아파해야 할 일이 있습니다. 그것은 그렇게 뜨거운 감자, 방안의 코끼리처럼 슬슬 피하며 명확한 해답을 주지 못하던 주제들. 그것에 대한 의문들이 풀리지 않았다는 이유로 많은 사람들이 말씀을 포기하고 교회를 떠난다는 사실이지요.

그들은 학습을 통하여 습득한 세상의 지식을 가지고, 도리어 교회를 향해 질문을 퍼붓고 있습니다. 그리고 과학적이고 합리적이고 타당한 논리로 자기들을 이해시키라고 요구합니다. 그럼에도 더욱 안타까운 일은 그들도 진리에 목말라 하며 하나님의 진리에 관하여 듣고 배우기를 갈망한다는 사실입니다. 아모스 선지자자의 말에 견주어 오늘날 우리가 당면하고 있는 문제가 무엇인지 나누어보도록 하겠습니다.

1. 여로보암의 죄

우리에게 전해져 내려오는 풍습이나 전통 또는 관습들 중에 우리가 그 의미를 정확히 알고 지키는 것이 몇 퍼센트나 된다고 생각하십니까? 아마 거의 대부분은 우리 선조들이 그래왔으니까 우리도 명맥을 이어가자 하는 생각에서 무조건 따라하는 악습들이 더 많을 것입니다. 성경에도 이런 예가 등장하고 있습니다. 특히 신앙의 유전을 생명처럼 여기는 이스라엘 백성들에게 이런 잘못된 악습은 결과적으로 하나님의 진노를 사게 되었습니다.

• 암8:11~14 주 여호와의 말씀이니라 보라 날이 이를지라 내가 기근을 땅에 보내리니 양식이 없어 주림이 아니며 물이 없어 갈함이 아니요 **여호와의 말씀을 듣지 못한 기갈이라**, 사람이 이 바다에서 저 바다까지, 북쪽에서 동쪽까지 **비틀거리며 여호와의 말씀을 구하려고 돌아다녀도** 얻지 못하리니, 그 날에 아름다운 처녀와 젊은 남자가 다 갈하여 쓰러지리라, 사마리아의 죄 된 우상을 두고 맹세하여 이르기를 단아 네 신들이 살아 있음을 두고 맹세하노라 하거나 브엘세바가 위하는 것이 살아 있음을 두고 맹세하노라 하는 사람은 엎드러지고 다시 일어나지 못하리라

여러분, 아모스 선지자는 양식이나 물이 모자란 배고픔이 아니라 하나님의 말씀에 주리는 때가 올 것이라고 말합니다. 그런데 말씀에 주린 이

유가 하나님의 말씀에 대해 관심이 없어서가 아니라, 하나님의 말씀을 구하려고, 여기저기를 비틀거릴 정도로 찾아다녔음에도 찾지를 못하였기 때문이라는 겁니다. 그들이 하나님의 말씀을 구하지 못하고, 결국 영적 굶주림에 쓰러진 이유가 14절에 있습니다.

> • 암8:14 사마리아의 죄 된 우상을 두고 맹세하여 이르기를 단아 네 신들이 살아 있음을 두고 맹세하노라 하거나 **브엘세바**가 위하는 것이 살아 있음을 두고 맹세하노라 하는 사람은 엎드러지고 다시 일어나지 못하리라

사람이 여호와의 말씀을 듣지 못하여 기갈하고 쓰러지게 된 이유는 단 하나, 그들이 죄 된 우상을 섬겼기 때문이라는 겁니다. 여기서 말하는 지명 중, 단은 북이스라엘의 북단을, 브엘세바는 남유다의 남단을 일컫는 말로써 일반적으로 '브엘세바에서 단까지' 라는 표현을 쓸 때는 남유다에서부터 북이스라엘에 이르는 이스라엘 전체의 영역을 일컫습니다. 따라서 아모스가 경고하는 것은 이스라엘 남북 전체가 우상에 빠져 있다는 것을 말하고 있는 것입니다.

이러한 영적현상은 어디서 비롯된 것일까요?

이스라엘이 남과 북으로 나뉜 다음에 북이스라엘의 초대 왕이 된 여로보암은 정통 다윗 왕의 가문에서 태어난 사람이 아니었습니다. 이런 약점 때문에 여로보암은 왕이 된 후 자신의 왕권을 강화하기 위하여 전전긍긍하였습니다.

실례로 그는 북이스라엘 백성들이 남 유다 땅 예루살렘으로 절기를 지키러 내려갔다가, 다시 북이스라엘로 돌아오지 않을 것을 염려하였습니

다. 그리하여 궁여지책으로 예루살렘 성전 대신, 단과 벧엘 두 곳에 산당을 지었습니다. 그리고 금송아지 우상을 만들어 놓은 후 거기서 하나님을 경배하라고 명령했습니다. 그리고 예배를 집례할 제사장을 세웠는데, 레위지파가 아닌 일반 백성 중에서 뽑아 세웠습니다. 뿐만 아니라 초실절의 절기를 7월 15일에서 8월 15일로 바꾸어 하나님께서 명하신 남 유다의 절기와 비슷하게 만들어 놓고 지키도록 명령했습니다 (• 왕상12:25~33).

이와 같이 비슷한 것 같지만 전혀 다른 것을 섬기는 것, 이것을 하나님은 '여로보암의 죄'로, 이스라엘의 역사에서 '고유명사화' 시키셨습니다.

물론 여로보암 당대의 백성들 중에는 하나님의 말씀과 규례와 법도를 아는 사람들이 있었을 것이고 그들은 이러한 사실에 대해 저항도 하였을 것입니다. 그러나 세월이 흘러 몇 대가 지나면서, 그 후대의 사람들은 여로보암이 지어놓은 죄가 정상적인 영적 사실인 줄로 믿게 된 거지요.

이런 연유로 세월이 흐르면서 북이스라엘은 여로보암이 지어놓은 죄가, 마치 당연한 영적진리인 양 지켜 행하게 되었던 것입니다. 상황이 이렇다 보니, 북이스라엘의 후대들이 진정한 하나님의 말씀을 듣고자 아무리 이 바다에서 저 바다까지, 북쪽에서 동쪽까지 비틀거리며 구하려고 돌아다녀도 얻을 수가 없게 된 것입니다.

성경은 이러한 여로보암 왕조의 죄악을 두고두고 견책하기 위하여, 그들이 '그의 아버지의 길로 행하며' 또한 '여로보암의 길로 행하며' 악을 행하였다고 말씀하고 있습니다.

여호와께서 여로보암의 아들 나답이 왕이 되었을 때에 그에 대하여 하신 말씀입니다.

- • 왕상15:26 그가 여호와 보시기에 악을 행하되 **그의 아버지의 길로 행하며** 그가 이스라엘에게 범하게 한 그 죄 중에 행한지라

여호와께서 나답을 죽이고 왕이 된 바아사에 대해 하신 말씀입니다.

- • 왕상15:34 바아사가 여호와 보시기에 악을 행하되 **여로보암의 길로 행하며** 그가 이스라엘에게 범하게 한 그 죄 중에 행하였더라

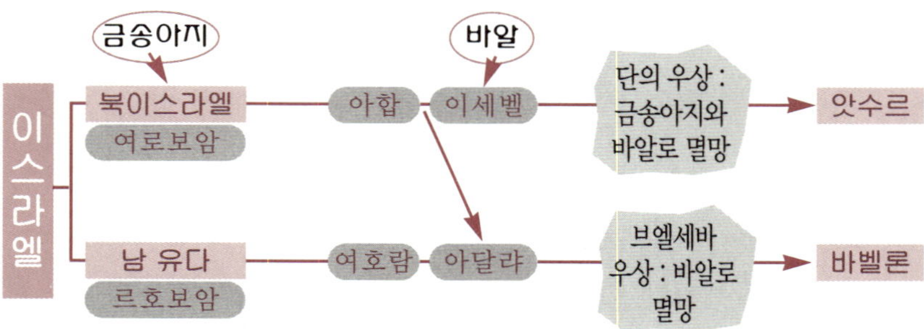

이러한 식의 왕에 대한 서술은 북이스라엘의 역사 기록에서 계속적으로 반복되어 나타나고 있습니다. • 왕상18:21을 보면 엘리야가 갈멜산에서 850명의 바알 선지자들과 영적결투를 하기 전에 구경 온 백성들에게 다음과 같이 외칩니다.

- • 왕상18:21 엘리야가 모든 백성에게 가까이 나아가 이르되 너희가 어느 때까지 둘 사이에서 머뭇머뭇 하려느냐 **여호와가 만일 하나님이면** 그를 따르고 **바알이 만일 하나님이면** 그를 따를지니라 하니 백성이 말 한마디도 대답하지 아니하는지라

'바알이 만일 하나님이면' 이라는 말은 그때의 북이스라엘 백성들은 바알을 하나님이라고 부르고 있었다는 말이며, 결국 그들은 하나님을 섬기겠다는 마음으로 바알을 숭배하고 있었던 것입니다. 즉 여로보암의 후대 사람들은 여로보암이 깔아놓은 멍석에서 '여로보암의 죄' 의 길로 걸어갔던 것입니다. 아모스 선지자가 경고했던 것처럼, 여호와 앞에서 악을 행하던 북이스라엘은 결국 앗수르에 끌려가 역사 속에서 사라지고 말았습니다.

북이스라엘이 이러한 연유로 영적파탄에 빠져있을 때, 남유다의 영적 상황은 어떠하였을까요?

남유다는 다윗의 혈통을 이어받은 이스라엘의 정통 왕조입니다. 그럼에도 남유다의 5대 왕 여호람은 정통 다윗 왕조의 혈통을 지키지 못하고, 북이스라엘의 아달랴를 왕비로 맞아들입니다.

아달랴가 어떤 여인이지요? 아달랴는 북이스라엘의 아합 왕이 시돈의 공주 이세벨과의 사이에서 낳은 딸입니다. 그리고 시돈은 바알을 우상으로 섬기는 나라입니다. 결국 아달랴의 어머니 이세벨이 북이스라엘에 자신이 섬기던 우상 바알을 전염시켰다면, 그의 딸 아달랴는 남유다의 여호람 왕에게 시집을 옴으로써 남유다 전역에 바알 숭배를 전염시킨 장본인이 되었습니다.

두 모녀에 의하여 그들이 섬기던 우상 바알이 북이스라엘의 북단에 있는 단은 물론, 남유다의 남단에 있는 브엘세바까지 확산되고 말았습니다. 결국 남유다의 백성들도 세대가 지나면서 바알이 하나님인 줄로 알게 되었습니다. 그 결과 그들은 바벨론에 끌려가 70년 포로생활이라는 죄의 대가를 지불하게 되었습니다.

여러분, 잘 보십시오. 비록 자신의 의지와 상관없이 되어 진 상황이라 하더라도, 잘못된 영적 환경에서 자란다는 것이 얼마나 무서운 결과를 초래했습니까? 그들은 바알을 하나님으로 듣고 배우고 자랐습니다. 그래서 그들은 나름대로 하나님을 전심으로 섬기며 거기서 하나님의 진리의 말씀을 찾을 수 있다고 믿고 찾았습니다. 그러니 그게 찾아지겠습니까?

이러한 역사적 고찰에서 우리가 발견해야 할 것이 있습니다. 비틀거리며 하나님의 말씀을 찾는 사람들이 살고 있는 동시대, 그들이 모두 '맞다' 라고 생각하며 받아들인 신앙, 그리고 지극히 '옳다' 고 주장했던 정통성들이 반드시 옳은 것이 아닐 수도 있다는 사실입니다.

이렇게 사람에 의해 잘못 형성되어진 이론들이 분명히 있었으며, 성경은 이것을 '사람의 계명' 이라고 지적합니다.

> • 사29:13 주께서 이르시되 이 백성이 입으로는 나를 가까이 하며 입술로는 나를 공경하나 그들의 마음은 내게서 멀리 떠났나니 그들이 나를 경외함은 **사람의 계명으로 가르침을 받았을 뿐**이라

여러분, 바울도 사람의 계명에 대해서 말하고 있습니다.

> • 딤후3:5~8 경건의 모양은 있으나 경건의 능력은 부인하니 이 같은 자들에게서 네가 돌아서라. 그들 중에 남의 집에 가만히 들어가 어리석은 여자를 유인하는 자들이 있으니 그 여자는 죄를 중히 지고 **여러 가지 욕심에 끌린바**

성경은 성도와 교회를 자주 여자에 비유하고 있습니다. 여기 진리의 지식을 깨우치고자 항상 배우는 여자가 있습니다. 그러나 그 여자의 중심은 죄를 중히 지고 여러 가지 욕심에 끌려 다니는 영적 배경을 가지고 있습니다. 왜냐면 자기의 욕심으로 열심히 배우려고 하는 열정만 있었기 때문입니다. 그 결과 여자는 열심히 배운 것이 도리어 진리를 대적하는 우를 범하였고, 결국 믿음에 관하여는 버림 받은 자가 되고 맙니다. 무서운 말씀이지요? 사람의 계명이 성도들에게 미치는 영향은 이처럼 절대적입니다.

KEY 여로보암의 죄는 시간이 흐르면서 사람의 계명이 되어 사람들을 영적소경으로 만들고 있다.

적용 :: 신앙의 뜨거움은 얼음처럼 찬 이성에서 나와야만 합니다. 갈멜산에서 엘리야와 영적전투를 벌였던 바알의 선지자 850명도 칼과 창으로 자신들의 몸을 찔러 피를 낼만큼 뜨거웠던 사람들입니다. 오늘날도 신앙의 열정은 필요합니다. 그러나 시대의 오류들을 불태울 뜨거움은 '하나님의 말씀이 그런가 하여' 생각해 보고, 그리고 정리된 말씀에서 나오는 뜨거운 믿음이라야 합니다. 그래서 베뢰아 사람들이 신사적이라는 칭찬을 받게 된 것이

기도 합니다. 다음의 질문을 스스로에게 해 보시는 것이 좋겠습니다. '나의 뜨거움과 열정은 어디에서 오는 것인가?'

기도 § 하나님, 저는 하나님이 말씀이신 것을 압니다. 하나님은 하나님 자신을 알려 주시려고 성경을 주신 것을 압니다. 앞으로 말씀을 읽을 때에 하나님을 깨달을 수 있는 지혜를 주십시오. 예수님의 이름으로 기도합니다. 아멘

2. 사람의 계명이 주는 기갈

여러분은 '가계에 흐르는 저주' 가 있다고 생각하십니까?

물론 극히 일부에서 회자되고 있는 이야기이긴 합니다만, 언제부터인가 성도들 사이에 가계에 흐르는 저주가 있다는 말이 마치 사실인 것처럼 오르내리고 있습니다. 그러나 성경은 분명히 가계에 흐르는 저주가 '없다' 고 말씀하고 있습니다. • 겔18:1~20까지의 말씀이 그를 증명하고 있습니다.

• 겔18:2 너희가 이스라엘 땅에 관한 속담에 이르기를 아버지가 신 포도를 먹었으므로 그의 아들의 이가 시다고 함은 어찌 됨이냐

이 말씀은 아버지가 신 포도를 먹었으면 아버지의 이가 시려야지 그 아들의 이가 시리다고 말하는 것은 이치에 맞지 않다는 말씀입니다. 다시 말해 아버지가 하나님의 율례와 규례를 지켜 진실하게 행하면 그는 의인이니 반드시 살 것이고, 가령 그가 낳은 아들이 그 아버지의 선은 하나도 행하지 아니하고 죄악을 범하고 강포하면 그로 인하여 반드시 죽을지니 자기의 피가 자기에게로 돌아가리라 하셨으며, 또 그가 아들을 낳아 아버지의 죄악 됨을 보고 두려워하여 선을 행하면 그 아들은 그의 아버지의 죄악으로 죽지 아니하고 반드시 살 것이라고 말씀하셨습니다.

하나님은 ● 겔18:20에서 분명히 말씀하시기를, 할아버지와 아버지와 아들 3대에 걸친 삶이 있을 때, 그들 모두가 각각 자신들의 죄와 의에 따라서 죽고 산다고 말씀하셨습니다.

> ● 겔18:20 범죄하는 그 영혼은 죽을지라 **아들은 아버지의 죄악을 담당하지 아니할 것**이요, 아버지는 아들의 죄악을 담당하지 아니하리니, 의인의 공의도 자기에게로 돌아가고, 악인의 악도 자기에게로 돌아가리라

그러므로 앞서 말한 '아버지가 신 포도를 먹었으므로 아들의 이가 시다' 라는 속담이 다시는 이스라엘 중에서 사용되지 못할 것이라는 말씀입니다.

그럼에도 불구하고 누구의 가르침에서부터 시작되었는지 모를 '가계에 흐르는 저주' 가 있다는 말은 기독교계에 널리 퍼져 있고, 몇몇 성도들은 말씀에 견주어 가려보지도 않고 가계에 흐르는 저주가 있다고 믿고 있는 것이 현실입니다. 이렇게 하나님을 믿는 사람들로 하여금 하나님께서 말

씀하신 것과 달리 믿음이라는 이름으로 사람들을 끌고 가는 것을 '사람의 계명'이라고 하는 것입니다.

여러분, 이단이나 미혹하는 영들에 사람들이 몰리고 쏠리는 이유가 무엇일까요? 가짜가 더 진짜처럼 위장하고 현혹하기 때문입니다. 그러므로 우리 중 누군가가 혹시라도, 그동안 당연한 듯, 자연스럽게, 여로보암의 길을 따라가고 있었다면 이제는 즉시 돌이켜야 할 것입니다. 행여 나조차도 그동안 사람의 계명을 따르며, 가장 보편적인 것이 가장 정통이라고 믿고 행했던 부분은 없었던가, 다시 점검해볼 필요가 있습니다. 성경은 베뢰아 사람들이 간절한 마음으로 말씀을 받고 이것이 그러한가하여 날마다 성경을 상고하는 모습을 신사적이라고 칭찬하였습니다.

• 행17:11 베뢰아 사람은 데살로니가에 있는 사람보다 더 신사적이어서 간절한 마음으로 말씀을 받고 이것이 **그러한가 하여** 날마다 성경을 상고하므로

간혹 성경 말씀을 읽으면서, 재미가 없고, 깨달아지지 않고, 믿어지지 않아 고민하시는 분이 계실 줄로 압니다. 성경 말씀이 재미가 없는 이유는, 성경을 사람의 계명, 즉 세상의 지식, 사람들이 전달해 주는 정보, 유물론적 가치와 기준으로 판단하기 때문에 그럴 수 있습니다. 성경은 하나님의 감동으로 기록된 것으로, 모든 사람들이 읽고 깨닫고 알 수 있는 수준의 언어로 기록된 책입니다. 그러므로 누구라도 읽으면 이해할 수 있는 말씀입니다.

• 딤후3:16 모든 성경은 하나님의 감동으로 된 것으로 교훈과 책망과 바르

모든 순리는 높은데서 낮은 데로 흐르는 것이 정한 이치입니다. 하나님의 말씀은 절대적 권위입니다. 때문에 하나님의 말씀을 읽을 때는 반드시 하나님의 관점에서 출발하여야 합니다. 그럼에도 오늘날 일부에서는 하나님의 진리 말씀을 전하기보다는, 이 세상에서 누릴 행복과 물질과 힘을 갖추는 것이 성도가 누릴 복인 것처럼 전파하는 경향이 있습니다. 또한 순리를 거슬러 사람의 관점에서 출발하여 하나님의 말씀을 보려고 합니다. 이런 관점으로 성경 말씀을 보는 것을 사람의 계명으로 말씀을 비추어 본다라고 말하는 것입니다. 사람의 계명이 주는 위험한 예를 하나 더 들어 볼까요?

비록 아담이 선악과를 따 먹은 이후 인간의 삶은 황폐화되었지만, 하나님은 예수 그리스도를 통하여 다시 하나님과 연합될 수 있는 길들을 회복해 놓으셨습니다. 그러나 사람들은 예수라는 단어를 사용하면서도 내가 문제를 해결하려 합니다. 복음이라는 용어를 사용하면서도 내가 움직여서 무엇인가를 이루어보려고 합니다.

실례로 사람의 계명이 가르치는 '적극적인 사고방식'은 우리들을 하나님의 일하심과는 관계없는 현장으로 내몰고 있습니다. 그래서 매사 적극성을 강조하고, 긍정적인 사고를 권면하고, 사람의 심리적인 요소들에 접근합니다. 그 결과 하나님의 말씀을 성도의 삶을 보조하는 격언이나 금언쯤으로 폄하시키기도 합니다.

신앙생활을 하면서 영적으로 자주 탈진되는 현상은 그가 사람의 계명을 따르는 데서 오는 결과라고 할 수 있습니다. 처음 얼마동안은 적극성 때문에 믿음이 자라는 것 같고 영적 경지에 도달하는 것처럼 보여 집니다. 그러나 하나님의 말씀을 놓치고 사람의 계명을 따라간 결과는 더 깊은 갈증과 기갈이라는 비극적 결말을 가져다 줄 뿐입니다. 왜냐면 진리를 놓쳤기 때문입니다.

물론 하나님의 진리 말씀 속에는 치유와 위로와 권면과 회복의 능력이 있습니다. 그러나 이 모든 것은 사람의 계명이 교훈하는 대로 사람이 노력해서 얻어지는 것이 아니라, 하나님의 계획과 의지 속에서 이루어지는 일입니다. 그러므로 진정으로 말씀의 진리 가운데 들어가기를 원하신다면, 먼저 우리 감정의 기저에 깔려있는 사람의 계명, 즉 잘못된 정보와 선지식을 버리시기 바랍니다. 그리고 하나님의 말씀을 사람의 말로 받지 마시기 바랍니다. 사도 바울이 강권하는 말씀을 들어보십시오.

• 살전2:13 이러므로 우리가 하나님께 끊임없이 감사함은 너희가 우리에게 들은 바 하나님의 말씀을 받을 때에 **사람의 말로 받지 아니하고 하나님의 말씀으로 받음**이니 진실로 그러하도다 이 말씀이 또한 너희 믿는 자 가운데에서 역사하느니라

바울은 하나님의 일하심에 대해 정통하고 있는 사람입니다. 그의 사역의 패턴을 보십시오.

• 고후11:2 내가 **하나님의 열심으로** 너희를 위하여 열심을 내노니

• 골1:29 이를 위하여 나도 내 속에서 **능력으로 역사하시는 이의 역사를 따라** 힘을 다하여 수고하노라

바울은 하나님께서 사람과 연합하여 일하시는 복음의 원리를 알고 있었습니다.

복음이라는 용어가 아니라 복음의 본질을 놓쳐버린다면 아마 믿음이라는 행보는 그리 멀리 가지 못해 쓰러지고 말 것입니다. 지금은 내가 신앙생활을 열심히 잘하고 있는 것 같지만, 어쩌면 여러분이 서 있는 영적인 마당은 이미 사람의 계명으로 점령당한 공간일지도 모릅니다. 만약 우리 중에 신앙생활을 오랫동안 해오면서도 영적 기쁨이 없거나, 신앙생활에 회의를 느끼거나, 차마 남에게 토설할 수 없는 신앙적 갈등이 있었다면 행여 내가 사람의 계명으로 인하여 기갈을 느끼고 있었던 것은 아닌지 점검해 보아야 합니다. 바라기는 이 책을 통하여 이런 혼미했던 영적 문제들이 하나하나 풀려지기를 바랍니다.

KEY 사람의 계명은 화려한 사람의 움직임을 신앙의 열정으로 오해하게 만들며, 결국 그렇게 왜곡된 신앙의 열정은 사람을 탈진시킨다.

적용 :: 하나님을 볼 수는 없습니다. 만질 수도 없습니다. 볼 수 없는 하나님을 볼 수 있도록, 만질 수 없는 하나님을 만질 수 있도록 해주는 것이 성경입니다. 우리는 성경말씀을 통하여 하나님을 보고 만지는 믿음의 생활을 할 수가 있습니다. 그러므로 내가 믿는 믿음의 말씀이 성경에서 말씀하고 있는 것인가를 항상 되짚어 보아야 합니다.

기도 § 하나님, 저는 이제부터 막연한 저의 기대와 욕심을 하나님께 요구하는 것이 아니라, 하나님의 약속의 말씀을 붙잡고 하나님과 교제하겠습니다. 예수님께서는 저의 죄를 사해주셔서 제가 약속의 말씀을 가지고 하나님과 교제할 수 있도록 만들어 주셨습니다. 예수님의 이름으로 감사하며 기도합니다. 아멘

3. 하나님 내가 온 곳은 어디이며, 돌아갈 곳은 어디입니까?

'당신은 하나님을 직접 본 적이 있습니까?' 전도 대상자에게 하나님을 믿으라고 하면, 이렇게 질문할 때가 있습니다.

그럴 때 저는 다시 물어봅니다.

"당신은 당신의 어머니가 당신을 낳는 것을 본 적이 있어서 어머니라고 믿습니까?"

물론 우리는 누구도 어머니가 나를 낳는 것을 본 적이 없습니다. 태어난 기억도 없습니다. 그러나 나는 분명히 존재하고 있습니다. 바람이 임의로 불되 어디서부터 시작되어 어디로 가는지 모르나 바람이 분명히 존재하는 것과 같습니다.

내가 손에 들고 있던 야구공을 등 뒤로 감추었습니다. 그 공이 여러분의 눈에 보이지 않을 것입니다. 왜냐면 내 몸이 공을 가리고 있기 때문입

니다. 그러나 여러분의 눈에 공이 보이지 않는다고 해서 공이 없는 것입니까? 없는 것이 아니라 다만 보이지 않을 뿐입니다.

하나님의 존재도 마찬가지입니다. • 요4:24에서 하나님은 영이시라고 했습니다. 즉 물질이 아니라는 말씀입니다. 그러므로 육안으로는 하나님을 보거나 만질 수가 없습니다. 그러나 하나님은 진정 존재하는 분입니다. 그래서 믿음은 보는데서가 아니라 깨닫는데서 오는 것입니다.

여러분, 나라고 하는 존재가 태어날 때, 나 자신은 나의 출생에 대하여 어떤 영향을 미칠 수 있을까요? 내가 세상에 태어나기로 스스로 결정하고 태어났나요? 국회의원인 사람을 부모님으로 결정하고 태어날 수 있나요? 한국이 아니라 미국을 원한다고 해서 미국에 태어날 수 있나요? 부잣집에 태어나고 싶다고 해서 그렇게 되었나요? 그렇지 않습니다. 그 누구도 자신의 출생에 대해서 아무런 영향을 미칠 수 없습니다.

그렇다면, 부모님의 입장은 어떻습니까?

부모님들은 자녀를 낳아놓고 내 아들, 내 딸이라고 말합니다. 나의 것이 되려면 내 마음대로 할 수 있어야 합니다. 소유라는 개념이 그런 것입니다. 그러나 출생에 대하여 자녀들이 아무런 선택권이 없었듯, 자녀를 출산하는 부모 역시 자녀의 출생에 대하여 아무런 선택권이 없습니다.

아들을 낳고 싶다고 해서 아들을 맘대로 낳을 수 있는 것이 아닙니다. 자녀의 외모나 지능도 마찬가지입니다. 잘생긴 자녀를 원한다고 해서 그렇게 되는 것도 아니고, 천재를 낳고 싶다고 해서 그렇게 되는 것도 아닙니다. 생겨지는 대로 낳을 수밖에 없습니다. 심지어 자녀의 성격까지도 부모로서는 어쩔 수가 없습니다.

그러나 부모와 자녀는 끊으려야 끊을 수 없는 생명의 관계입니다. 그러면서도 생명의 출생에 대해서는 부모도 자녀도 서로에게 어떠한 영향도 미칠 수가 없습니다.

그렇다면 나의 존재에 대하여 어떤 정의를 내려야 하겠습니까?

나는 분명 우연히 태어난 존재가 아닙니다. 그러나 나의 출생에 어떤 영향도 미칠 수가 없었습니다. 알고 보니 나의 부모님도 나의 출생에 대해 어떤 영향도 미칠 수가 없었습니다. 그러므로 세상에는 존재할 수 없는 말이 하나 있습니다.

'아버님 나를 만드시고, 어머님 나를 만드셨다.' 는 말입니다.

'아버님은 나를 낳으신 분이고, 어머님은 나를 기르신 분' 이지 만드신 분이 아닙니다.

그렇다면 나를 만드신 분은 누구입니까? 사람의 출생에 대하여 사람은 아무 것도 알지 못하나, 오직 성경만은 사람이 어디로부터 온 존재인지를 증거합니다.

- 전11:5 바람의 길이 어떠함과 아이 밴 자의 태에서 **뼈가 어떻게 자라는 지를** 네가 알지 못함 같이

- 사44:2 너를 만들고 너를 **모태에서부터 지어 낸** 너를 도와 줄 여호와가 이같이 말하노라

성경은 하나님께서 나를 만드셨고, 나를 모태에서 지어내셨다고 말씀합니다. 그리고 보니 모태는 하나님께서 나를 만드시는 공간으로만 사용하신 것입니다. 마치 계란을 둥지에서 부화시키듯, 하나님은 나를 만드시

는 둥지로 모태를 사용하신 것입니다. 그렇게 나를 만드신 하나님은 나에 대하여 내 아들이라 부르시며 하나님께서 나를 낳았다고 말씀하십니다.

하나님이 나를 만드시고 낳으셔서 내가 이 땅에 존재하게 되었다면, 이 땅에서 수명이 다하였을 때 나는 다시 어디로 돌아가게 되는 걸까요? 모든 인생의 순리는 하나님이 지으신 자연의 순리와도 같습니다. 비와 눈이 내려 땅을 적시고 소출을 낸 후, 증발되어 다시 올라가듯, 우리는 하나님 으로부터 왔으니 다시 하나님께로 돌아가야 합니다.

그렇다면 우리가 태어날 때 나의 의지가 아니었듯, 돌아갈 때도 나의 의지가 필요 없는 것일까요? 계속해서 우리가 나누고자 하는 구원의 문제가 이런 원론적인 궁금증을 확실하게 풀어줄 것입니다.

KEY 인생의 시작에 자신이나 부모의 의지가 개입될 여지가 없듯이, 인생의 너머에 있는 영생에 있어서도 마찬가지이다.

적용 :: 금붕어가 어항 속에서 아무리 헤엄을 친다할지라도, 주인이 어항을 다른 곳으로 옮기면 금붕어 역시 그곳으로 옮겨지게 됩니다. 느리게 가는 기차 안에서 아무리 내가 빨리 뛴다 할지라도 목적지에 빨리 도달할 수는 없습니다. 그러므로 내가 살고 있는 이 모든 환경이 어디로부터 기인하는 가를 알아야 나의 종착지도 알 수 있습니다. 출생으로부터 죽음에 이르기까지 나를 주장하는 모든 환경은 전적으로 하나님의 손 안에 있습니다. 그러므로 우리는 어떠한 환경에 처하였던지 그 환경 전체를 이끌어 가시는 분이 하나님이심을 인정해야 합니다. 당신에게 닥친 인생의 장애물이 당신을 위협하고 있습니까? 그 환경이 전능하신 하나님의 손 안에 있음을 인정하십시오. 하나님의 주권을 인정하는 순간 두려움도 사라질 것입니다. 그리고 장애물을 가지고 당신을 위협했던 영적인 세력도 함께 사라질 것입니다.

기도 § 하나님, 이제 저는 항상 제 인생을 만드시고 이끌어 가시는 분이 하나님이심을 기억하겠습니다. 전능자 하나님을 만날 수 있는 그 분, 예수님의 이름으로 기도합니다. 아멘

4. 하나님은 목적을 갖고 나를 만드셨습니다

살아 있는 사람과 죽어 있는 사람의 차이가 무엇일까요?

살아 있는 사람과 죽어 있는 사람의 차이는, 말을 하고, 말을 하지 못하고, 걷고, 걷지 못하고, 또 숨을 쉬고, 쉬지 못하고, 생각을 하고, 하지 못하는 차이가 있습니다. 이 외에도 상당히 많은 차이점이 있겠지요. 그런데 산자와 죽은 자에게 왜 이런 반대 현상이 나타나는 걸까요?

죽어 있는 사람에게도 입이 있고 다리가 있고 코가 있고 머리도 있습니다. 그런데 왜 제 기능을 하지 못하는 걸까요? 이 이야기는 입이 있다고 말하는 게 아니고, 다리가 있다고 걷는 것이 아니고 머리가 있다고 생각하는 것이 아니기 때문입니다.

우리는 이제까지 입이 말을 한다고 생각했고 다리가 걷는다고 생각했습니다. 그러나 입이나 다리는 말을 하고 걷게 하는 에너지가 있을 때만 말하고 걷게 할 뿐입니다. 결국 입이 말하는 것이 아니라 '입으로' 말하는 것이고, 다리가 걷는 것이 아니라 '다리로' 걸었던 것입니다.

이 이치를 크게 생각해보면 내가 인생을 살아가는 것이 아니라 나로 하여금 내 인생을 '살아가게 하시는 분'이 따로 있다는 말씀입니다. 그래서 그 분이 내게서 빠져나가면 우리의 온몸은 죽은 사람이 되는 것입니다. 이러한 상태를 두고 '사람은 하나님이 지으신 피조물이다.'라고 말하는 것입니다.

나는 하나님의 피조물입니다. 그가 보게 하시니 보고, 먹게 하시니 먹고, 듣게 하시니 듣는 존재입니다. 사람은 이처럼 하나님과 연합되어 살아가도록 피조 된 존재입니다. 이렇게 하나님 앞에서 나의 존재를 아는 것, 이것이 신앙의 출발점입니다.

그렇다면 하나님은 왜 우리 속에 들어오셔서 우리와 하나가 되셨을까요? 그것은 사람을 통하여 하나님의 뜻을 이루어 가시기 위해서입니다. 하나님께는 하나님이 기뻐하시는 뜻이 있습니다. 하나님은 우리 속에서 하나님의 기뻐하시는 뜻이 성취되기를 원하십니다. 그래서 우리로 하여금 하나님이 기뻐하시는 뜻을 소원으로 품고 행하도록 역사하시는 분입니다.

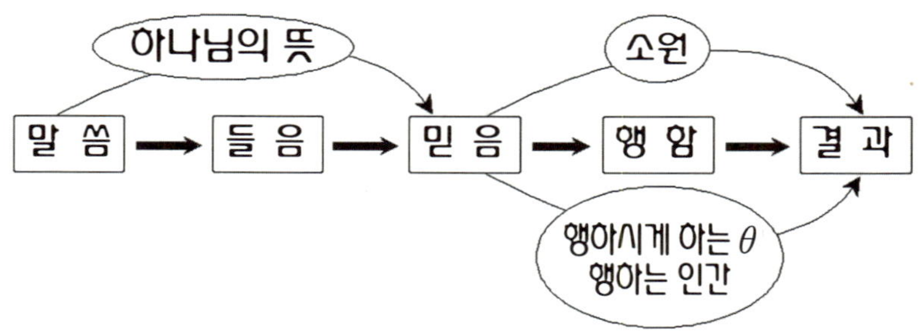

여러분, 하나님이 기뻐하시는 뜻이 무엇이라고 생각하십니까?
실패이겠습니까? 질병이겠습니까? 가난이겠습니까?
결코 아닙니다. 그렇다면 하나님이 기뻐하시는 뜻은 무엇일까요?
하나님으로 말미암아 내가 성공하는 것입니다. 하나님으로 말미암아 내가 치유되어 건강해지는 것입니다. 하나님으로 말미암아 내가 부요하게 되는 것입니다. 우리는 이러한 하나님의 선하신 목적을 위해 태어난 존재입니다. 물론 우리 성도들뿐만 아니라 세상에 존재하는 모든 것에는 다 하나님이 창조하신 목적이 있습니다.

제일 하찮다고 여기는 먼지가 없다면 어떤 일이 일어날까요?

먼지가 없으면 눈이나 비가 내리지 않을 것입니다. 눈이나 비는 공기 중에 떠있는 미세한 먼지들을 중심으로 수증기, 물방울이 뭉쳐서 더 큰 물방울을 이루고, 이것들이 구름을 만들어 눈이나 비로 내리게 됩니다. 비가 내리지 않으면 농사는 물론 식수조차도 없어질 것입니다. 먼지는 이처럼 우리의 생존과 직결된 귀한 존재입니다. 하물며 하나님의 기뻐하시는 뜻을 이루라고 만드신 사람이야말로 얼마나 귀한 존재입니까?

• 마10:29~31 참새 두 마리가 한 앗사리온에 팔리지 않느냐 그러나 너희 아버지께서 허락하지 아니하시면 그 하나도 땅에 떨어지지 아니하리라 너희에게는 머리털까지 다 세신 바 되었나니 두려워하지 말라 **너희는 많은 참새보다 귀하니라**

삶이 뜻대로 되지 않을 때 사람들은 '나는 살아야 할 이유가 없어' 라고 말합니다. 그렇지 않습니다. 세상에 살아야 할 이유가 없는 사람은 단 한 사람도 없습니다. 아직 살아야 할 이유를 찾지 못했을 뿐입니다. 우리는 하나님이 정확한 목적을 가지고 지으신 필연적 존재입니다.

우리는 사랑하는 사람이 생기면 그에게 지대한 관심을 가지고 살피게 됩니다. 어떤 음식을 좋아하는지, 어떤 옷을 즐겨 입는지, 무슨 운동을 좋아하는지를 파악하여 함께 나누려고 합니다. 사람이 사람을 사랑할 때도 이 정도입니다. 하물며 나를 직접 만드신 하나님의 관심이야 더 말할 나위가 있겠습니까! 오죽하면 내 머리털까지 다 세신 바 되었다고 하셨겠습니까!

여러분, 나를 직접 만드신 하나님은 말씀 그 자체이십니다. 예수님은 하나님의 말씀이 나를 통하여 이 세상에서 성취되게 하시려고 오신 분입니다. 성령님은 하나님의 말씀이 나를 통하여 지금도 성취되도록 역사하는 영으로 오신 분입니다.

우리는 하나님이 기뻐하시는 선한 목적, 곧 구원의 의지를 세상 사람들에게 드러내는 산 증인으로 살도록 만들어진 존재입니다. 그래서 우리는 이 가치를 인정하고 세상 가운데 선포하며 살아야 합니다. 그리고 이렇게 사는 것을 믿음이라고 합니다. 그러니 앞으로는 인생의 모든 상황을 나의 생각이나 판단이나 느낌을 근거로 결정하지 마십시오. 세상도 하나님께서 만드셨고, 나도 하나님께서 만드셨습니다. 그리고 그 하나님은 우리가 영광의 찬송을 올려드리기를 원하십니다. 고로 나는 하나님을 찬송하기 위하여 지음 받은 존귀한 존재입니다.

• 사43:21 이 백성은 내가 나를 위하여 지었나니 **나를 찬송하게 하려 함이**니라

KEY 목적이 없는 존재는 없다. 다만 아직 존재의 목적을 발견하지 못했을 뿐이다.

적용 :: 막대기가 자기를 잡고 있는 사람을 움직이려 한다면 되겠습니까? 그런데 우리는 삶 속에서 우리의 환경을 쥐고 계신 분을 움직이려 하고 있습니다. 우리의 환경을 우리의 마음대로 움직이려 하고 그 환경이 내 마음과 뜻대로 되지 않을 때 우리는 격한 감정의 노예가 되곤 합니다. 환경이 당신의 마음과 뜻대로 되지 않을 때, 감정을 내려놓으시고, 그 환경을 쥐고 계시는 하나님의 음성을 들을 자세를 가지십시오.

기도 § 하나님, 저는 제 뜻대로 태어난 인생이 아님을 알고 있습니다. 내 뜻대로 태어난 인생이 아닌 자가, 인생을 내 뜻대로 하려했던 어리석음을 다 내려놓고, 이제부터는 제가 인생의 나락으로 떨어진다 할지라도 당황하지 않고, 내 인생을 시작하시고 이끌어 가시는 하나님께 맡기겠습니다. 나를 저주의 인생에서 형통의 인생으로 바꾸어 주시는 예수님의 이름으로 기도합니다. 아멘

5. 복음 : 율법 때문에 죄인이 의인이 됩니다

여러분, 과연 죄인이 드리는 기도도 응답될까요?

우리는 종종 대표 기도를 마칠 때 "이 죄인, 아무 공로 없사오나 예수 그리스도의 이름으로 기도합니다."라고 기도하는 걸 봅니다. 말인 즉, 죄

인이 기도를 했다는 겁니다. 그렇다면 이런 의문이 생기지 않으시나요?
'과연 하나님은 죄인이 드리는 기도에도 응답해주실까?'
하나님은 분명 죄인의 기도는 듣지 않으신다고 말씀하셨으니 말이지요.

• 사59:1~2 여호와의 손이 짧아 구원하지 못하심도 아니요 귀가 둔하여 듣
지 못하심도 아니라, 오직 너희 죄악이 너희와 너희 하나님 사이를 갈라놓았
고 너희 죄가 그의 얼굴을 가리어서 너희에게서 듣지 않으시게 함이니라

간단하게나마 여기서 율법과 복음에 대한 정리를 하겠습니다.
하나님은 이스라엘 백성들에게 율법을 주시며 지키라고 하셨습니다.
율법은 그 속성이 하나님의 법이기 때문에 거룩하고 선하고 의롭습니다.
우리는 법을 지키지 않는 것을 죄라고 합니다. 그리고 죄를 범한 자에게
는 그에 상응하는 형벌이 따릅니다. 하나님의 법도 마찬가지입니다.
그래서 이스라엘 백성들은 하나님께서 율법을 주셨을 때 그 법을 지키
겠다고 약속했습니다.

• 롬7:12 이로 보건대 율법은 거룩하고 계명도 거룩하고 의로우며 선하
도다

그러나 우리가 알아두어야 할 사실이 있습니다. 그건 사람으로서는 도
저히 모든 율법을 다 지킬 수 없다는 사실입니다. 왜냐면 율법 중 단 한
가지라도 어겼을 때는 이미 율법을 범한 것이 되기 때문입니다. 율법은
선악과에서 시작되지만 그것은 10계명으로 정리가 되었습니다. 그리고

10계명으로부터 구약의 방대한 규례와 율례가 무려 969가지까지 확산되었습니다. 그러니 이 많은 것을 어떻게 완벽하게 항상 지키며 살 수 있겠습니까? 사람으로는 율법에 기록된 모든 조항을 충족시킬 수 없습니다.

> • 갈3:10 무릇 율법 행위에 속한 자들은 저주 아래에 있나니 기록된 바 누구든지 **율법 책에 기록된 대로 모든 일을 항상 행하지 아니하는 자는** 저주 아래에 있는 자라 하였음이라

성경은 율법 책에 기록된 대로 모든 일을 항상 행하지 아니하는 자는 저주 아래 있는 자라고 말씀합니다. 그렇다면 하나님은 사람에게 왜 율법을 주셨을까요? 그 이유는 우리가 율법 아래 죄인일 수밖에 없다는 사실을 깨달으라고 주신 것입니다. 만약 법이 없다면 죄도 없을 것입니다. 그래서 하나님은 사람이 죄인이라는 것을 합법적으로 규정하기 위하여 율법을 주신 것입니다. 그럼 우리가 지킬 수도 없는 율법을 왜 만들어 놓고 지키라고 말씀하셨을까요? 그건 바로 하나님의 말씀대로 살지 못하는 것이 곧 죄요, 말씀을 어기는 것이 곧 죄라는 사실을 깨닫게 하시기 위해서입니다.

> • 롬3:20 그러므로 율법의 행위로 그의 앞에 의롭다 하심을 얻을 육체가 없나니 **율법으로는 죄를 깨달음**이니라

하나님께서는 사람이 율법을 지킬 수 없다는 것을 아시면서도 주셨습니다. 그래야 사람 스스로가 자신이 죄인임을 인정하면서 그 해결 방법을

찾기 때문입니다. 더욱이 예수님은 구약에 기록된 율법보다 한 술 더 떠서 아주 강도 높은 율법을 요구하셨습니다. 그러면서 ●마5:17에서 말씀하시기를 자신은 율법을 폐하러 온 것이 아니라 완전하게 하러 왔다고 하셨습니다.

> ●마5:17 내가 율법이나 선지자를 폐하러 온 줄로 생각하지 말라 폐하러 온 것이 아니요 완전하게 하려 함이라

율법을 완전하게 한다는 말씀의 의미는 무엇일까요?

예수님은 살인을 해도 지옥에 가지만 형제에게 화를 내거나 미련한 놈이라고 욕만 해도 지옥에 간다고 했습니다. 즉 형제를 미워하는 것이 살인죄와 같다는 것입니다. 그래서 ●요일3:15에서 그 형제를 미워하는 자마다 살인하는 자라고 하신 것입니다.

> ●요일3:15 그 형제를 **미워하는 자**마다 **살인하는 자**니 살인하는 자마다 영생이 그 속에 거하지 아니하는 것을 너희가 아는 바라

뿐만 아니라 여자를 보고 음욕을 품기만 해도 이미 그는 간음한 자라고 했습니다. 이렇게 완벽하게 만들어 놓으신 율법 아래 걸려들지 않을 자가 어디 있겠습니까? 그러니 예수님 앞에서는 모든 사람이 죄인이 되는 것입니다.

결과적으로 하나님은 모든 사람을 죄인으로 만드시려고 율법을 주신 것입니다. 더구나 예수님은 말씀이신 하나님이 육신을 입고 이 땅에 오신

분이십니다. 그러니 예수님께서 완전하게 해 놓으신 율법이라는 그물망
을 통과할 사람은 단 한사람도 없는 것이지요.

그렇다면 모든 사람들을 완벽하게 죄인으로 만드신 하나님의 의도는
무엇일까요?

모든 사람들을 예수님 앞으로 나오게 하시려는 계획 때문입니다. 그래
서 하나님은 예수님을 준비시켜 놓으시고, 모든 사람들을 율법이라는 올
가미에 걸어버리셨습니다.

율법을 어긴 자는 모두 죄인이며, 그 죄인은 죄의 삯으로 사망이라는 대
가를 치러야 합니다. 그런데 이 사망이라는 보따리 안에는 질병과 가난과
실패와 저주 등등 온갖 고통이 다 들어가 있습니다. 그리고 이 사망의 요
소들은 모두 죄인인 우리들이 치러야할 몫입니다. 그러나 하나님은 우리
를 이런 사망의 저주에서 건져내기 위하여 이미 예수님을 준비하셨습니
다. 그리고 죄의 대가로 우리 대신 예수님이 사망을 담당하게 하셨습니다.

결과적으로 하나님은 우리를 죄의 문제에서 구원하시려고 지킬 수도
없는 율법을 만들어서 지키도록 하셨던 것입니다.

그럼 하나님께서 요구하시는 율법을 지키겠다고 약속했던 자들이 지키
지 못할 때는 어떻게 됩니까? 당연히 법을 어겼으니 죄인이고, 죄인은 죄
의 삯인 사망을 당해야만 합니다. 그러니까 사망 가운데서 살아나고자 하
는 자들은 모두 예수님께로 나오라는 것입니다.

결국 율법은 모든 사람을 죄인으로 만드셔서 그 죄의 값을 예수님이 대
신 치르게 하시고 그 예수님을 믿는 사람은 모두 죄에서 건져내어 영원한
생명을 주시겠다는 하나님의 구원 계획에 의해 만들어진 것입니다. 그래
서 율법을 '성도들을 그리스도 예수께로 인도하는 몽학선생' 이라고 한

것입니다.

그 결과 예수님을 믿음으로 받아들인 자는, 예수님께서 치르신 사망이라는 값을 자신이 직접 지불한 것이 됩니다. 그래서 하나님 앞에서 죄가 청산된 의인이 되는 것입니다. 그래서 하나님은 예수님이 죄로 인하여 죽어 장사될 때 예수님을 믿는 자들도 함께 장사되었다고 선언하셨습니다.

> • 롬6:8 만일 우리가 그리스도와 **함께 죽었으면** 또한 그와 **함께 살 줄을** 믿노니

예수님과 함께 나도 죽었으니, 예수님과 함께 나도 다시 살아났습니다. '함께' 라는 말은 이렇게 중요한 의미가 있습니다. 이제 이 사실을 믿고 예수님을 영접한 사람들 속에는 예수님이 항상 함께 사십니다. 그런데 그 예수님은 죄의 값을 치뤄주신 분으로서 영원하신 분입니다. 그러므로 영원하신 예수님과 함께 사는 사람도 영원히 죄의 값을 치른 자로서 살게 됩니다. 때문에 하나님 앞에서도 영원한 의인으로 서게 되는 것입니다.

> • 히10:14 그가 거룩하게 된 자들을 한 번의 제사로 **영원히 온전하게 하셨** 느니라

다음의 그림을 보십시오.

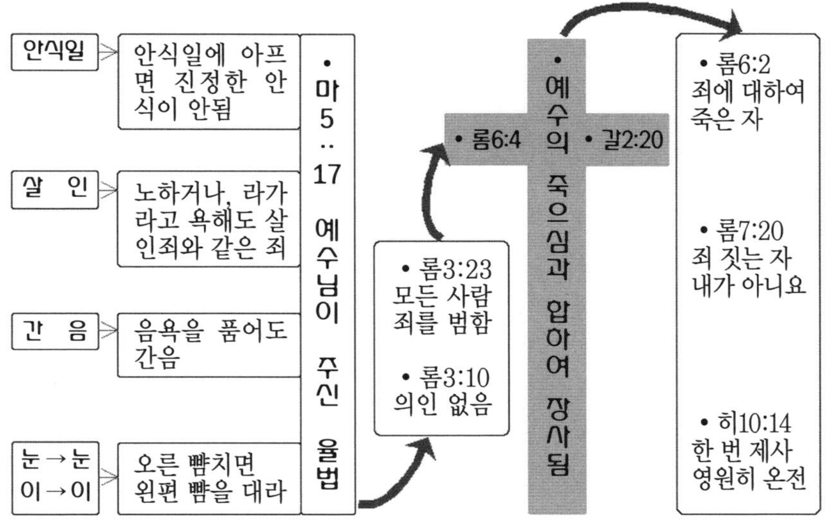

율법은 안식일을 지키라고 합니다. 그러나 막상 안식일에 설사가 나고 치통이 심하다면 실제적인 안식을 누릴 수 있습니까? 이처럼 율법은 본인의 의도와 관계없이 범하게 되는 경우도 있습니다. 더구나 예수님은 율법을 완전하게 해놓고 그걸 지키라고 요구하십니다. 그러니 어떻게 지키겠습니까? 살인죄나 간음죄를 안 짓기도 어렵지만, 오른뺨을 때리는 사람에게 나의 왼뺨까지 때리라고 대주기란 쉽지 않은 일입니다. 그래서 율법 아래 모든 사람은 자신이 죄인임을 인정하고 깨달을 수밖에 없습니다.

성경은 • 롬3:23에서 모든 사람이 죄를 범했다고 선언합니다. 모든 사람이 죄인이 되었으므로, 이 모든 세상 사람들의 죄를 짊어지고 예수님이 십자가에서 죽으셨습니다. 뿐만 아니라 예수님이 장사될 때 예수님을 믿는 우리도 모두 죽어 장사되었습니다. 죽음이라고 하는 죄의 삯을 지불한 것입니다. 이미 그 삯을 지불하였으므로 우리는 더 이상 죄에 대하여 지불할 것이 남아있지 않습니다. 이것은 시간적으로 현재와 미래에 지을 죄에 대한 것까지도 포함합니다. 그래서 내 죄의 값을 대신 치러주신 예수님을 믿는 자들은 하나님 앞에 항상 의로운 자로 설 수가 있는 것입니다.

이러한 예수님을 믿는 자들에게는 항상 죄에 대해서 그 삯을 치르시는 예수님이 계시기 때문에, 율법을 어겼을 때는 어긴 것에 대한 대가를 치르고 있는 것이 되며, 또한 어기지 않고 율법을 지킬 때는 율법을 준수하는 것이 되니 결국 예수 그리스도를 따르는 자들은 율법을 항상 이루어 내는 것이 됩니다. 그러나 자신의 힘으로가 아니라 예수님께서 해 놓으신 것으로 율법을 이루어 내는 것입니다.

• 롬8:4 육신을 따르지 않고 그 영을 따라 행하는 우리에게 **율법의 요구가 이루어지게 하려 하심이니라**

율법과 복음을 간략하게 정리할 수 있도록 질의응답을 만들어 보았습니다.

① 율법은 지켜야 하는가?

그렇습니다. 율법은 거룩하고 의롭고 선한 하나님의 법이기 때문입니다.

② 율법을 지킬 수가 있는가?

없습니다. 왜냐면 율법은 모든 조항을 항상 지켜야 하기 때문입니다.

③ 그러면 어떻게 해야 되는가?

예수님 앞에 나오면 됩니다. 그러면 율법의 모든 죄에 해당되는 죄의 삯을 치르신 예수님의 대속이 나의 속죄함이 됩니다.

④ 그러면 어떻게 되어 지는가?

예수님이 내 안에 항상 계시기 때문에 믿는 자는 영원히 온전하게 된 의인으로 하나님 앞에 항상 서게 되는 것입니다.

이제 당당하게 기도하십시오. 당신은 율법 때문에 그리스도에게까지 오게 된 구원받은 의인입니다. 이것이 복음입니다. 복음은 예수님과 함께 사는 당신을 향하여 언제나 의인이라고 인정하여 주십니다.

> **KEY** 율법은 우리가 죄의 삯으로 죽을 수밖에 없는 죄인임을 알게 해준다. 하나님은 죄인을 살리기 위해 예수님을 대속물로 준비시켜 놓으셨다. 그리고 예수님을 믿는 자를 향하여 너는 온전한 의인이라고 인정하여 주신다.

적용 :: 당신의 삶에 죄악 된 요소가 있다 할지라도 당신은 의인임을 아십시오. 영적으로 거듭난 당신을 하나님은 의인이라고 하셨습니다. 그러나 의인도 육체라는 옷을 입고 살기에, 그 육체는 죄를 범할 수 있습니다. 그렇게 육체로 짓는 죄에 대해서도 예수님은 십자가에서 이미 죄의 삯을 지불하셨습니다. 어떤 상황에 놓이던지 당신은 의인임을 잊지 마십시오. 만약 당신이 '나는 죄인이다' 라고 인정할 때 그 생각을 빌미로, 마귀는 당신을 죄의 삯을 치르는 곳으로 데리고 갈 것입니다. 그동안 우리는 당할 만해서 당한 것이 아니라, 몰라서 당했던 것입니다.

기도 § 하나님, 제가 원치 않는 것을 저질렀지만 제 안에 계신 예수 그리스도로 말미암아 이미 사해 주심을 감사합니다. 그러나 제가 원치 않는 그것을 하는 동안, 하나님의 기뻐하시는 일을 하지 못했습니다. 이제부터는 하나님 앞에 의미 있는 일을 하도록 하겠습니다. 저를 의인으로서 살아가게 하신 예수님의 이름으로 기도합니다. 아멘

6. 나는 항상 의인입니다

여러분, '죄의 문제와 상관없이 구원받았다.' 는 말이 무슨 뜻일까요?

이해를 돕기 위하여 여러분께 질문하나 드려보겠습니다.

"당신은 예수를 믿습니까?"

"당신 안에 예수님이 계십니까?"

"당신 안에 계신 예수님이 당신의 죄를 완전히 사했다고 확신합니까?"

여러분의 대답은 '예' 입니까? '아니오' 입니까?

물론 '예' 라고 대답하신 줄 압니다.

그렇다면 다음의 질문에는 어떻게 대답하시겠습니까?

"당신 안에 당신의 죄를 사하신 예수님이 계신데도 여전히 당신에게 죄가 있다고 생각하십니까?"

신앙생활을 하면서 하나님 앞에서 내가 죄인이냐 아니냐는 아주 중요

한 사안입니다. 왜냐면, 내 안에 예수를 모시고도 내가 죄인이라고 생각한다는 말은 곧, 예수님이 내 죄를 전부 가져 가셨다는 사실을 인정하지 않는다는 말이기 때문입니다. 가일층, 내 죄를 사하시려고 독생자를 주신 하나님 입장에서는 더더욱 심각한 문제가 아닐 수 없습니다. 왜냐면 하나님은 '죄의 문제와 상관없이' 우리를 의인이라고 부르셨기 때문입니다. 그러니 아직도 내가 하나님 앞에서 죄인의 신분이라고 여기는 것은, 하나님 말씀에 대해 전면 부정하는 결과를 가져옵니다.

그럼, 우리가 지금까지 이런 논리적 오류에 빠졌던 이유는 무엇일까요? 그건 거듭난 영적인 나와, 육적인 나를 구분하지 못한데서 온 혼돈입니다.

아담이 범죄한 이후로 모든 사람은 죄 가운데서 태어나기 때문에 누구나 죽은 영으로 태어납니다. 사람이 살아 움직이며 기거 동작하는 것은 혼의 지배로 육이 움직이는 것일 뿐입니다. 생명은 영에 있습니다. 그러므로 영생이신 생기가 떠난 이후의 육은 생명 없는 혼에 의해 움직여집니다. 때문에 이러한 육 역시 혈기가 있을 때까지만 목숨이 연명될 뿐입니다. 그래서 살아가는 것처럼 보이나 실은 버티어가는 것일 뿐 죽어가고 있는 존재입니다. 이렇게 영이 죽어있는 상태의 사람들을 다시 살려주시려고, 살려주는 영이신 예수 그리스도께서 오신 것입니다.

• 고전15:45 기록된바 첫 사람 아담은 생령이 되었다 함과 같이 **마지막 아담은 살려 주는 영이 되었나니**

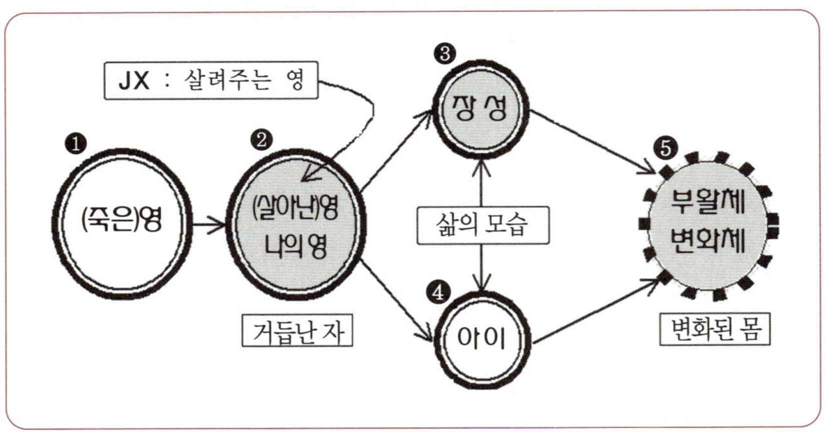

예수 그리스도께서 죽은 영이었던 우리를 살려내심으로 우리는 살아난 영이 되었습니다. 정확하게 말하자면 거듭난 자로서의 '나의 영' 이라는 것은 살려주는 영으로 오신 예수 그리스도와 그에 의해 살아난 영이 연합된 것입니다. 그림 ❷의 모습입니다.

• 롬8:16 성령이 친히 **우리의 영**과 더불어 우리가 하나님의 자녀인 것을 증언하시나니

우리에게 들어오신 성령은 살려주는 영이며 영생이십니다. 영생은 우리 안에서 영원히 우리와 함께 사심으로 아담이 범죄하였을 때 떠났던 생기처럼 떠나거나 없어지지 않습니다. 이렇게 살려주는 영이 살려내신 사람을 하나님은 거듭난 사람이라고 합니다.

거듭난 사람이 살아가는 모습은 그가 어떤 선택을 하며 사는가에 따라 크게 두 가지로 나눌 수 있습니다. 내가 성령의 인도를 받을 것인가? 아니면 마귀의 유혹을 따를 것인가? 물론 선택은 우리의 혼이 결정합니다.

혼이 성령의 인도를 받기를 결정하면 성령은 혼을 통하여 육에까지 하나님의 것을 공급하게 됩니다. 이러한 삶을 사는 자를 '영적인 나'라고 하며 장성한 자라고도 부릅니다. 바로 그림 ❸의 모습입니다.

그러나 사람은 거듭났다 할지라도 예수님을 만나기 이전의 가치와 습관이라는 것이 기억 속에 그대로 남아있습니다. 예수님을 믿는 신앙생활을 한다할지라도 혀끝에 짜릿하게 맴돌던 소주의 맛을 기억할 것이며, 답답한 가슴을 쓰러 내리는 구수한 담배 한 모금을 기억할 것입니다. 혼이 이러한 옛 습관의 유혹을 이기지 못하고 선택할 때 육은 그러한 요소로 살아가게 됩니다.

그렇다 할지라도 성령이 우리를 떠나시는 것이 아닙니다. 다만 우리의 혼이 성령의 뜻을 거슬렀기에 • 엡4:30에서처럼 우리 안에서 근심하시는 것입니다.

이렇게 사는 사람은 마치 예수님을 믿지 않는 사람처럼 보이게 됩니다. 그래서 본인 스스로도 영적 갈등을 겪게 됩니다. 이런 사람을 • 히5:13에서는 의의 말씀을 경험하지 못한 어린아이라고 합니다. 성령과 관계없는 옛 습관을 선택하기에 하나님의 말씀인 성령의 뜻을 경험할 수가 없었던 것이지요. 그러나 하는 짓이 그래서 그렇지 어린아이라 할지라도 그 속에는 분명 하나님의 생명이 있습니다. 바로 그림 ❹의 모습입니다.

살아가는 모습은 마치 예수님이 없는 사람 같아도 그 사람은 거듭난 어린아이입니다. 나중에 상급의 문제와 연결될 때 상급이 적어서 그렇지, 그도 역시 변화되어 영원한 천국에 갈 사람입니다. 그러나 그러한 어린아이가 옛 습관을 따라 행동할 때는 성령과는 아무런 관계가 없으므로 이러한 삶을 사는 자를 '육적인 나' 라고 합니다.

사람의 육체는 성령의 영향을 받던지 옛 습관의 영향을 받던지 자신의 혼이 선택하는 대로 따라 살다가 결국 인생이 끝난 후에는 흙으로 돌아가게 됩니다. 그리고 거듭난 자는 부활의 때에 새롭게 신령한 몸을 받아 영혼과 함께 천국에 가게 됩니다.

그렇다고 해서 무조건 육은 저속한 것이고 영은 거룩한 것이라 하여 영과 혼을 성과 속으로 나누면 안됩니다. 이런 이원론적 사상이 바로 초대교회 때 물의를 일으켰던 영지주의입니다.

하나님은 영적인 삶을 살아가는 나를 향하여 '너' 라고 불러 주십니다. 더 구체적으로 말하자면, 나의 육체가 하나님의 뜻대로 살아갈 수 있도록 혼에 하나님의 뜻을 공급하는 구원받은 영을 '너' 라고 하시는 것입니다.

즉 죽었던 영이 살아나서 성령과 연합된 영을 말하는 것입니다.

그러나 우리가 육적인 삶을 살아갈 때는 거듭난 영은 전혀 그 행동에 관여하지 않습니다. 그러므로 하나님께서 '너'라고 부르시는 대상은 그냥 쉬고 있는 것입니다. 이렇게 하나님이 '너'라고 부르시는 거듭난 영이 아닌, 옛 습관을 따라 사는 나는, 하나님이 보실 때는 '너'가 아닙니다.

다시 말해 죄짓는 행동을 하는 주체와 하나님이 보시는 나와는 아무런 관계가 없습니다. 하나님이 살려주신 영은 결코 죄를 지을 수 없습니다. 다만 나의 혼과 옛 습관들이 죄를 짓는 것일 뿐입니다. 그런데 하나님은 그렇게 죄짓는 나의 혼을 나라고 보지 않으십니다. 다시는 죄를 짓지 못하도록 다시 살려주신 '거듭난 나', 하나님은 그런 나를 나로써 인정하시기 때문에 거듭난 나는 결코 또 다시 죄인이 될 수 없습니다. 바울의 설명을 들어보십시오.

• 롬7:20 만일 ① 내가 원하지 아니하는 그것을 하면 이를 행하는 자는 ② 내가 아니요 ③ 내 속에 거하는 죄니라

하나님의 뜻대로 살아가지 않는 상태의 실존에 대해 '나'라고 하는 주체가 3회 언급되고 있습니다.

①의 나는 누구입니까? 원하지 않는 것을 행하고 있는 육적인 나를 말합니다.

②의 나는 누구입니까? 원하지 않는 것을 행하는 것을 원치 않는 자니까, 영적인 나를 말합니다.

③의 나는 누구입니까? 옛 습관을 따라 살게 만드는 육적인 나를 말합

니다. 즉 어린아이 속에 거하고 있는 죄가 옛 습관을 따라가게 만들고 있는 육적인 나입니다.

그럼 이미 거듭났지만 아직 영적으로는 어린아이와 같아서 자꾸만 옛 습관을 따라 죄 된 행동을 할 때는 어떻게 됩니까? 그것은 거듭난 내가 죄를 짓는 것이 아닙니다. 왜냐면 거듭나기 전의 죄를 짓던 나는 이미 우리가 예수님을 믿고 세례를 받을 때 예수님과 함께 죽었기 때문입니다. 어떻게 죽은 사람이 다시 살아나서 또 죄를 짓겠습니까? 그럴 수 없습니다. 그러므로 여러분은 이제 완전한 의인으로 더 이상 죄와는 상관없는 존재가 된 것입니다.

내가 죄인이라는 생각에서 헤어나지 못하는 이유는 바로 내가 세례를 받을 때, 나도 함께 죽음으로서 모든 죄의 값을 치렀다는 사실을 잊었기 때문입니다. 나는 안 죽고 내 대신 예수님만 죽으셨다고 생각하니까 아직도 내가 치러야 할 어떤 징계가 남은 것처럼 생각하게 되고 그러다보니 결국 나는 아직도 죄인인 것처럼 죄의식에서 해방되지 못했던 겁니다.

여러분, 여러분 안에 예수님이 항상 함께 하심을 믿습니까? 예수님이 항상 나와 함께 하신다는 말은, 항상 내 안에 십자가의 대속의 은총이 유효하다는 말입니다. 이 말은 속죄 제물이 되시는 예수님이 내 안에 계시면, 나는 항상 속죄제를 드리고 있다는 말입니다.

  • 히10:14 그가 **거룩하게 된 자**들을 한 번의 제사로 **영원히 온전하게 하셨**
느니라

하나님의 말씀은 믿는 순간부터 곧 결과가 나옵니다. 그러므로 내 안에
예수님을 모시고 산다는 말은 내가 예수님과 더불어 산다는 말입니다. 한
번의 제사로 온 세상의 죄를 사하셨고, 죄로부터 온전케 하신 예수님을
내 안에 모시고 산다는 말은, 더 이상 죄에 대하여 제사를 드릴 필요가 없
게 되었다는 말입니다. • 롬6:2 말씀처럼 우리는 '죄에 대하여 죽은 자'
이기 때문입니다.

  • 히10:17~18 또 **그들의 죄와 그들의 불법을 내가 다시** 기억하지 아니하
리라 하셨으니 이것들을 사하셨은즉 다시 죄를 위하여 제사 드릴 것이 없느
니라

죄는 나의 혼과 육체가 옛 습관을 선택하면서 짓게 됩니다. 거듭났다
할지라도 기억이라는 것은 없어지는 것이 아니기 때문에 혼적 요소에 남
아있는 그 기억이 우리의 혼과 육체를 죄를 짓는 곳으로 끌고 가는 것입
니다.

우리는 죄의 문제와 연결하여 회개라는 말을 많이 합니다. 회개란 정확
히 말해 잘못된 것을 뜯어 고치는 것을 말합니다. 그러므로 회개란 말은
불신자 곧 예수님을 모르고 살던 사람에게 필요한 것입니다. 회개는 불신
자가 예수님을 모르고 살아왔던 자신의 모든 죄를 예수님 앞에 내어놓고

자신이 죄인이었음을 인정하며 의인의 길로 방향을 전환하여 가는 것을 말하는 것이기 때문입니다.

그러므로 엄밀한 의미에서 믿는 자의 회개는 불신자의 회개와는 그 의미가 다릅니다. 왜냐면 불신자에게는 죄를 사하여 주신 예수님이 없으니 그들의 죄가 아직 그냥 있기 때문입니다. 그래서 불신자들은 자신들의 죄를 용서해달라고 회개해야 합니다.

그러나 믿는 자의 회개는 잘못한 것에 대한 용서를 구하는 것이 아닙니다. 왜냐면 믿는 자에게는 이미 죄가 없기 때문입니다. 예수님께서 이미 십자가에서 모든 죄 값을 지불하셨기 때문입니다. 그럼 믿는 자는 회개도 하지 말고 살라는 말인가? 그런 뜻이 아닙니다. 물론 믿는 자들도 하나님 앞에서 회개해야 합니다. 다만 불신자처럼 죄의 문제를 놓고 회개하지는 말라는 말입니다. 그럼 어떤 것을 회개하란 말인가? 의인의 자격으로 당당하게 살지 못한 것을 회개해야 합니다. 예수님께서는 이미 우리가 지을 미래의 죄까지 모두 해결해 주셨습니다. 그럼에도 불구하고 죄의 습성을 기억하고 있는 나의 혼이 짓는 죄를, 마치 거듭난 내가 지은 것처럼 착각하고 살았던 사실을 회개해야 합니다. 그래서 죄의식이 마치 죄인 것처럼 착각하여 죄를 타고 일하는 마귀가 합법적으로 나를 휘두르도록 허락한 것을 회개해야 합니다.

우리는 자칫 죄의식을 가지고 사는 것이 양심적이고 겸손한 것처럼 착각하지만 결코 그렇지 않습니다. 그것은 예수님이 치르신 대속의 은총을 부인하는 것이기 때문입니다. 이것은 믿음이 없는 것이지 결코 양심적인 것이 아닙니다. 예수님의 십자가 사건이 대속의 은총을 믿고 그 예수님을 마음에 모시고 사는 우리에게 어느 정도의 가치가 있는가를 보십시오.

술 마시는 게 뭐 그리 대단한 죄는 아니겠지만, 설령 거듭난 내가 술을 마셨다고 합시다. 술이 내 목구멍으로 넘어가는 순간, 그 술은 곧바로 십자가로 싹 흡수되어 버립니다. 내가 음욕을 품고 마음의 죄를 졌다고 생각합시다. 내가 눈으로 보고 음욕을 품는 순간, 이 생각은 곧바로 십자가로 싹 흡수되어 버립니다. 그러니 죄가 내 안에 남아있을 겨를이 어디 있습니까? 내가 죄를 짓는 행동을 함과 동시에 그 죄는 즉시 십자가에 흡수되어 해결되는 것입니다. 예수님의 죄사함의 은총은 아예 죄의 흔적까지도 없애버리는 완전한 해결입니다. 그런데 뭘 붙잡고 회개하시겠다는 겁니까?

회개란, 고작 감정적 후회나 뉘우침 같은 자책이 아닙니다. 우리가 자꾸 반복하여 짓는 죄에 대한 죄의식에 매이는 것은, 내가 회개할 때까지 죄가 내 안에 남아 있다고 생각해서입니다. 회개할 때까지 내가 죄를 지니고 있다고 믿고 있기 때문이지요. 그러나 그렇지 않습니다. 예수님이, 또 하나님이, 우리 사람과 같이 부족한 분이십니까?

예수님께서는 단 한 번의 제사로 내가 미래에 지을 죄의 문제까지 아예 깨끗하게 용서를 해놓으셨습니다. 완전한 용서로 완전한 의인을 만드신 겁니다. 자꾸 내 생각 속에 잠재되어 있는 죄의식, 마귀가 참소하는 소근거림에 속지 마십시오.

여러분, 하나님이 죄 없다 하셨는데, 무엇 때문에 자꾸 나를 죄인이라고 정죄하며 죄의식에 묶여 있습니까? 그건 분명히 마귀가 나를 잡고 속이며, 내가 하나님의 영과 교통하지 못하도록 이간질 하는 것입니다. 마귀는, 내가 거듭났다고 하는 영적인 사건이 눈에 보이거나 만져지는 사건이 아닌 것을 이용합니다. 그래서 여전히 나의 육체를 빌려 옛 습관을 반복하게 해 놓고 그것을 내가 했다고 속이는 겁니다. 마귀에게 자꾸 속는 것은 우리가 하나님의 말씀을 정확히 모르기 때문입니다. 하나님의 말씀을 모르니까 영적으로 거듭난 내가 누구인지도 모르게 됩니다. 그러니까 눈에 보이는 현상들이 진짜인 줄 믿게 됩니다. 그래서 눈에 보이는 육체, 곧 움직이고 활동하는 내가 나인줄 알고 내가 죄를 지었다는 죄의식에 사로잡히는 것입니다.

우리가 죄를 이야기하려면 율법을 이야기해야 하고, 죄사함의 은총을 이야기 하려면 복음을 이야기해야 합니다. 율법은 우리 중 그 누구도 결코 죄의 그물망에서 빠져나갈 수 없는 존재임을 깨닫게 합니다. 때문에 율법 앞에 온전할 수 있는 사람은 단 한 사람도 없습니다. 그러나 복음은 그래서 십자가의 피 흘림이 있었다는 사실을 증거 해줍니다. 그래서 복음 안에서 완전해지지 않은 사람은 단 한 사람도 없다는 사실을 입증해줍니다. 이 사실을 사람들이 깨닫게 하는 것, 이것이 곧 예수님이 이 땅에 오신 목적입니다.

• 롬5:18~19 그런즉 한 범죄로 많은 사람이 정죄에 이른 것 같이 한 의로운 행위로 말미암아 많은 사람이 의롭다 하심을 받아 생명에 이르렀느니라, 한 사람이 순종하지 아니함으로 많은 사람이 죄인 된 것 같이 한 사람이 순종하심으로 많은 사람이 의인 되리라

하나님께서 사람을 만드신 이유는, 하나님과 사람이 연합하여 하나님의 뜻하신 바를 이루어가기 위해서입니다. 하나님은 우리를 완전케 하시기 위해, 우리의 전부를 원하십니다. 그래서 전부가 아니면 우리는 아무

것도 아닌 것이 됩니다.

기도의 본질적 의미도, 우리의 목적과 동기를 가지고 하나님 앞에 그걸 이루어 달라고 요구하는 것이 아닙니다. 하나님은 우리의 일생을 처음부터 끝까지 빈틈없이 완전하게 계획하셨습니다. 그리고 나를 통하여 그 모든 계획이 온전하게 완성되기를 원하십니다. 그러므로 기도는 하나님의 약속과 의도가 나를 통하여 반드시 성취될 것을 요구하는 것입니다. 그리고 하나님의 분명한 목적, 선하신 뜻을 위하여 나를 사용해 달라고, 통째로 나를 내어 드리는 것입니다.

KEY 거듭난 자라할지라도 장성한 자와 달리 영적 어린아이는 하는 짓이 불신자와 비슷할 수가 있다. 그래도 그는 거듭난 자이다.

적용 :: 기도를 하되 우리는 의인의 자격으로 해야 합니다. 이제부터는 '죄를 지었으니 용서해 주세요.'가 아니라, '저의 죄를 이미 용서해 주셨음을 감사합니다.'라고 기도하십시오. 전자는 죄를 용서받지 못한 죄인의 기도이지만, 후자는 이미 죄를 용서받은 의인의 기도입니다.

기도 § 하나님, 하나님 앞에서 죄인인 것을 고백하는 것이 겸손이며 마땅한 태도라고 믿고 그동안 기도해왔습니다. 그러나 이미 제 안에 죄가 없음을 인하여 감사드립니다. 이 말씀을 육비에 새기고 다시는 죄의식에 속지 않도록 도와주시옵소서. 예수님의 이름으로 기도합니다. 아멘

7. 기도에 대한 하나님과 나의 입장 차이

여러분, 이스라엘 백성이 하나님께 울부짖어서 출애굽이 되었습니까? 아니면 그것이 하나님의 뜻이었기 때문입니까?

출애굽 사건을 통해서 우리는 어떻게 기도해야 하는 가를 깨달을 수 있습니다. 기도는 우리 편에서 볼 때는 약속이지만, 하나님 입장에서 볼 때는 계획입니다. 그러므로 우리가 기도할 내용은 힘들고 어려운 상황에 대한 것이 아니라 하나님의 약속을 근거로 해야 합니다.

실례로 하나님께서 이스라엘 백성들을 출애굽 시킨 사건은 이스라엘 백성들이 고통스럽다고 울부짖었기 때문이 아니라, 그들이 부르짖을 때 하나님께서 • 창15:13절 이하에서 하셨던 약속을 기억하셨기 때문이라고 말씀하고 있기 때문입니다.

• 창15:13~16 여호와께서 아브람에게 이르시되 너는 반드시 알라 네 자손이 이방에서 객이 되어 그들을 섬기겠고 그들은 사백 년 동안 네 자손을 괴롭히리니 그들이 섬기는 나라를 내가 징벌할지며 그 후에 **네 자손이 큰 재물을 이끌고 나오리라** 너는 장수하다가 평안히 조상에게로 돌아가 장사될 것이요 네 자손은 사대 만에 이 땅으로 돌아오리니 이는 아모리 족속의 죄악이 아직 가득 차지 아니함이니라 하시더니

창세기부터 요한계시록까지 모든 성경의 기록은 이러한 하나님의 약속

을 가지고 흘러가고 있습니다. 출애굽기 속에서 나타나는 하나님의 약속
과 응답은 모세를 통해 증언되고 있습니다.

• 출32:11~13 모세가 그의 하나님 여호와께 구하여 이르되 어찌하여 그
큰 권능과 강한 손으로 애굽 땅에서 인도하여 내신 주의 백성에게 진노하시
나이까 어찌하여 애굽 사람으로 이르기를 여호와가 자기의 백성을 산에서 죽
이고 지면에서 진멸하려는 악한 의도로 인도해내었다고 말하게 하시려 하나
이까 주의 맹렬한 노를 그치시고 뜻을 돌이키사 주의 종의 백성에게 이 화를
내리지 마옵소서 주의 종 아브라함과 이삭과 이스라엘을 기억하소서 주께서
그들을 위하여 **주를 가리켜 맹세하여 이르시기를** 내가 너희의 자손을 하늘의
별처럼 많게 하고 내가 허락한 이 온 땅을 너희의 자손에게 주어 **영원한 기업
이 되게 하리라 하셨나이다** 여호와께서 뜻을 돌이키사 말씀하신 화를 그 백
성에게 내리지 아니하시니라.

이스라엘 백성들이 시내산 광야에서 금송아지 우상을 만들었습니다.
하나님은 우상을 섬기는 그들을 진멸하시겠다고 말씀하셨습니다. 이런
상황에서 모세가 여호와께 기도하는 내용을 보십시오. 모세는 하나님께
이스라엘 백성들이 지은 죄로 인하여 화를 내리지 마시고 아브라함과 이
삭과 이스라엘에게 하셨던 약속을 기억해 주실 것을 요구합니다. 그러자
여호와께서 그 약속을 기억하시고 뜻을 돌이키사 그 화를 이스라엘 백성
에게 내리지 않으셨다고 기록하고 있습니다.

모세는 하나님이 하셨던 약속을 하나님 앞에 증거로 탁 내어놓고 그걸
지키라고 요구하였습니다. "하나님, 우리가 잘못했기 때문에 하나님이
우리를 죽이셔도 할 말은 없습니다. 그러나 만약에 우리를 이곳에서 죽이

시면, 우리가 죄 짓기 이전에, 하나님께서 우리의 조상들에게 하셨던 약속도 깨지는 것입니다. 하나님께서 분명 우리를 가나안 땅에 들여보내어 그 땅을 영원한 기업으로 주시겠다고 하시지 않았습니까? 그러니 진노를 멈추시고 약속을 지키십시오.”

기도는 이와 같이 “하나님께서 이렇게 약속하셨지 않습니까? 그러니 그 약속을 지키십시오.”라고 하나님의 약속을 상기시켜 드리는 것입니다.

저 유명한 느헤미야의 기도를 보십시오. 느헤미야는 이스라엘(남유다)이 바벨론에 포로로 끌려갔을 때의 선지자입니다.

바벨론에 포로로 끌려갔던 이스라엘 백성들이 세 차례에 걸쳐 해방이 되었습니다. 먼저 1차 포로해방 때 느헤미야의 동생 하나니가 고국으로 돌아가게 되었습니다. 느헤미야가 아닥사스다 왕궁 수산 궁에 머물 때입니다. 그의 동생 하나니가 두어 사람과 함께 느헤미야를 찾아와 고국의 형편을 전해줍니다.

> • 느1:2 내 형제들 가운데 하나인 하나니가 두어 사람과 함께 유다에서 내게 이르렀기로 내가 그 사로잡힘을 면하고 남아 있는 유다와 예루살렘 사람들의 형편을 물은즉 그들이 내게 이르되 사로잡힘을 면하고 남아 있는 자들이 그 지방 거기에서 큰 환난을 당하고 능욕을 받으며 예루살렘 성은 허물어지고 성문들은 불탔다 하는지라

이 말을 들은 느헤미야는 이스라엘 백성을 대표하여 하늘의 하나님 앞에 금식하며, 이미 수세기 전 • 신30:4 이하에서 약속하셨던 말씀을 턱 내어놓고, 그것을 기억하실 것을 요구합니다.

그러면서 느헤미야 자신이 이스라엘 자손을 위하여 주야로 기도하는 것에 대하여 이렇게 확신하며 기도합니다.

비록 이스라엘 온 백성이 모두 죄에서 돌이켜, 하나님의 명령과 율례와 규례를 지킨 것은 아니지만, 주의 종, 나, 느헤미야가 이렇게 그들의 모든 죄를 대신하여 자복하고 기도하니, 이것으로 이스라엘의 모든 백성이 죄를 자백하고 돌이킨 것으로 받아달라고 간청하고 있습니다.

그러면서 정작 자기가 속으로 바라는 것(이스라엘로 돌아가고 싶다)은 요구하지 않고 하나님의 말씀만을 탁 내어놓고 그대로 행하실 것을 요구하고 있습니다.

기도의 본질은 • 느1:9 말씀처럼 "청하건대 기억하소서."라고 말하는 것입니다. 하나님의 말씀은 하나님의 사람들이 그 말씀대로 살 때 운동력이 있고 생명력이 있습니다. 그러므로 종국에 가서 응답되어지는 기도는, '내가' 하나님의 계획으로 돌아가, '하나님의 뜻'이 내 안에서 이루어지는 것입니다.

여러분, 하나님이 지으신 모든 것은 선합니다. 그러나 아담이 범죄함으로 모든 선한 것이 모두 악한 것이 되었습니다. 지금 현재 나를 에워싸고 있는 이 환경들도 원래는 좋은 것, 선한 것이었는데, 아담의 범죄로 인하여 악한 것이 되어 나를 괴롭히고 있는 것입니다.

그러나 예수님을 영접한 나에게는, 이미 악한 것이 좋은 것으로 회복되어졌다고 하나님께서 말씀하셨습니다. 그러므로 이제는 기도할 때 하나님이 말씀하신 대로 모든 악한 환경이 선한 것이 되어 나에게 나타날 것을 선포하고 요구하십시오. 기도는 이렇게 하나님의 말씀 즉 약속을 증거로 제시하며 선포하고 요구하는 것입니다.

그러므로 기도는 내 생각대로 막 하는 것이 아니라, 원래 내 환경 가운데 가지고 계셨던 하나님의 선한 의도, 즉 약속의 말씀, 곧 '예수 그리스도로 말미암아 어떻게 회복하실 것'이라고 하셨던 말씀을 붙잡고, 그 말씀대로 이행하실 것을 요구하는 것입니다. 그러므로 하나님의 약속이 없으면 기도도 할 수 없습니다. 즉 내 안에 말씀이 없으면 기도할 수도, 응답될 수도 없다는 말입니다.

기도함에 있어서 가장 중요한 것은 사실 믿음입니다.

왜 믿음이 중요한가? 하나님은 성경 전체를 통틀어 내게 주시며 "네가 믿으면, 네 것이 된다."라고 말씀하셨기 때문입니다. 하나님은 각자 믿음의 분량에 따라 복을 주셨습니다. 이 말씀은 곧 네 '믿음대로' 그리고 네가 '믿은 대로' 이루어주신다는 약속이기도 합니다.

• 단 6장 이하의 말씀을 보면 다리오가 왕위에 오른 뒤, 고관 백이십 명을 세워 전국을 통치하게 하고 또 그들 위에 총리 셋을 두어 고관들에게 자기의 직무를 보고하도록 하였습니다. 이때 세운 세 명의 총리 중의 하나가 바로 다니엘입니다. 다니엘이 얼마나 마음이 민첩하고 뛰어났던지, 그를 시기하던 자들이 혈안이 되어 그를 고발할 근거를 찾으려고 했습니다. 그럼에도 아무런 허물을 발견하지 못하자 이번에는 그를 함정에 빠뜨릴 방법을 찾습니다. 그리고 다니엘을 함정에 빠뜨릴 방법은 그가 섬기는 하나님의 율법 외에는 없겠다는 결론을 내립니다. 그리고 왕을 찾아가 청하기를, 30일 동안 누구든지, 왕 외의 어떤 신에게나 사람에게 기도하지 못하도록 금령을 세우고, 왕의 어인을 찍어, 금령을 어기는 사람을 사자 굴에 넣어 처형시킬 것을 종용합니다.

이러한 악한 의도를 알면서도 다니엘은 두려워하지 않고 여전히 하루에 세 번, 예루살렘 성전 쪽을 향한 창문을 열고, 전에 하던 대로 하나님께 감사기도를 올립니다(단6:10). 이러한 사실은 곧 발각이 되어 다니엘은 왕 앞에 사로잡혀 갔고 결국 사자 굴에 던져지고 맙니다.

이 부분을 읽다 보면 의문이 생깁니다. 왜 다니엘은 잡혀갈 것을 알면서도 그렇게 공개적으로 기도하였는가? 사실 다니엘은 24시간 감시당하는 상황도 아니었을 겁니다. 몰래 숨어서 기도하면 잡혀가지 않을 수도 있었을 겁니다. 그럼에도 여봐란 듯이 전과 동일하게 예루살렘 성전을 향하여 창문을 열고, 하루에 세 번씩 기도합니다. 그 이유가 뭘까요? 그에게는 • 왕상8:29~30에 기록되어진 약속의 말씀이 있었기 때문입니다.

> • 왕상8:29~30 주께서 전에 말씀하시기를 내 이름이 거기 있으리라 하신 곳 이 성전을 향하여 주의 눈이 주야로 보시오며 주의 종이 이곳을 향하여 비는 기도를 들으시옵소서 주의 종과 **주의 백성 이스라엘이 이곳을 향하여 기도할 때에** 주는 그 간구함을 들으시되 주께서 계신 곳 하늘에서 들으시고 들으시사 사하여 주옵소서

다니엘은 솔로몬이 예루살렘 성전에서 여호와께 드렸던 기도를 기억하고 붙잡고 있었습니다. 솔로몬이 하나님께 이스라엘 백성이 적국에 끌려갔다 할지라도 거기에서 주의 성전을 향하여 기도하면 그 기도를 들어달라고 했을 때, 하나님은 그렇게 하시겠다는 의미로 번제물을 불로 살라버리는 응답을 하셨습니다. 다니엘은 그러한 약속의 말씀을 잡고 말씀대로 기도했던 것입니다. 때문에 두려워하지 않았습니다. 그러므로 솔로몬이 그랬던 것처럼, 여호와께서 거기 있으리라 하셨던 그 성전, 예루살렘 쪽의 창문을 열고 그곳을 향하여 손을 들고 기도하였던 것입니다.

기도는 이와 같이 말씀을 붙잡고 하는 것입니다. 그냥 사람의 의지적 발동으로 기도하는 것은, 보기에는 뭔가 일어날 것처럼 보이나, 실제 일어나는 일은 아무것도 없습니다. 기도는 말씀이 실제로 나타나는 역사이기 때문입니다.

말씀의 원리를 깨닫는다는 말은, 바로 하나님의 영이 나를 붙잡고 이끌

어간다는 말입니다. "내 말이 네 안에 있고 네가 내 안에 있으면" 즉 내가 말씀대로 살면서 말씀을 붙잡고 기도하면 무슨 기도를 해도 다 들어준다는 것이 바로 하나님의 약속입니다.

기도는 어떤 구비조건을 요구하거나, 희생과 헌신이 요구되는 것이 아닙니다. 왜냐면 하나님은 우리의 감정이나 정성에 흔들리는 분이 아니기 때문입니다. 하나님은 우리에게 언약하신 말씀을 정확히 기억하시고 성취하시는 신실하신 분이며, 성경은 오직 이 사실만을 증언하고 있습니다.

하나님은 성경 곳곳에서 죄와 상관없이 구원받은 나, 악한 자가 만지지도 못하게 지키시는 의인이 된 나, 다시는 죄를 지을 수 없게 만드신 거듭난 나와의 언약을 신실하게 지키고 계십니다.

이제 여러분은 의심할 여지없는 완벽한 의인입니다. 죄인의 회개기도는 구원을 얻게 하지만, 구원받은 내가 의인의 자격으로 하는 기도는 모든 영과 육의 문제를 해결합니다. 죄인이었던 내가 죄 없으신 예수님의 공로로 예수님처럼 죄 없는 자로 살게 된 것을 감사하며 기도하십시오. 그리고 이 복된 소식을 모르는 자들에게 전하지 않고는 견딜 수 없으니, 이를 감당할 수 있는 능력을 달라고 기도하십시오. 하나님은 약속을 붙잡고 기도하는 우리에게 말의 권세, 혀의 권세, 선포의 권세를 주셨습니다.

그러니 이제부터는 하나님이 내게 하셨던 약속의 말씀을 내어놓고, 그 말씀을 이행하실 것을 요구하며, 그 말씀이 내 안에서 모두 성취되어질 것을 간청하며 기도하십시오.

하나님께서 이미 의인이라고 하셨는데도 불구하고 자꾸만 스스로 죄인이라고 하는 것은 믿음 없는 태도입니다. 이제는 분명한 하나님의 구원계획을 붙잡고 당당한 자격자로서 기도하시기 바랍니다. 하나님은 믿음 없는 기도는 듣지 않으신다고 말씀하셨습니다. 내가 비록 옛 습관대로 죄를 짓는 일에 나의 육체를 내어주며 살지라도, 하나님이 '너'라고 인정하시는 나의 실체인 거듭난 영은 예수님의 은혜로 예수님과 같이 죄 없는 자격자가 되었음을 선포하십시오.

• 롬8:30에 보면 하나님은 나를 부르시기로 미리 정하셨다고 했습니다. 그리고 부르신 나를 의롭다고 말씀하셨습니다. 그리고 나의 의로움으로 나를 영화롭게 하셨다고 말씀하셨습니다.

• 롬8:30 또 미리 정하신 그들을 또한 부르시고 부르신 그들을 또한 의롭다 하시고 의롭다 하신 그들을 또한 영화롭게 하셨느니라

의로워진 것도 완료형이요, 영화롭게 되어진 것도 완료형입니다. 적어도 거듭난 당신은 구원을 받았다가 놓쳤다가 회개하면 또 회복했다가 죄를 지으면 또 잃어버리는 그러한 자가 결코 아닙니다.

KEY 기도는 하나님께서 하신 약속을 성취하시라고 요구하는 행위이다.

적용 :: 성도들이 믿음으로 기도한다고 합니다. 맞습니다. 그런데 믿음은 어디에서 나옵니까? 그리스도의 말씀을 듣는 데서 나오는 것입니다. 그러므로 말씀이 없으면 들을 수도 없으며 들을 수 없었다면 믿음 또한 생겨날 수 없었을 것입니다. 기도할 때 영적 거장들이 가졌던 위대한 믿음을 생각하지 마시고, 영적 거장들이 '무엇을 붙잡고 기도했는가?'를 깨달으십시오. 그리고 해결

받기 원하는 문제 때문에 힘들고 죽겠다는 감정으로 접근하지
마시고, 문제를 해결하시겠다는 하나님의 약속을 내어 놓고 기
도하십시오.

기도 § 하나님, 저는 문제를 당하고 있지만, 예수님께서 이미 저의 영적
인 문제와 육적인 문제를 모두 해결해 놓으셨음을 믿고 감사드
립니다. 나의 죄와 저주를 모두 담당하신 예수님의 이름으로 기
도합니다. 아멘

2 부

만날 수 없는 평행선

"목사님, 마귀는 왜 구원을 못 받아요?"

목회 초년병 때 한 성도가 우문을 해도 되느냐며 이렇게 물었습니다. 처음에는 진짜 우문이다 싶어서 웃어 넘겼는데, 생각할수록 그냥 웃어 넘길 일이 아니라는 생각이 들었습니다. 우문임에 틀림없었지만 정확한 현답을 해주지 못했기 때문입니다. 그날 이후로 저는 이 문제를 갖고 성경과 씨름을 했습니다. 분명 • 요일5:16에서는 '사망에 이르는 죄'와 '사망에 이르지 않는 죄'가 있다고 했고, 사망에 이르는 죄에 대해서는 구하지도 말라고 했으니, 먼저 죄에 대한 분명한 개념정리를 할 필요가 있음을 깨달았습니다.

그러다가 • 벧전1:19~20 말씀을 보고 한 비밀을 깨닫게 되었습니다. 성경은 그리스도는 창세전부터 알려진 분이요, 더구나 우리가 죄에서 대속함을 받게 된 것은 오직 흠 없고 점 없는 어린양 같은 분이신 그리스도의 보배로운 피로 된 것이라고 말씀합니다. 이 말씀으로 미루어 본다면 분명히 그리스도는 피를 흘리실 분으로 창세전부터 알려진 분이라는 말입니다. 구약의 제사법을 통해서 보면 피는 분명 죄를 사하기 위해 필요한 것이었습니다. 그렇다면 사람이 이 세상에 만들어지기 전에 이미 사람들의 죄를 위해 피 흘릴 그리스도가 준비되었었다는 말이 아닙니까? 그렇다면 하나님께선 이미 창세전부터 사람들이 죄에서 자유로울 수 없다는 사실을 알고 대책을 마련하셨다는 말이 됩니다. 우선 사망에 이르는 죄와 사망에 이르지 않는 죄가 있다는 사전 지식을 가지고 영적 여행을 떠나보도록 하겠습니다.

1. 하나님의 구원 계획

사람은 죄를 짓기 때문에 죄인입니까? 죄인이기 때문에 죄를 짓습니까? 물론 사과나무라서 사과가 열리듯, 사람은 죄인이라서 죄를 짓습니다. 죄에 대한 이해를 돕기 위해 다른 질문을 해보겠습니다.

당신은 10년 전에 어디에 있었습니까? 어딘가에 살고 있었겠지요?

그렇다면 100년 전에는 어디에 있었습니까? 물론 100년 전에는 태어나지도 않았으니까 없었다고 말할 수도 있겠지만 정확히 말하면 없었던 것이 아니라 당신의 아버지 속에 씨로 존재하고 있었습니다. 물론 200년 전에는 할아버지 속에 있었던 것이고요. 이처럼 세상에 존재하는 모든 것들은 이미 있었던 것으로부터 왔음을 알 수 있습니다. 사실 창조 사건 이후 없었던 것이 생겨난 경우는 하나도 없습니다.

그렇다면 태초에 당신은 어디에 있었습니까? 그렇습니다. 바로 아담의 속에 씨로 있었습니다. 그러나 아담은 사람으로서 최초로 죄를 범한 자였습니다. 때문에 그에게는 이미 죄의 씨가 있었습니다. 고로 당신은 아담이 지니고 있는 죄의 씨 속에 있었습니다. 그러므로 아담 이후의 모든 사람은 이미 죄의 씨를 가지고 태어나게 되고, 결국 모든 사람은 태어날 때부터 죄인이라는 말이 됩니다. 이러한 사실에 대해 로마서는 다음과 같이 말하고 있습니다.

사람이 죄인으로 태어나는 것에 대해 시편 기자는 보다 직접적으로 표현하고 있습니다.

우리의 실존은 태어나면서부터 죄 가운데서 태어났기 때문에 마귀의 지배를 받게 되어 있습니다. 왜냐면 마귀는 죄를 타고 일하는 영적 존재이기 때문입니다. 이런 마귀가 지배하는 세계가 곧 우리가 사는 세상의 문화이고 세상의 환경입니다.

그럼 마귀는 어떤 존재입니까? • 히2:14을 보면 마귀를 '죽음의 세력을 잡은 자'라고 말씀합니다. • 고전15:56을 보면 '사망이 쏘는 것은 죄요 죄의 권능은 율법'이라고 말씀합니다.

마귀는 자신이 가지고 있는 사망의 세력을 죄를 향해 쏘고 있습니다. 그럼 마귀가 사람들의 죄를 어떻게 알아내는가? 사람의 죄는 율법에 비추어 보면 확연히 드러납니다. 그런데 이 율법 앞에서 죄인이 되지 않을 사람은 아무도 없습니다. 그러니 결과적으로 세상 모든 사람은 율법의 죄 아래 갇히게 된 것이고, 그 결과 세상 모든 사람은 마귀에게 잡혀 사는 노예가 되고 만 것입니다. 그래서 하나님은 마귀의 손아귀에 잡혀 죄의 종노릇하는 백성들을 구원하시려고 예수님을 보내신 것입니다.

이것의 총체적 그림이 요한복음 1장에 기록되어 있습니다.

태초에 말씀이 계셨습니다. 이 말씀이 하나님과 함께 계셨고, 이 말씀은 곧 하나님이십니다.

모든 만물이 하나님의 말씀으로 지은 바 되었고, 지은 것이 말씀이 없이 된 것은 하나도 없습니다. 그 말씀 안에 생명이 있었으니 이 생명은 사람들의 빛이요, 이 빛이 어둠에 비치되, 어둠이 빛을 깨닫지 못하여 이를 깨닫게 하시려고 하나님께로부터 보내심을 받은 사람이 곧 요한입니다. 요한은 자신이 빛이 아니요 빛을 전하러 온 자라 증언하며, 생명의 빛으로 이 세상에 오신 분, 그분은 세상 죄를 지고 가는 어린양으로 오셨고, 그 분이 바로 예수 그리스도라고 증언합니다.

주님이 빛으로 오셨다면 어둠은 누구를 가리키는 것일까요? 바로 세상에 있는 사람들을 일컫는 말입니다. • 마4:16을 보면 흑암과 어둠에 속한 백성들을 구하시려고 참 빛이신 예수님께서 찾아오셨습니다. 그리고 오셔서 어떻게 되셨는가? • 롬6:23을 보면 죄의 삯은 사망이라고 하셨으므로, 어둠에 속한 자 곧 죄에 갇힌 자들이 치러야할 삯인 사망을 대신 치르시기 위하여, 스스로 죄인이 되셨습니다.

• 마3:13 이하에 보면 예수님께서 세례 요한에게 세례를 받으시는 장면이 나옵니다.

예수님께서 요한에게 세례 받기를 청하자, 요한이 "내가 당신에게서 세례를 받아야 할 터인데 당신이 내게 오시나이까" 라고 사양하는 장면이 나옵니다. 이때 예수께서 "내가 네게 세례 받는 것을 허락하라"고 말씀하시며 "우리가 이와 같이 하여 모든 의를 이루는 것이 합당하다"고 말씀하십니다. 이 때 말씀하시는 '의' 는 하나님의 뜻을 일컫는 말씀이며, 하나님의 뜻은 모든 세상의 죄를 예수께 담당시켜서 죄로부터 인간들을 살려내는 것을 말합니다.

그렇다면 예수님이 받으신 세례와 우리가 받는 세례에는 어떤 차이가 있을까요?

요한이 요단강에서 사람들에게 세례를 주었으므로 요단강에는 사람들의 죄가 녹아있었습니다. 그리고 예수님이 세례를 받기 위하여 요단강에 들어가시자 그 죄가 예수님께 전가되었습니다.

이 말은, 우리의 세례는 죄가 있으니까 죄를 씻어내려고 받는 세례이고, 예수님은 죄가 없으시므로, 죄를 뒤집어쓰시려고 세례를 받으셨다는 말입니다. 이렇게 예수님께 우리의 죄가 전가되어 예수님이 죄인이 되자 그 죄 때문에 비로소 마귀가 예수님을 시험하려고 광야로 데려가는 장면이 나옵니다. 왜냐면 마귀는 죄를 타고 일하는 영적 존재이기 때문입니다. 만약 죄가 열(熱)이라면 마귀에게는 미사일과 같은 열 추적 장치가 있어서 그 죄를 추적하여 따라가는 것입니다. 마귀가 죄를 타고 일한다는 말은 바로 이런 뜻입니다.

• 마4:1 그 때에 예수께서 성령에게 이끌리어 마귀에게 시험을 받으러 광야로 가사

그렇다면 왜 예수님은 스스로 죄인이 되셨을까요?

• 히2:14 자녀들은 혈과 육에 속하였으매 그도 또한 같은 모양으로 혈과

육을 함께 지니심은 죽음을 통하여 죽음의 세력을 잡은 자 곧 마귀를 멸하시
기 위함이니라

그렇습니다. 예수님은 죽음의 세력인 마귀를 멸하시려고, 친히 혈과 육을 입은 죄인의 몸을 입으셨고, 스스로 의를 벗고 죄인이 되신 것입니다. 그리고 우리의 죄를 뒤집어쓰고 십자가에 달려서 죄의 삯인 죽음을 지불하셨습니다. 그러나 예수님에게는 본래부터 죄의 씨가 없었으므로 사망이 그를 잡아 둘 수가 없었습니다.

> • 히4:15 우리에게 있는 대제사장은 우리의 연약함을 동정하지 못하실 이가 아니요 모든 일에 우리와 똑같이 시험을 받으신 이로되 죄는 없으시니라

예수님에게는 본래 죄의 씨가 없습니다. 그래서 사망이 그를 잡아둘 수 없었으며, 하나님은 죽은 자 가운데서 그를 살려 내신 것입니다.

> • 행3:15 생명의 주를 죽였도다 그러나 하나님이 죽은 자 가운데서 그를 살리셨으니 우리가 이 일에 증인이라

그 결과 어둠에 속하였던 우리도 예수님과 같이 사망의 권세를 이기고 부활하여 영원한 생명을 누릴 수 있게 된 것입니다. 우리의 죄는 예수님께 모두 전가되어 없어졌고, 예수님은 우리의 죄 때문에 죽으셨으나, 정작 자신의 죄는 없기에 다시 살아나시는 것입니다. 이것이 하나님이 우리를 향하여 세우신 구원의 계획입니다.

그럼에도 왜 사람들은 이 빛이 비치는 것을 깨닫지 못하고 어둠에 거하고 있었을까요? 그 까닭은 사람들에게 죄가 있어서 죄의 삯으로 사망한 상태, 곧 영이 죽어 있었기 때문입니다. 그러니 죽은 자가 빛을 알아볼 리 만무 아닙니까? 그래서 하나님은 영적으로 죽어 있는 사람들을 구원하시려고 아주 합법적이고 정당한 구원의 계획을 세우셨습니다. 그리고 창세전부터 예비하신 살려주는 영이신 예수님을 이 세상에 보내셨습니다. 그러나 영적으로 죽어 있는 자들을 살리기 위해서는 먼저 죄의 삯인 사망이라는 값을 지불해야만 했습니다. 때문에 하나님은 세상 사람들의 죄를 예수님께로 전가시켜 그로 하여금 죄의 삯을 치르게 함으로써 죄인들을 살려 내시고, 예수님은 예수님대로 자신이 죽을만한 죄가 없는 분이시기 때문에 살려내셨습니다. 그러므로 마귀의 일은 멸하시고, 세상에 있는 죄인은 살려내시고, 예수님도 살려내시는 하나님의 방법은 아주 합법적으로 진행되고 있는 하나님의 사건입니다. 이렇게 여러분이 받은 구원은 아주 정당하고 합법적인 것입니다. 그러니 앞으로는 구원의 감격을 마음껏 누리며 진리 안에서 자유하시기를 바랍니다.

• 요일3:8 죄를 짓는 자는 마귀에게 속하나니 마귀는 처음부터 범죄함이라 하나님의 아들이 나타나신 것은 마귀의 일을 멸하려 하심이라

KEY 죄인들은 자신들의 죄가 예수님께로 전가됨으로써 살아나게 되고, 예수님의 육체는 말씀이 육신 되어 오신 것이니 본래 죄의 씨가 없기에 사망에 매일 수가 없는 것이다. 그래서 십자가 사건으로 말미암아 죄인들도 살게 되고, 예수님도 살게 되는 것이다.

적용 :: 아이들이 처음 자전거를 배울 때 한 번도 넘어지지 않고 탈 것을 기대하지 않습니다. 오히려 그가 넘어질까 봐 뒤에서 잡아주고 밀어줍니다. 하나님은 우리의 인생에 있어서 모든 장애물을 제거할 것을 계획하셨고, 앞으로도 있을 장애물을 위해, 만물의 이름들이 무릎을 꿇는 예수님의 이름을 우리에게 주셨습니다. 문제 앞에서 그 예수님의 이름을 부르십시오. 과거와 현재 그리고 미래의 시간 속에서 당신은 항상 이러한 예수님의 이름으로 어떤 문제도 해결 받는 형통함을 누릴 수가 있습니다.

기도 § 하나님, 짧은 제 인생의 앞과 뒤에 영원한 생명으로 진을 쳐 놓으셨음을 감사합니다. 저의 짧은 인생을 하나님의 영원한 생명 속에 집어넣습니다. 이제 제가 아닌 예수님으로 살게 하옵소서. 영생 속에서 제 인생을 형통하게 하시는 예수님의 이름으로 기도합니다. 아멘

2. 죄가 들어오게 된 경로

최초의 범죄사건은 천지창조 이전일까요? 이후일까요?

이 얘기는 죄의 시발점이 어디인가를 묻는 것과 같은 질문입니다. 창세기를 열면 서두에서 하나님은 천지를 창조하셨다고 했습니다. 천지가 만들어졌다면 천지를 만드신 분도 있었을 것이며, 그분의 나라도 있었을 것

입니다. 그러한 하나님의 나라에는 하나님과 천사들이 있었습니다. 천사
는 하나님께서 말씀하시면 그 말씀의 내용을 이루어내는 일을 하도록 만
들어진 영적 존재입니다.

> • 시103:20~22 능력이 있어 **여호와의 말씀을 행하며** 그의 **말씀의 소리를
> 듣는 여호와의 천사들**이여 여호와를 송축하라, 그에게 수종들며 그의 뜻을
> 행하는 모든 천군이여 여호와를 송축하라, **여호와의 지으심을 받고** 그가 다
> 스리시는 모든 곳에 있는 너희여 여호와를 송축하라 내 영혼아 여호와를 송
> 축하라

하나님께서 만드신 천사들 가운데는 하나님을 찬양하는 사역을 맡은 그
룹도 있었습니다. 그는 늘 하나님과 동행하며 하나님을 찬양을 했습니다.

> • 겔28:13~14 네가 지음을 받던 날에 너를 위하여 소고와 비파가 준비되
> 었도다 너는 기름 부음을 받고 지키는 그룹임이여 내가 너를 세우매 네가 하
> 나님의 성산에 있어서 **불타는 돌들 사이에 왕래하였도다**

하나님께서 천사들 사이를 다니실 때, 다른 천사들과 달리 하나님만 다
니실 수 있는 길을 함께 걸을 수 있었던 그 천사장은 자신도 뭇 천사들의 찬
양을 받고 싶은 욕망, 하나님과 같이 높아지고자 하는 교만이 생겼습니다.

> • 사14:13~14 네가 **네 마음에 이르기를** 내가 하늘에 올라 하나님의 **뭇 별
> 위에 내 자리를 높이리라** 내가 북극 집회의 산 위에 앉으리라, 가장 높은 구름
> 에 올라가 **지극히 높은 이와 같아지리라** 하는도다

이렇게 하나님과 같아지려고 대적하는 천사장의 교만을, 하나님은 '불의' 라고 하셨고, '범죄' 라고 말씀하시며 그를 하나님의 성산에서 쫓아내셨습니다.

> • 겔28:14~16 너는 기름 부음을 받고 지키는 그룹임이여 내가 너를 세우매 네가 하나님의 성산에 있어서 불타는 돌들 사이에 왕래하였도다. 네가 지음을 받던 날로부터 네 모든 길에 완전하더니 마침내 **네게서 불의가 드러났도다**, 네 무역이 많으므로 네 가운데에 강포가 가득하여 **네가 범죄하였도다** 너 지키는 그룹아 그러므로 내가 너를 더럽게 여겨 하나님의 산에서 쫓아냈고 불타는 돌들 사이에서 멸하였도다

이처럼 천지가 창조되기 이전에 하늘나라에서는 이미 천사의 범죄사건이 있었습니다. 다시 말해 최초의 죄는 우리 인생들이 지음받기 이전에 이미 발생하였습니다. 하나님은 하나님께 대적하여 타락한 천사장을 하나님의 산에서 우주공간으로 내어 쫓으신 것입니다.

천사장이 하나님께 대적하였다가 정죄를 당하여 쫓겨난 곳에 대해, 에스겔 그리고 유다서는 이렇게 말합니다.

> • 겔28:17 네가 아름다우므로 마음이 교만하였으며 네가 영화로우므로 네 지혜를 더럽혔음이여 내가 **너를 땅에 던져** 왕들 앞에 두어 그들의 구경거리가 되게 하였도다

천사장이 정죄를 받아 쫓겨난 공간을 에스겔서에서는 땅이라고 말하고 있습니다. 그러나 유다서는 이와 똑같은 사건을 말하면서도 천사장이 추

방된 공간에 대해서는 다른 표현을 쓰고 있습니다.

- 유1:6 또 자기 지위를 지키지 아니하고 **자기 처소를 떠난 천사들을** 큰 날의 심판까지 영원한 결박으로 **흑암에 가두셨으며**

하나님을 찬양하는 자리를 지키지 아니하고 자신의 처소를 떠나 대적했던 천사장과 그를 추종하는 천사들을 흑암에 가두셨다고 했습니다. 결국 에스겔에서 말하고 있는 땅이라고 하는 물리적 공간은 영적으로는 흑암이라는 것을 증명해 주는 곳이 창세기입니다.

- 창1:2 땅이 혼돈하고 공허하며 **흑암이** 깊음 위에 있고 하나님의 영은 수면 위에 운행하시니라

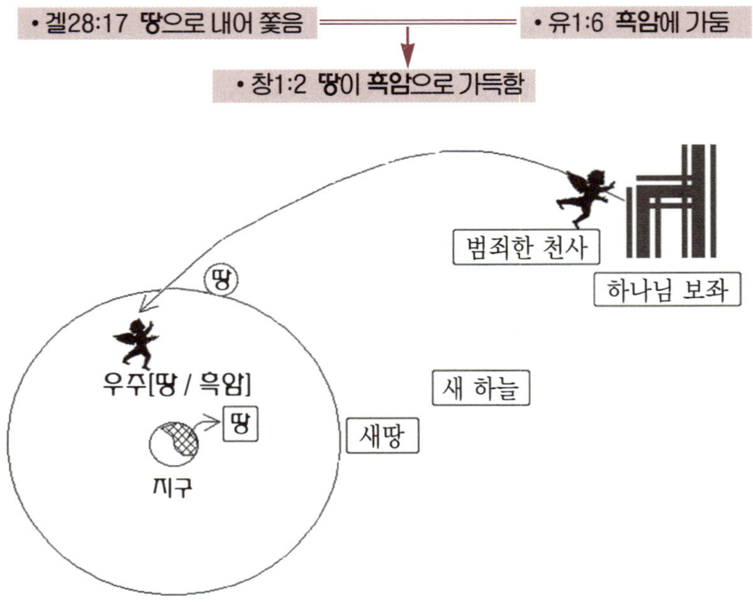

우주라는 공간은 언젠가는 창조되었었겠지만 성경은 그것이 언제 창조되었는가를 말하고 있지 않습니다. 하나님은 타락한 천사를 사탄, 마귀라는 이름으로, 이미 창조해 놓으셨던 우주 공간에다가 그를 추종하는 천사들과 함께 내어 쫓으셨습니다. 그리고 그들이 있는 우주를 땅이라고 부르셨습니다. 하나님의 보좌에서 바라볼 때의 우주는 • 사14:15에서처럼 '구덩이 맨 밑'이라는 개념이 있기 때문에 땅이라고 부르는 것입니다.

뿐만 아니라 주님이 재림하시고 세상의 마지막이 되는 날 구원받은 자들은 주님과 함께 이 우주 공간을 빠져 나갈 것인데, 그들이 처음으로 밟아보는 우주 공간의 경계선을 • 벧후3:13에서는 새 하늘 새 땅이라고 말하고 있습니다. 결국 하나님은 땅에다 땅을 창조하고 계신 것입니다.

이 부분에 대해 창세기를 다시 한 번 자세히 읽어 보십시오.

• 창1:1 태초에 하나님이 천지를 창조하시니라

이 말씀은 하나님께서 천지 즉 우리 눈에 보이는 하늘과 우리가 밟고 있는 땅을 창조하셨다는 것을 선언하고 있는 부분입니다.

• 창1:2 땅이 혼돈하고 공허하며 흑암이 깊음 위에 있고 하나님의 영은 수면 위에 운행하시니라

그러한 하늘과 땅을 창조하시기 이전의 우주, 즉 땅이라고 하는 공간이 어떤 상태에 있었는가를 설명해주고 있는데, 땅이 혼돈하고 공허하며 흑

암이 깊음 위에 있었다고 말합니다. 하나님은 마귀를 땅으로 즉 우주 공간으로 내어 쫓으셨습니다. 그렇게 마귀가 추방된 곳이니 자연 질서가 없는 혼돈이며, 하나님께서 천지창조의 역사를 시작하기 이전이니 아직은 공허하며, 영적으로는 흑암일 수밖에 없는 것입니다. 이러한 공간에서 하나님은 창조의 사역을 시작하십니다. 창조 3일째의 기사를 보면 다시 땅에 대한 얘기가 나옵니다.

이때 비로소 우리가 이 세상에서 밟고 있는 땅이 생겨나고 있습니다. 하나님은 이미 있었던 지구라고 하는 우주 속에 있었던 한 공간에서, 물이 걷혀지면서 드러난 뭍을 땅이라고 부르시는 것입니다. 이제 • 창1:2에서 창조이전의 우주의 상태를 설명하는 땅과 • 창1:10에서 물 가운데서 드러난 뭍을 땅이라고 부르시는 것의 차이를 파악하셨을 줄로 압니다.

우주는 흑암으로 가득 차있는 공간입니다. 여기서 흑암이라 함은 빛이 없는 어둠이 아니라 영적 어두움의 상태를 말합니다. 왜냐하면 하나님께서 죄를 범한 천사를 이곳으로 쫓아내어 가두어 두셨기 때문에 영적으로 어두울 수밖에 없는 곳이지요. 하나님은 이러한 공간에다 사람을 창조하셨습니다. 이런 배경을 가지고 죄에 대하여 생각해 보도록 하겠습니다.

우리는 죄에 대해서 생각할 때, 흔히 나를 중심으로 생각합니다. 그래서 줄곧 나의 고질적인 죄의 습관 탓이라고 자학합니다. 그러나 하나님은 처음부터 죄를 범한 자는 내가 아니라 마귀라고 말씀하십니다. 즉 죄의 발단을 마귀라고 단정하신 것입니다.

그리고 사람이 죄를 짓는 이유는 그 사람이 마귀에게 속했기 때문이라고 말씀하십니다. 즉 사람이 자기 스스로 죄를 짓는 것이 아니라, 마귀에게 속아서, 마귀가 조종하는 대로 죄를 짓게 된다는 말이지요. 그러므로 사람에게 죄가 들어오게 된 경로는 바로 하나님과 같아지려고 하나님을 대적했던 마귀에 의해서입니다.

• 요일3:8 죄를 짓는 자는 마귀에게 속하나니 **마귀는 처음부터 범죄함**이라 하나님의 아들이 나타나신 것은 마귀의 일을 멸하려 하심이라

그래서 하나님은 사람들이 계속 죄 가운데 살도록 방치하지 않으시고, 마귀를 멸하시고 우리를 죄 가운데서 건져 주시기 위해 하나님의 아들을 보내셨다고 말씀하십니다.

KEY 죄의 발단은 하늘나라에서 하나님께 대적한 천사로부터 시작되었고, 범죄한 천사는 우주 공간으로 추방되었다.

적용 :: 사망의 세계는 마귀의 영역이고, 생명의 세계는 성령과 천사의 영역입니다. 마귀는 사망의 말씀을 존재로 만들어내고, 천사는 생명의 말씀을 존재로 만들어냅니다. 에서는 아버지로부터 받은 축복의 말씀이 없기에 잃은 자가 되었지만, 야곱은 말씀뿐이던 약속을 확실하게 붙잡았기에 그 믿음대로 이스라엘의 12지파의

족장이 되었습니다. 오늘 내 손에는 무엇이 잡혀 있습니까? 생
명의 말씀입니까? 사망의 말씀입니까?

기도 § 저주받은 모든 죄의 시발점이 하나님과 같아지려는 교만에서 시작
되었음을 알았습니다. 제게도 영적 교만이 생기지 않도록 말씀의
풍성한 은혜로 채워주소서 예수님의 이름으로 기도합니다. 아멘

3. 아담 앞에 있는 선악과와 생명과

여러분은 하나님이 어떤 분이시냐고 물으면 뭐라고 대답하시겠습니까?
대부분의 성도들은 하나님은 사랑의 하나님이라고 대답합니다. 물론
맞는 말입니다. 왜냐면 하나님의 속성은 곧 사랑이기 때문입니다. 그렇다
면 이 질문에 한 번 대답해 보시겠습니까?

하나님은 왜 죄가 있는 우주 공간에 사람을 만드셨을까요? 그리고 왜
아담이 있는 곳에 선악과를 만들어 놓으시고 먹지 말라고 말씀하셨을까
요? 그렇다면 하나님은 아담이 선악과를 따 먹을 줄 모르셨단 말일까요?
물론 전지하신 하나님이 모르실 리가 없습니다.

그럼 아담이 선악과를 따먹을 줄 알고도 만들어 놓으시고, 거기다 먹으
면 반드시 죽는다고 말씀하셨다는 것은, 필경 아담을 죽이려고 선악과를
만드셨단 말인가요? 그게 사실이라면 이런 하나님을 어떻게 사랑의 하나

님이라고 할 수 있단 말입니까?

보통의 상식을 가진 사람들이라면 성경을 읽을 때 창세기 초반부터 이런 의문을 갖게 됩니다.

우리는 하나님을 말할 때 사랑을 말합니다. 그리고 아담과의 관계에 대해서 말할 때도 하나님은 아담과 사랑의 관계를 지속하시려고 했지만 아담이 선악과를 따먹는 바람에 관계가 깨어져 아담은 죄인이 되었고, 하나님은 죄인을 구원하시려고 독생자 예수를 보내주셔서 그로 하여금 십자가에 못 박혀 죽게 하셨다고 합니다. 죄인들을 위해 독생자를 주실 만큼 하나님은 우리를 사랑하셨다는 것입니다.

우리가 일반적으로 알고 있었던 하나님의 사랑이 앞의 질문을 읽고도 납득이 되십니까? 뭔가 이상하시지요? 그 이유는 부분적으로 설명되는 요소들은 맞기는 맞지만, 전체적 본질적 구조로 설명하기에는 뭔가 쉽게 납득할 수 없는 모순을 담고 있기 때문에 그렇습니다.

여러분들 중에도 이와 같이 성경을 읽다가 궁금했던 점이 많으셨을 줄로 압니다. 대다수 교인들이 이런 궁금증을 가지고 있다면, 무턱대고 그건 하나님의 말씀이니 그대로 믿으라고 해서는 안된다는 얘기지요. 왜냐면 하나님도 사람들이 하나님을 깨달을 때까지 갖가지 설명들을 동원하셔서 이해시켜 주셨기 때문입니다.

• 단10:12에는 다니엘이 환상을 보고도 깨닫지 못하자, 그것을 깨닫게 하시려고 가브리엘 천사장을 보내어 이해할 때까지 설명해주시는 장면이 나옵니다.

• 눅1:36~37에서도 마리아가 하나님의 계획대로 처녀의 몸으로 수태를 하여 아들을 낳게 될 것이라고 하는 말을 듣고, 도무지 일어날 수 없는

일이라며 이해하지 못하자, 가브리엘 천사장을 보내어 마리아가 하나님의 뜻을 이해할 때까지 상세히 설명하는 장면이 나옵니다.

이런 정황을 살펴 우리들도 성경을 볼 때 '하나님이 닫으시면 열 자가 없고 하나님이 여시면 닫을 자가 없다더라.' 고 생각하며 지레 포기해선 안되겠지요? 이제는 끝까지 말씀을 깨닫게 해달라고 구하시기 바랍니다. 그리하면 하나님께서 가르치는 영을 보내셔서 그동안 이성적 판단으로는 도무지 이해할 수 없었던 엄청난 비밀들을 알려 주실 것입니다.

여러분, '하나님은 사랑이시다' 라는 말에 대하여 전적으로 동의하시지요?

물론 그렇습니다. 하나님은 사랑이십니다. 그러나 우리는 하나님의 사랑에 대해서 말할 때 지극히 일부분의 사랑만을 말하거나 혹은 약간의 오해를 하고 있습니다.

일례를 들어보겠습니다. 당신은 당신의 자녀를 사랑합니다. 자녀가 태어나기도 전에 당신은 필요한 모든 것들을 다 준비했을 것입니다. 그런데 정작 당신은 당신의 자녀를 돼지우리에 카펫을 깔아놓고 그 위에 출산을 했습니다. 그리고는 그 아이에게 말합니다. "얘야, 카펫 밖으로 나가지 마라, 그곳은 너무 지저분하고 더럽단다." 그리고는 호기심 많은 아이가 기어나가는 것을 당신은 보고만 있었습니다. 아이가 돼지 오물을 온몸에 묻히자 그때서야 당신은 두 팔을 걷어 부치고 아이를 욕조에 데리고 가서 깨끗이 씻어낸 다음에 당신의 깨끗한 침대에 누이며 이렇게 말합니다.

"음, 내가 나가지 말라고 했는데도 너는 내 말을 어기고 나갔으니 그것은 네 책임이야, 그렇지만 나는 너를 씻기기 위해 더러운 오물을 다 묻히는 것을 감수했다. 이제 내가 너를 얼마나 사랑하는 줄 알겠지?"

어딘가 어색하지요? 하나님은 하와가 선악과를 먹을 때도 그리고 아담이 하와가 주는 선악과를 먹을 때도 그들 안에 생기로 함께 계셨습니다. 그럼에도 하나님은 그들이 범죄 할 때 그냥 계셨습니다. 이상하지 않습니까? 더더욱 이상한 것은 어차피 우리를 구원하셔서 죄가 없는 하늘나라에 데리고 가실 것이라면서 무엇 때문에 처음부터 죄가 없는 천국에다가 우리를 만드시지 않고 마귀가 있는 공간에 만들어 놓으셔서 이렇게 복잡한 과정을 거치게 하셨을까요?

여기에 하나님의 놀라운 비밀이 숨어 있습니다. 잘 보십시오. 하나님은 절대적이고 거룩하신 분이십니다. 즉 하나님은 피조물이 아닌 창조주라는 말씀입니다. 그런데 사탄의 대적으로 말미암아 하나님의 명예가 더럽혀졌습니다. 이럴 때 여러분이 하나님이라면 어떻게 하시겠습니까?

물론 하나님은 전능하신 분이십니다. 그러므로 죄를 범한 사탄쯤이야 단번에 멸하여 없애실 수도 있었습니다. 그러나 하나님에게 필요한 것은 사탄을 단번에 멸하시는 것이 아니라 실추된 자신의 명예를 회복하는 일이었습니다. 때문에 하나님은 전능하신 능력을 발휘하여 화풀이 식으로 힘을 휘두르실 필요가 없었습니다. 하나님은 보다 합법적인 방법으로, 다시 말해 지극히 객관적 시각에서 모든 피조물들 중에는 감히 하나님 앞에 견줄만한 이름이 없음을 증명해 보이길 원하셨습니다.

왜냐면 사탄은 하나님께 감히 대적할 수 없는 피조물에 불과하기 때문입니다. 피조물이 창조주 하나님처럼 높아지고 싶어 하나님을 대적한 것은 분명한 범죄입니다. 마땅히 죄를 지었으니 지은 죄에 합당한 벌을 받아야합니다. 그래서 하나님은 일련의 사건들을 아주 합법적인 방법으로 진행하시는 것입니다. 이제 하나님을 대적한 마귀를 합법적으로 정죄하기를 원하시는 하나님의 뜻을 아셨으니 다음에 무슨 말씀을 드릴 것인지 짐작하셨을 줄 압니다. 그렇습니다. 하나님께서 선악과를 만드신 데는 분명한 목적이 있었습니다. 그 이유를 지금부터 설명하도록 하겠습니다. 하나님이 하와를 만드셔서 아담에게로 이끌어 오신 후에 다음과 같이 말씀하시고 있습니다.

> • 창2:24 **이러므로** 남자가 부모를 떠나 그의 아내와 합하여 둘이 한 몸을 이룰지로다

'이러므로' 라는 말이 의미심장합니다. 하와가 있기 전에는 아담이 독립적인 생활능력이 없어서 부모와 함께 살았던 것일까요? 그래서 하와를 아내로 맞이하자 부모를 떠나라고 하신 것일까요? 그렇지 않습니다. 그렇다면 하나님께서 하와를 만드셔서 아담에게 데려오신 후에 남자가 부모를 떠나야 한다고 말씀하신 이유가 뭘까요? 그리고 남자인 아담의 부모는 또 누구일까요? 당연히 아담의 부모는 하나님이십니다. 그러므로 아담에게 부모를 떠나라는 말은 곧 하나님을 떠나라는 말입니다. 하나님의 말씀을 먹어야 사는 아담이 하나님을 떠난다는 것은 어떤 의미인가요? 바로 죽어야 한다는 뜻입니다. 그렇다면 아담은 어떤 경로를 거쳐 하나님을 떠나게 됐을까요?

> • 창3:6 여자가 그 나무를 본즉 먹음직도 하고 보암직도 하고 지혜롭게 할 만큼 탐스럽기도 한 나무인지라 **여자가 그 열매를 따먹고** 자기와 함께 있는 **남편에게도 주매 그도 먹은지라**

선악과를 먼저 따먹은 것은 아담이 아니라 하와였습니다. 분명 하나님께서 말씀하시기를 선악과를 먹으면 반드시 죽는다고 했습니다. 그 말씀대로 하와는 선악과를 먹자마자 죽었습니다. 그녀에게서 하나님의 생기가 떠났고 이제 그녀는 단지 육체에 남아있는 목숨으로 생명을 부지하고 연명하는 처지가 되었습니다. 이제 하와는 선악과를 먹자마자 영적으로 죽은 자가 되었다는 말입니다.

성경은 여러 곳에서 영적으로 죽은 자에 대해서 말씀하고 있습니다. 예수님께서도 • 마8:22에서 죽은 자들로 죽은 자를 장사하게 하라고 말씀하심으로써, 생기 즉 하나님의 생명이 없는 자는 죽은 자라고 규정하셨습니다. 사람이 보기에는 살아있는 것처럼 보여도 하나님의 생명이 없는 자는 죽은 자라는 것이지요.

그 다음 단계로, 영적으로 이미 죽은 하와가 자기가 따먹은 선악과를 남편인 아담에게도 주자 아담이 그것을 받아 먹었습니다. 그렇다면 하와가 아담에게 선악과를 건네줄 때 아담은 어떤 상태였을까요? 아직 선악과를 먹지 않았으니 영적으로 살아있는 상태였습니다. 그렇다면 산 자가 죽은 자를 몰라볼 리가 있나요? 산 자가 죽은 자를 보면 그 사람이 죽었는지 살았는지는 금방 알아볼 수 있습니다. 즉 아담은 이미 하와가 선악과를 건네줄 때 그녀가 선악과를 먹고 죽었다는 것을 알았다는 말입니다. 그리고 그녀가 주는 선악과를 먹으면 자신도 죽게 될 것이라는 사실도 알고 있었다는 말입니다. 그렇다면 아담은 왜 자기가 죽을 것을 알면서도 하와가 건네준 선악과를 받아먹었을까요?

이 부분을 • 엡5:22~33에서는 남편과 아내의 상호관계로 설명하면서 비밀이라고 하고 있습니다.

• 엡5:25은 부부관계를 이렇게 말씀합니다. "남편들은 아내를 그리스도께서 교회를 위하여 자신을 주심같이 사랑하라." 그러면서 이 얘기를 마칠 즈음인 • 엡5:31에서는 "그러므로 사람이 부모를 떠나 그의 아내와 합하여 그 둘이 한 육체가 될지니라"고 하며 창세기의 아담과 하와에게 하셨던 말씀을 끌어다 대고 있습니다.

그래놓고 • 엡5:32에서는 이제까지 남편과 아내의 관계에 대해서 말한 것은 그리스도와 교회에 대하여 말한 것이라고 말씀합니다. 그리고는 이것은 비밀이라고 말씀합니다. 설명을 다 해놓고 뜬금없이 비밀이라고 하시는 이유는 또 뭡니까? 표면적으로는 다 설명을 해 놓았다 할지라도, 이면적인 내용이 깨달아지지 않으면 그것은 비밀로 남게 될 거라는 암시인 셈이지요.

하와가 건네주는 선악과를 먹으면 자신도 죽게 될 것을 알면서도 그걸 받아먹었다는 말은, 아담 스스로 자신을 죽음에 내어주었다는 말이 됩니다. 이 말씀을 • 고전15:45에서는 예수 그리스도를 마지막 아담이라고 설명하면서 예수님과 아담을 연결 짓고 있습니다. 그리고는 그리스도가 교회를 위해서 자신을 내어주셨다고 말씀합니다.

이 말씀을 아담과 연결하면 그리스도가 교회를 위하여 자신을 내어준 것 같이 아담도 하와를 위하여 자신을 내어주었다는 말입니다. 사실 성경을 보면 아담과 예수님과는 많은 공통점이 있다는 것을 알게 됩니다. 산 자로서 죽은 자를 위하여 자신을 내어주는 것도, 또 그들을 위하여 이미 창세전부터 하나님의 계획 속에 나타난바 되었던 사실도 그렇습니다.

• 벧전1:19~20 오직 흠 없고 점 없는 어린 양 같은 **그리스도의** 보배로운

피로 된 것이니라. 그는 **창세전부터 미리 알린바 되신 이나** 이 말세에 너희를 위하여 나타내신바 되었으니

그리스도는 창세전부터 미리 알린바 되신 분이라고 했습니다. 창세전이면 인간창조 훨씬 이전입니다. 그러한 그리스도가 말세 때에 우리를 위하여 육체를 가지고 나타나셨다고 했습니다. 그리스도를 얘기할 때 19절에서는 "보배로운 피를 가지신 분"이라고 했습니다. 피는 왜 필요합니까? 피 흘림이 없이는 사하심이 없다고 했으니, 죄를 사하기 위해 필요한 것입니다. 그러한 피를 그리스도가 준비하셨다는 것입니다.

이 말씀을 구조적으로 보자면 그리스도는 창조사건 이전에 이미 죄를 사하기 위하여 피를 흘리도록 계획되어 있었습니다. 그러므로 창세전에 이미 그리스도의 피 흘림이 준비되었던 것처럼, 창세기에서 아담이 죄의 씨를 갖게 된 것도 이미 하나님의 구원의 계획 속에 있었던 일입니다.

아담의 죄는 예수님을 통한 구원계획을 위하여 준비되어진 사건입니다. 이처럼 죄인들을 구원하시려는 하나님의 구원계획은 한 치의 오차 없이 지금까지도 진행되고 있는 놀라운 사건입니다.

그리스도가 교회를 위하여 자신을 내어 주셨다고 할 때의 교회는 사람을 일컫는 말입니다.

• 고전1:2에서 '하나님의 교회'는 '성도라 부르심을 입은 자들' 또는 '예수 그리스도의 이름을 부르는 모든 자들'이라고 정의를 내리고 있습니다.

• 요1:11을 보면 예수님께서 '자기 땅'에 오셨다고 말씀하셨습니다. 그러나 정작 • 요18:36에서 '내 나라는 이 세상에 속한 것이 아니다'라고 말씀하고 있습니다. 이 세상에 있지도 않은 나라에 오셨으면서 '자기

땅'에 오셨다는 것은 무슨 말입니까?

나라가 세워지려면 당연히 백성들이 있어야 합니다. 예수님께서 '내 나라'라고 말씀하신 뜻은 곧 내 백성이 있는 곳이 있다는 말입니다. 이 말의 의미는 곧 예수님의 이름에서도 찾아볼 수 있습니다. '예수'라는 이름은 '자기 백성을 그들의 죄에서 구원할 자'라는 뜻입니다. 즉 예수님에게는 죄에 **빠져** 죽어있는 백성들이 있다는 말이고, 그래서 예수님은 그들을 죄 가운데서 구원하시려고 자기 땅에 오셨다는 말씀입니다.

영적인 눈으로 세상을 바라보면 사람들은 모두 마귀에게 넘어가 죄를 짓고 죽어있는 상태입니다. 예수님이 자기 땅이라고 말씀하신 곳은 바로 이런 영적환경에 처한 곳을 말합니다. 그곳에 자신의 백성들이 있다는 말이지요. 하나님은 죄로 말미암아 죽어있는 자신의 백성들을 살려내시려고 예수님을 보내셨습니다. 그리고 그 예수님으로 말미암아 살아날 백성들은 곧 자기 백성이요 교회인데, 예수님은 구원받은 자기 백성들을 데리고 이 세상에 속하지 않은 본래의 자기 나라로 데리고 가실 것입니다. 하나님은 이러한 구원계획을 이미 아담과 하와의 사건 속에 녹여놓으신 것입니다.

예수님이 교회를 위하여 죽게 되어 있었던 것처럼, 아담도 죽게 되어 있었던 자입니다. 아담은 죽게 되어 있었던 자이므로 선악과를 먹어 죽게 되는 것이고, 아담을 죽게 하시려고 하나님은 선악과를 만드신 것입니다.

그러므로 하나님께서 마귀가 있는 곳에 사람을 창조하신 데는 분명한 이유가 있습니다. 그 이유는 바로 아담을 속여 죽음에 이르게 한 마귀를 합법적으로 심판하시기 위함입니다. 고의적으로 사람을 속인 고살자 마귀는 그 죄의 대가로 영원한 사망에 이르는 심판을 받아 마땅하다는 사실을 천명하시기 위해서지요. 공의의 하나님께서는 이 일에 아담을 증인으로 세워 마귀가 고의적으로 자기를 속여 죽음에 이르게 하였다는 사실을 증언하게 하시려 했던 것입니다.

이렇게 함으로서 마귀는 감히 창조주 하나님 앞에 대적할 수 없는 존재라는 것을 확증하는 것이 되고, 하나님의 백성들을 더 이상 사망의 길로 끌고 갈 수 없음을 확인시켜주는 것이 되며, 하나님을 대적한 자는 영원히 구원받지 못하고 사망에 이르게 된다는 사실을 공표하는 것입니다.

사실 '아담을 죽게 하시려고' 라는 표현을 표면적으로 보면, 사악한 하나님처럼 들릴 수도 있지만, 구원의 전체적인 구도에서 이 복음을 깨닫게 되면 하나님의 전능성과 전지성에서 오는 인간에 대한 무한한 사랑을 느낄 수 있습니다. 하나님은 합법적으로 마귀의 범법성에 대해 객관적으로 증거하고 진멸하심으로써 훼손된 하나님의 명예를 회복하길 원하셨습니다. 거룩하신 분에게 있어서 최고의 가치는 명예이기 때문입니다. 하나님께 필요한 것은 오직 하나, 피조물들로부터 영광을 받으시는 것입니다.

KEY 하나님은 교회를 위해 예수님을 죽게 하신 것처럼, 하와를 위해 아담을 죽게 하셨다.

적용 :: 우리가 인생을 살면서 불안해하는 것은 미래를 알지 못하기 때문입니다. 그러나 유구한 역사를 내다 볼 때 하나님은 창세전부터 그리스도를 준비시켜 놓으셨습니다. 우리는 불과 몇 년, 몇 십 년 전에 예수님을 믿었을지 몰라도 그러한 예수 그리스도는 창세전부터 준비되어지신 분입니다. 그래서 •롬8:28~30에서는

하나님을 사랑하는 우리를 하나님은 부르셨고, 미리 아셨고, 미리 정하셨으며, 의롭다 하셨고, 영화롭게 하셨다고 했습니다. 당신은 예수님으로 말미암아 의롭게 되었으니 영화롭게 될 자입니다. 이 사실이 믿어지면 그 믿음에 따라 영화로운 일들이 나타나게 될 것입니다. 당신의 생각에 이것을 각인시켜 보십시오. '나는 환경이 어떻든지 영화롭게 될 자이다.' 마귀가 있는 우주 공간에 사람을 만들어 놓으시고 인도해 가시는 하나님의 전능성을 생각해 보십시오. 당신은 망하려 해도 망할 수가 없는 인생입니다.

기도 § 하나님, 제가 보장받은 인생임을 알았습니다. 모든 것이 하나님의 계획 속에서 진행되어 가고 있음을 알았습니다. 염려는 그러한 하나님을 모르고 미래에 대해 불안해하는 데서 오는 것이었습니다. 미래의 시간도 영생 안에 있음을 압니다. 내게 영생을 주신 예수님의 이름으로 기도합니다. 아멘

4. 선악과와 율법

여러분, 율법은 지키라고 만드셨을까요? 아니면 지키지 말라고 만드셨을까요?

우리는 앞에서, 천지가 창조되기 이전에 이미 하늘나라에서 사탄이 범

죄한 사건이 발생하였고, 그렇게 범죄한 사탄을 하나님은 우주 공간으로 쫓아내셨다는 사실을 배웠습니다. 그리고 이처럼 마귀가 쫓겨와 갇혀있는 우주 공간에, 창조 여섯째 날에 첫 사람 아담을 만들어 놓으시고, 그에게 선악과를 먹지 말 것을 말씀하셨고, 선악과를 먹으면 반드시 죽는다고 경고하셨다고 배웠습니다. 지금부터는 하나님께서 우리에게 율법을 주신 이유에 대하여 알아보겠습니다.

> • 창2:17 선악을 알게 하는 나무의 열매는 먹지 말라 네가 먹는 날에는 반드시 죽으리라 하시니라

여러분, 하나님의 말씀은 곧 하나님의 법입니다. 법은 반드시 지켜야 하는 것이며, 하나님은 이 모든 말씀에 한 치의 오차도 실수도 없으신 분입니다. 그러므로 하나님께서 첫 사람 아담에게 "선악과를 따먹으면 죽는다."라고 말씀하신 것은 곧 법이 되었고, 아담은 이 법을 지켜야 했습니다. 이걸 우리는 율법이라고 말합니다. 율법은 선악과에서 시작되며, 십계명으로 성문화되고, 구약시대 때는 실제 이스라엘 백성들의 삶의 현장에서 십계명으로부터 파생된 온갖 율례와 규례들을 지키도록 하였습니다. 그리고 예수님이 오신 신약시대 사람들에게는 예수님의 새 계명까지 주어졌습니다. 예수님께서 나는 율법을 폐하러 온 것이 아니라 완전하게 하러 오셨다고 말씀하신 이유도 이런 맥락입니다.

하나님의 말씀인 율법은 '~을 하라'와 '~을 하지마라'는 형식으로 구성되어 있습니다. '하지 말라'고 하는 것은 하나님의 뜻이 아니니 하지 말라는 것이며, 그것은 악과에 해당됩니다. 그리고 '하라'고 하시는 것은

하나님이 기뻐하시는 뜻이니 선과에 해당됩니다. 이렇게 선악을 분별해 주는 법이 곧 율법이요 선악과입니다. 그러므로 하나님의 율법인 선악과는 거룩하고 의롭고 선한 것입니다.

• 롬7:12 이로 보건대 율법은 거룩하고 계명도 거룩하고 의로우며 선하도다

그렇다면 선악과는 먹어야 하는 것일까요?

한 성도가 제게 와서 이렇게 물었습니다. "선악과가 율법이라면 선악과는 먹으라고 만들어 놓으신 건가요, 먹지 말라고 만들어 놓으신 건가요?"

이 얘기는 율법을 지켜야 하는가, 아니면 지키지 말아야 하는가의 문제이기도 합니다. 비약해서 묻는다면, '십계명은 지키라고 만들어 놓으신 건가요, 아니면 지킬 수 없다는 사실을 인정하라고 만드신 건가요?' 라는 질문과도 상통합니다. 물론 율법은 지켜야 합니다. 다만 문제는 지킬 수 있는 능력이 있느냐 없느냐 이지요. 율법은 거룩하고 의롭고 선한 하나님의 법이기 때문에 반드시 지켜야 하는 것입니다. 이러한 시각을 가지고 선악과를 만들어 놓고 하셨던 하나님의 말씀을 보시겠습니다.

• 창2:9 여호와 하나님이 그 땅에서 보기에 아름답고 먹기에 좋은 나무가 나게 하시니 동산 가운데에는 생명나무와 선악을 알게 하는 나무도 있더라

여러분은 이 말씀이, 동산 가운데에 있는 생명나무와 선악을 알게 하는 나무, 즉 '생명과와 선악과 모두가 보기에 아름답고 먹기에 좋은 나무' 라

는 것으로 읽혀지십니까? 아니면 '보기에 아름답고 먹기에 좋은 나무는 동산 중앙에 있는 생명과와 선악과가 아닌 다른 나무' 라고 읽혀지십니까?

• 창3장에서 마귀가 하와를 유혹할 때의 말을 생각해 보면, 마귀의 말을 듣고 하와가 선악과를 보았을 때, 그 나무는 먹음직도 하고 보암직도 하고 탐스럽기도 한 나무라고 했습니다. 확실히 먹고 싶어지게 했다는 말씀이지요? 그렇다면 과연 사람이 선악과를 먹을 수 있는 걸까요?

앞에서 율법은 지키라고 만들어 놓으셨다고 말씀드렸습니다. 그렇다면 하나님의 율법인 선악과도 먹으라고 만들어 놓으신 것이 분명합니다. 즉 선과 악을 구별해서, 선은 행하고, 악은 버려야만 하는 것이지요. 이것이 선악과를 먹는 것입니다.

당신에게 썩은 사과가 있습니다. 썩은 부분은 악과(惡果)이고, 썩지 않은 부분은 선과(善果)이기에, 여러분이 사과를 먹으려면 썩은 부분을 칼로 도려내고 먹어야 합니다. 그러나 사람은 하나님의 능력을 덧입지 않고서는 선과만 골라서 먹을 수가 없습니다. 왜냐면 사람의 능력으로는 악과의 유혹을 뿌리치는 것이 불가능하기 때문입니다. 위대한 사도 바울도 이것을 고민했습니다.

• 롬7:15 내가 행하는 것을 내가 알지 못하노니 곧 내가 원하는 것은 행하지 아니하고 도리어 미워하는 것을 행함이라

바울의 고백을 보십시오. 그도 선과 악이 무엇인지를 알고 있습니다. 그러나 그가 행하기 원하는 선은 행하지 아니하고, 오히려 원치 않는 악을 행하고 있다고 절규합니다. 사람으로서는 악과의 유혹을 뿌리칠만한

능력이 없기 때문입니다.

> • 창2:17 선악을 알게 하는 나무의 열매는 먹지 말라 **네가 먹는 날**에는 반드시 죽으리라 하시니라

우리는 보통 '선악과를 먹으면, **네가 죽는다.**' 라고 알고 있습니다.

그러나 이 말씀을 이렇게 한 번 읽어 보십시오. "**네가 선악과를 먹으면** 죽는다."

이 말은 선악과를 먹을 수 있는 능력이 없는 '네가' 주체가 되어 먹으면 죽는다는 말입니다. 왜냐하면 앞서 보았던 것처럼 선과 악은 구별할 줄 알되, 선을 행하고 악을 끊을 수 있는 능력이 우리에겐 없기 때문입니다.

마귀는 뿔 달린 도깨비 모습으로 우리에게 다가오지 않습니다. 아주 교묘하게 위장하고 접근합니다. 그리고 네 남편이나 아내를 미워하라고 말하지 않고 달콤한 말로 '네 남편을 사랑해라, 네 아내를 사랑하라' 고 합니다. 그러나 '**네가 하라**' 고 소근 거립니다. 좋고 맞는 말 같지만, 결코 옳은 말이 아닙니다. 왜냐면 사람인 내가 주체가 되어 사랑하는 데에는 한계가 있기 때문입니다. 내 의지, 내 노력으로 하는 것은 언제나 한계상황이 있고 결국 "참는 것도 한도가 있다!"고 소리치며 포기하게 만듭니다. 그래서 하나님께서도 '네가' 직접 먹는 날에는 정녕 죽을 것이라고 말씀하셨던 것입니다.

예수님은 우리가 알고 있듯이 율법주의자들을 엄청나게 책망하셨습니다. 사실 율법주의자들은 선을 행하며 율법을 지키려는데 아주 열성적이었던 사람들입니다. 그런데도 왜 책망을 받았는가? 무슨 일을 하던지 '자

기'가 주체가 되어 행하려 했기 때문입니다. 이들과 같이 내 안에서 일하시는 하나님의 역사를 모르고 자신이 주인이 되어 모든 것을 행하려는 사상을 성경은 율법주의라고 합니다. 이 부분에 대해 복음에 정통하고 있는 바울은 하나님의 열심으로 열심을 내라고 말씀하고 있습니다.

> • 고후11:2 **내가 하나님의 열심으로** 너희를 위하여 **열심을 내노니** 내가 너희를 정결한 처녀로 한 남편인 그리스도께 드리려고 중매함이로다

아담은 하와가 주는 선악과를 먹게 됩니다. 선악과는 먹어야 하지만 그들이 직접 먹으면 안되는데 그들은 그것을 먹었습니다. 먹지 말라고 한 율법을 어겼으니 그들은 죄를 범하게 된 것입니다. 이제 선악과를 따먹은 아담과 하와는 선악을 아는 일에 하나님과 같이 되었습니다.

율법주의자들에 대한 예수님의 책망이 무엇이었습니까? 그들은 자기들의 머릿속을 율법으로 가득 채우고 있었음에도, 정작 율법을 지키는 행함이 없었기 때문에 그 점을 책망하신 것입니다.

아담과 하와의 경우도 마찬가지입니다. 선악과를 먹었기 때문에, 즉 악과는 버리고 선과만 먹어야 하는 것을, 선과와 악과를 함께 먹어버렸습니다. 그래서 무엇이 악이고 무엇이 선인지를 아는 데는 하나님의 수준과 같아졌던 겁니다. 그러나 선을 행할 능력은 없었던 것이지요. 이것이 바로 사람에게 찾아온 죄입니다.

KEY 선악과는 먹어야 하지만 사람이 직접 먹어서는 안 된다. 율법은 지켜야 하지만 사람에게는 지킬 능력이 없는 것이다.

적용 :: 마귀는 나에게 신앙생활을 열심히 하라고 소근 거립니다. 그런데 '네가' 열심히 해보라고 합니다. 그래서 나는 새벽제단도 열심히 쌓고, 봉사도 열심히 하고, 헌금도 힘껏 맘껏 합니다. 그런데 내가 내는 열심에는 한계가 있습니다. 알아주는 사람이 없고, 칭찬하는 사람이 없으면 심술이 나고 속이 상합니다. 그러니 '내가' 해보라고 속삭이던 마귀의 속임수에 더 이상 넘어가지 마십시오. 하나님께서 나를 통하여 일하시도록 하십시오. 무슨 일을 하던 먼저 마음속으로 '주님, 제가 이 일을 할까요?' 라고 물어 보십시오. 당신 마음속에 그 질문에 대해 평강이 흐르면 그때 하십시오. 당신 안에 계신 성령께서 당신의 질문에 평강과 불편으로 가부의 판단을 알게 해 주실 것입니다.

기도 § 하나님, 나는 항상 하나님의 도구로 사용되어야 함을 알았습니다. 인생의 모든 문제를 하나님께 전적으로 의뢰합니다. 저를 도구로 사용하여 주옵소서. 제가 하나님께 쓰임 받을 수 있도록, 하나님의 자녀로 거듭나게 하신, 예수님의 이름으로 기도합니다. 아멘

5. 생명과와 복음

여러분, 생명과는 따먹으라고 만드셨을까요? 따먹지 말라고 만드셨을까요?

하나님께서 선악을 알게 하는 나무의 열매는 '네가' 따먹지 말라고 하셨다고 배웠습니다. 그렇다면, 어떻게 해야 선악과를 먹을 수 있을까요? 선악과를 먹으라고 만들어 놓으셨다면, 어떻게 해야 먹을 수 있는가? 그 답은 간단합니다. 생명과를 먹으면 됩니다. 그럼 생명과는 무엇인가? 생명과는 말 그대로 하나님의 생명, 즉 영생을 뜻합니다.

> • 창3:22 여호와 하나님이 이르시되 보라 이 사람이 선악을 아는 일에 우리 중 하나 같이 되었으니 그가 그의 손을 들어 **생명나무** 열매도 따먹고 **영생**할까 하노라 하시고

앞서 • 창3:22에서도 보았지만 사람이 생명과를 먹으면 영생하게 됩니다. 영생은 영원하신 하나님의 생명을 말합니다. 따라서 사람이 생명과를 먹으면, 사람 속에 들어오신 영생이신 하나님께서, 악과는 버리시고 선과만 잡수시기 때문에, 정상적으로 선악과를 먹게 되는 것입니다.

여러분, 유황오리 드셔보셨지요? 유황은 사람의 인체에 있는 독소를 제거하는 좋은 약재 중의 하나입니다. 그런데 문제는 유황을 사람이 직접 먹으면 죽는다는 겁니다. 사람에게 좋은 것이고, 인체에 쌓여있는 독을

제거하기 위해서 꼭 먹어야 하지만, 꼭 먹어야 하는 이것을 먹게 되면 죽게 된다? 그럼 해결책이 뭘까요? 고민하다 찾아낸 방법이 바로 오리에게 유황을 먹이는 겁니다. 오리는 유황을 먹고도 살 수 있는 동물이기 때문입니다. 그러니까 오리에게 유황을 먹여서, 유황성분이 오리에게 배어들게 하고, 그 유황성분을 품은 오리를 사람이 먹게 되면, 유황의 효과가 사람에게 나타나는 거지요. 이해를 돕기 위해 ● 마19:16~26까지 말씀을 보겠습니다.

어떤 사람이 영생을 얻고자 하여 예수님께 나아와 질문을 합니다.

"선생님, 내가 무슨 선한 일을 하여야 영생을 얻겠습니까?"

예수님은 "어찌하여 선한 일을 내게 묻느냐 선한 이는 오직 한 분이시니라"고 대답하십니다.

이 부분에 대한 정리가 필요할 것 같습니다. 부자 청년은 자신의 율법을 지키는 행위로써 영생을 얻으려는 시도를 해왔던 사람입니다. 그래서 그런 질문을 하는 것입니다. 원론적으로 볼 때 하나님의 율법을 100% 지키면 그 사람은 영생을 얻습니다. 율법은 하나님의 수준인 하나님의 법이기 때문에 그렇습니다. 그러나 문제는 사람의 노력으로는 율법을 완전하게 지켜낼 수 없다는 것입니다. 이러한 사람의 약점을 알기 때문에 하나님은 예수님을 보내신 것입니다.

그래서 그 예수님께 ● 갈3:13에서처럼 우리를 위하여 저주를 받게 하신 것입니다. 우리가 율법을 지키지 못하는 데서 오는 저주는 예수님께로 넘겨 버렸으니, 예수님을 믿는 자들에게는 더 이상 율법을 어기는 데서 오는 저주가 해당되지 않으므로 율법을 지키는 것이 되는 것입니다.

이러한 영적 배경을 가지고 예수님께서 그 청년에게 하시는 말씀이 '너는 왜 선한 일을 해서 영생을 얻으려고 하느냐, 사람이 노력으로 선한 일 즉 율법의 요구를 충족시킬 수 있을 줄로 아느냐, 선한 일은 율법을 주신 선한 이만 하실 수 있는데 그 선한 이는 하나님 한 분 뿐이다'

그러면서 결코 사람은 율법의 요구조항인 선한 일을 이루어 낼 수 없음을 알려 주셨습니다. 그에게 계명들을 지키라고 말씀하신 의도도 바로 이걸 깨달으라는 것이지요. 그러나 어리석은 청년은 예수님의 의중도 모르고 구체적으로 어떤 계명들을 지켜야 하는지를 묻습니다. 아마 그는 십계명을 열심히 지켜왔던 모양이지요? 이에 대해 예수님은 십계명 중의 몇 가지, 살인과 간음과 도둑질과 거짓말을 하지 말고, 네 부모를 공경하고 네 자신을 사랑하듯이 네 이웃을 사랑하라고 말씀하십니다. 그러자 그가 자신 있다는 듯이 "제가 그것들은 다 지켰습니다. 무엇을 더 해야 합니까?"라고 묻습니다. 이 사람은 아직도 자기의 능력으로 율법을 행하여 영생을 얻을 수 있다고 생각하고 있습니다. 그러자 예수님께서 "네가 그렇게 율법을 지키는 데에 자신이 있다고 한다면, 너의 소유를 팔아서 가난한 자에게 주고, 그 다음에 나를 따르라"고 말씀하셨습니다. 그러자 그 사람이 재물이 많은 연고로 근심하며 돌아갔다고 했습니다.

이유인즉 예수님께서 하시는 말씀 중 하나가 그의 마음에 턱 걸렸기 때문입니다.

율법은 무엇입니까? 하나님의 법이며, 하나님의 말씀입니다. 따라서 육신을 입고 이 땅에 오신 예수님께서 "지금 네 소유를 팔아서 가난한 자에게 주고 나를 따르라"고 하시는 말씀도 율법입니다. 이것을 성경은 새 계명이라고 합니다. 영생을 얻을 방법을 구하였던 부자는, 지금껏 자기가 잘 지켜왔다고 생각했던 율법, 즉 선한 일 중의 딱 하나가 마음에 걸려 근심하며 돌아가고 맙니다. 이렇게 율법이란 열 가지를 지키다가도, 어느 한 가지에 딱 걸리면 그것 때문에 죄인이 되는 것입니다.

여러분, 형무소에 있는 죄인들이 항상 죄만 짓고 살았겠습니까? 그렇지 않습니다. 살면서 어쩌다 범하게 된 한두 가지의 죄 때문에 그곳에 있는 것입니다. 부자가 율법의 기준에서 탈락된 것도 이렇게 한두 가지 율법 때문이었습니다. 돌아가는 그를 보고 예수님께서 이렇게 말씀하고 계십니다.

"부자가 천국에 들어가기가 얼마나 어려운지……."

이 말씀은 부자를 비난하려고 하시는 말씀이 아니라, 사람마다 걸려들 수 있는 약점이 있기 때문에 자신의 힘으로 율법을 충족시키려 하지 말라는 말씀입니다. 이러한 예수님의 가르침을 듣고 제자들이 놀라며 질문을 하지요.

"주님, 그렇다면 과연 누가 구원을 얻겠습니까?" 예수님의 대답은 명쾌합니다.

• 마19:26 예수께서 그들을 보시며 이르시되 **사람으로는 할 수 없으나 하나님으로서는 다 하실 수 있느니라**

그렇습니다. 율법의 요구를 충족시켜 구원을 얻는 것은 사람의 노력으로는 할 수 없으나 하나님으로서는 얼마든지 하실 수가 있습니다.

• 롬8:3~4 율법이 육신으로 말미암아 연약하여 할 수 없는 그것을 하나님은 하시나니 곧 죄로 말미암아 자기 아들을 죄 있는 육신의 모양으로 보내어

육신에 죄를 정하사, 육신을 따르지 않고 그 영을 따라 행하는 우리에게 율법의 요구가 이루어지게 하려하심이니라

우리의 육신은 약하기 때문에 율법을 이루어 낼 수가 없습니다. 그러나 하나님께서는 그것을 하실 수가 있습니다. 하나님께서 하신 방법은 예수님께 사람의 죄를 담당케 하셔서, 즉 악과를 먹는 것을 전가시켜서, 예수님을 죄의 값으로, 즉 악과를 먹은 결과로 죽게 하셔서, 죄의 대가를 치르게 하신 것입니다. 그리고 예수님께로 모든 죄를 넘겨버린 믿는 자들 속에, 즉 죄가 없는 영혼 속에 거룩한 영이신 성령으로 들어오시는 것입니다. 이후로 성령을 모시고 사는 사람들은 육신, 즉 자신의 의지나 노력으로 율법을 이루려고 애쓰는 것이 아니라, 자신 속에 모셔 들인 성령을 따라 살면, 자연히 율법의 요구가 이루어지게 되는 겁니다.

율법을 어김으로 당하게 되는 저주는 모셔 들인 예수님께로 넘기고, 자신의 모든 저주를 담당하신 그 예수님이 감사해서 성령을 따라 살게 되면 그것에 대하여 상급이 주어집니다. 율법에서 '~을 하라'는 것과 '~을 하지 말라'고 계명으로 요구하는 모든 것들을 다 충족시킬 수가 있게 되는 것입니다. 이것을 두고 '하나님으로 하시게 하라'고 하는 것입니다.

'율법의 요구가 이루어지게 하려 하심이라'는 이 말씀은 복음의 정수라고 할 수 있습니다. 복음은 우리의 힘으로 하는 것이 아니라, 우리 속에 들어오신 성령으로 말미암아 '되어 지는 것'입니다. 나의 능력으로는 치료를 이루어 낼 수가 없지만, 하나님은 치료를 이루어 내셔서, 나로 하여금, 치료의 결과를 누리게 하신다는 말씀이지요. 부요도 마찬가집니다. 나의 가난을 담당하시려고 부요하신 예수님이 친히 가난을 이겨내셨으니

내가 그 공로를 믿고 선포하면 실제 나의 가난했던 환경들의 저주가 풀리고 부요해지는 것입니다. 이것이 복음입니다.

위의 말씀대로라면 아담과 하와는 어떻게 살았어야 합니까? 그들 속에는 하나님의 생기가 들어 있었습니다. 지금 우리로 말하자면 성령께서 계셨다는 말입니다. 이미 자기 안에 성령께서 계신 사람들은, 성령께서 선과만 골라서 드시기 때문에 즉 선한 일만 하시기 때문에 생기가 있는 상태로만 있으면 되는 것입니다. 그리고 이미 있는 생기로 더불어 사는 것이 생명과를 먹는 것입니다. 이것의 영적 의미를 돕기 위해 • 엡2:1의 말씀을 보겠습니다.

• 엡2:1 그는 허물과 죄로 죽었던 너희를 살리셨도다

이 말씀은 예수님께서 허물과 죄로 죽었던 우리를 살리셨다는 말씀입니다. 다시 말해 우리가 예수님으로 말미암아 죄사함을 받고 성령을 받았다는 말씀이지요. 그럼 우리 속에 들어오신 성령에 대해 성경은 뭐라고 말씀하십니까?

• 고전15:45 기록된바 첫 사람 아담은 생령이 되었다 함과 같이 마지막 아담은 살려 주는 영이 되었나니

마지막 아담, 즉 예수님은 말 그대로 살려주는 영이요, 살려주는 일을 하는 영입니다. 그분은 지금도 구원을 유지시키는 분으로서는 성령 하나님이시며, 육신으로 오셔서 십자가에서 구원을 성취하신 분으로서는 성

자 하나님이시며, 구원의 계획을 세우신 이로서는 성부 하나님입니다.

예수님의 말씀은 곧 영이요 생명입니다. 즉 말씀 = 성령 = 영생(생명)이라는 등식이 성립됩니다. 따라서 살려주는 영이란, 곧 하나님의 말씀을 가리키는 것입니다.

우리가 복음을 듣고 예수님을 영접한다는 것의 의미를 정확히 표현해 보겠습니다.

우리가 말씀을 들으면 말씀이신 성령께서 우리 속에 들어오셔서 우리의 죽은 영을 살려내십니다. 그러면 다시 살아난 우리의 영 안에 계신 성령께서 '예수가 너의 죄를 짊어지고 죽으셨다' 라는 사실을 인정해주시면, 우리의 영이 그 내용을 받아드립니다. 이걸 영접했다라고 표현하는 겁니다.

이러한 일련의 과정들은 사람 쪽에서 볼 때는 마치 자기가 복음을 듣고 예수님을 영접한 것처럼 보입니다. 그러나 성경은 분명히 • 고전12:3에서 "성령으로 아니하고는 누구든지 예수를 주시라 할 수 없다"고 말씀하셨습니다. 그러므로 사람이 예수를 주라고 시인할 수 있는 것은 성령께서 그렇게 시인할 수 있도록 허락해 주셔야만 가능한 일입니다.

이렇게 예수님을 영접한 자를 거듭난 사람이라고 합니다. 거듭났다는 말은 살려주는 영이신 성령에 의해 살아난 나의 영이 성령과 연합된 상태를 말합니다. 커피 믹스가 봉지에 있을 때는 커피와 프림과 설탕을 구별해 낼 수 있지만 그것이 물에 녹아지면 분리해 낼 수가 없듯이, 성령께서 죽었던 영을 살려내면, 살아난 영과 성령은 연합되어 분리될 수가 없습니다. 그래서 거듭난 자 속에 들어오신 성령은 영원히 떠나지 않는 것입니다.

그럼, 예수님으로 말미암아 거듭난 자는 어떻게 살아야 합니까?

살면서 필요한 것이나 해결해야 할 문제들이 걸음마다 놓여있는 것이 인생입니다. 이제 거듭난 사람은 문제에 봉착될 때마다 문제를 해결하시는 하나님의 말씀, 하나님의 영으로 살아가야 합니다.

예를 들어, 여러분이 지금 당장 돈이 필요하다면, • 고후8:9의 "나를 부요케 하시려고 부요하신 예수님께서 나의 가난을 가져 가셨고 자신의 부요를 나에게 주셨다"라는 말씀을 붙잡고 선포하면 됩니다. 만약 지금 여러분의 몸에 질병이 찾아왔다면, 살려주는 영이신 말씀을 붙잡고 선포하십시오. 그러면 살려내는 말씀이 질병 가운데서 여러분을 고쳐내실 것입니다. 그러므로 이렇게 선포하십시오. "그가 채찍에 맞음으로 나의 모든 질병을 담당하셨으니 나는 이제 모든 질병가운데서 깨끗이 나음을 입었도다!"

예수님의 기준에서 사람을 보면, '살았어도 죽은 자요, 죽었어도 산 자'가 있습니다. 이게 무슨 말인가? 사람의 육체가 비록 살아있다 하더라도, 그 사람 안에 살려주는 영이신 성령님이 계시지 않으면 죽은 자라는 말입니다. 그러나 사람의 몸이 비록 죽어 장사되었다 하더라도, 그 사람이 믿던 자여서 그 안에 살려주는 영이신 성령이 계시다면 그는 영원히 산 자라는 말씀입니다. 왜냐하면 성령은 육체가 죽었다고 같이 죽거나 없어지는 분이 아니기 때문입니다.

그렇다면 하나님의 생기 즉 성령을 받은 아담이 영원히 살기 위해서는 어떻게 했어야 했지요? 아담은 생명과를 먹고 살아야 했습니다. 즉 하나님의 말씀을 먹고 살아야 했던 것입니다. 생명과는 하나님의 생명인 영생이며, 하나님의 말씀이며, 생기이며, 성령입니다. 그러므로 아담과 하와는 '선악과를 먹지 말라!'는 말씀을 받았으니 선악과를 먹지 않고 사는 것이 곧 생명과를 먹고 영원히 사는 것이었습니다.

KEY 선악과를 먹는 방법은 생명과를 먹음으로써 그 생명과로 하여금 선악과를 먹게 하는 것이다.

적용 :: "장로님, 요즘 건강하시지요?"라고 묻자 "응, 아주 건강해, 말기 위암 빼고는 다 좋아"하며 껄껄 웃더라는 어느 장로님의 이야기를 읽은 적이 있습니다. 살려주는 영이신 예수님이 그 안에 계신 사람은 영원히 죽지 않는 영생의 말씀이 있으므로 눈에 보이는 질병이라는 사망의 요소를 바라보지 않습니다. 사망의 요소를 해결하는 살려주는 영이신 말씀을 먹고 살기 때문입니다. 그래서 예수님은 자신이 주는 물은 영원히 목마르지 않는 물이라고 하셨습니다. 이 물을 마시는 자마다 영생을 얻으리라고 말씀하셨습니다. 이 말씀을 모든 피조물들에게 선포하십시오. 모든 피조물은 하나님의 아들의 이름을 기다리고 있습니다. 하나님의 약속을 붙잡고 믿음으로 선포하며 사는 것이 살려주는 영으로 사는 것이며, 성령으로 사는 것이며 생명과를 먹는 것입니다.

기도§ 하나님, 하나님의 사람은 살려주는 영을 공급받아 살아야 됨을 깨닫게 하시니 감사합니다. 보다 중요한 것은 육체가 사는 것이 아니라 내 영이 영원히 사는 것임을 알게 하시니 감사합니다. 살려주는 영이신 하나님의 말씀만을 붙잡고 승리하게 하옵소서. 예수님의 이름으로 기도합니다. 아멘

6. 죄에 대하여

앞에서 우리는 아담이 죄를 지었을 때 그에게서 생기가 떠났다고 배웠습니다. 그럼 거듭난 우리가 죄를 지으면 어떻게 될까요? 우리는 분명 아담이 죄를 범하였으므로 그에게서 생기가 떠나 죽은 영이 되었다고 배웠습니다. 그렇다면 생기는 성령이라고 했으니 거듭난 자에게 들어오신 성령도 죄를 범하면 떠나신다는 말일까요? 그렇지 않습니다.

앞에서 설명을 했지만 다시 한 번 간단하게 정리를 하겠습니다. 우주의 역사뿐만 아니라 인류의 세상사도 하나님의 말씀에 의해 계획되어지고 진행되어지고 있습니다. 그것은 하나님의 전지성과 전능성이라는 속성에서 비롯되는 것입니다. 전지하신 하나님께서 아담에게 주신 말씀은 무엇입니까?

• 창2:17 선악을 알게 하는 나무의 열매는 먹지 말라 네가 먹는 날에는 반

우리는 앞에서 하나님은 선악과를 먹게 하시려는 의도로 아담을 창조하셨다고 배웠습니다. 그렇다면 하나님의 의도대로 선악과를 먹고 하나님의 말씀대로 죽은 아담이후의 사람들, 곧 죽은 영으로 태어난 죄인들이 예수님을 영접하고 거듭나게 되었을 때는 어떻게 될까요?

• 요11:25~26 예수께서 이르시되 나는 부활이요 생명이니 나를 믿는 자는 죽어도 살겠고 무릇 살아서 나를 믿는 자는 **영원히 죽지 아니하리니** 이것을 네가 믿느냐

살려주는 영이신 예수님의 생명 즉 영생이 있는 자들은 거듭난 이후에는 영원히 죽지 않습니다. 즉 성령이 떠나시지 않습니다.

이것은 '거듭난 자의 영 = 살아난 영 + 성령' 의 정의 때문에도 그렇습니다. 그래서 예수님은 • 요14:16에서 보혜사이신 성령께서 우리에게 오시면 영원토록 우리와 함께 있을 것이라고 말씀하신 것입니다.

잘 보십시오. 아담은 "선악과를 먹으면 죽으리라"는 말씀 때문에 선악과를 먹고 죽었습니다. 그리고 우리는 영원한 생명이신 성령께서 "영원히 우리와 함께 하신다"는 말씀 때문에 영원히 죽지 않게 되었습니다. 우리가 예수님을 믿고 거듭나 영원한 생명을 얻었다는 사실은 이렇게 말씀으로 이미 확증되어진 것입니다. 제 아무리 환경이 어렵고 사방으로 우겨쌈을 당했다 할지라도, 또한 시시각각 미혹하는 영들에게 속아 넘어지고 쓰러진다 할지라도, 그건 그냥 문제일 뿐 당신의 영생의 문제와는 전혀

상관이 없다는 말입니다.

왜냐면 거듭남의 사건은 느낌이 아니라 사실이기 때문입니다. 그러므로 이제부터는 느낌으로 말하지 말고 사실로 말하십시오. 가끔씩 마음이 울적할 때는 거듭남의 사건이 흔들릴 수도 있을 것입니다. 마치 비오는 하늘을 바라보며 태양이 뜨지 않은 것처럼 느끼듯이 말입니다. 그러나 비오는 창공 너머에도 태양은 여전히 떠 있습니다.

여러분, 이미 거듭난 자라 할지라도, 그는 과거에 죄악으로 가득 찬 우주 공간에서 태어났습니다. 그리고 지금도 여전히 죄악으로 가득 찬 우주 공간에서 죄의 문제와 씨름하며 살아가고 있습니다. 그래서 믿음 생활을 한다고 하면서도 여전히 사소한 일로 싸우거나 이기적인 자신을 돌아보며, 믿는 자가 이래도 되는가 싶어 낙심하기도 할 것입니다. 때로는 교회의 직분이 멍에처럼 무겁기도 할 것입니다.

이제 우리는 이런 문제들을 해결해야만 합니다. 그렇지 않으면 예수님이 당신 안에 있다 할지라도, 주님과 한 배를 타고 있었으면서도 풍랑이 일자 두려워 떨던 제자들처럼, 죄의 문제 앞에서 계속 갈등하며 살게 될 것입니다. 그러나 염려하지 마십시오. 그 해결책은 의외로 간단합니다. 이 문제는 죄의 본질과 개념을 정확히 알면 즉시 해결되기 때문입니다. 이제 죄에 대한 그림을 그려봅시다.

① 고살죄(故殺罪)와 고살자

죄를 원론적으로 분류하면 두 종류가 있습니다. 바로 고살죄(故殺罪)와 오살죄(誤殺罪)입니다. 사전적인 의미로 고살죄는 '의도적으로 지은 죄'

이고, 오살죄는 '몰라서 지은 죄'입니다. 그럼, 고살죄는 무엇이고 오살죄는 무엇인지 좀 더 자세하게 알아보도록 하겠습니다.

하나님께서 아담을 향하여 "네가 선악과를 먹으면 정녕 죽으리라"고 하신 말씀을 마귀도 알고 있었습니다. 왜냐면 그도 같은 우주공간에 있었기 때문입니다. 어느 날 마귀가 하와에게 찾아왔습니다. 하와 역시 선악과를 먹으면 죽는다는 사실을 알고는 있었습니다. 왜냐면 아담이 말해주었기 때문입니다. 그런데 이상한 것은 마귀가 아담이 아닌 하와에게 찾아와 선악과를 먹으라고 유혹하는 것입니다. 그리고는 하와가 선악과를 먹으면 죽는다는 것을 뻔히 알면서도 절대로 죽지 않을 것이며, 오히려 선악과를 먹으면 하나님과 같아질 것이라고 유혹합니다. 결국 하와는 마귀의 유혹에 넘어가 선악과를 따먹고 말았습니다.

하나님께선, 죽을 것을 뻔히 알면서도, 의도적으로 거짓말을 하여, 하와를 죽인 마귀의 죄를 고살죄라고 합니다. 그리고 성경은 이 사건을 두고, 마귀는 처음부터 살인한 자라고 정죄합니다.

> • 요8:44 너희는 너희 아비 마귀에게서 났으니 너희 아비의 욕심대로 너희도 행하고자 하느니라 그는 **처음부터 살인한 자요** 진리가 그 속에 없으므로 진리에 서지 못하고 거짓을 말할 때마다 제 것으로 말하나니 이는 그가 거짓말쟁이요 거짓의 아비가 되었음이라

마귀가 하와에게 접근하는 장면이 나옵니다.

> • 창3:1 그런데 뱀은 여호와 하나님이 지으신 들짐승 중에 가장 간교하니

우리는 아담이 왜 죽었는가라는 질문을 받으면 무심코, "마귀의 유혹에
넘어가서 선악과를 먹었기 때문"이라고 말합니다. 그러나 본문을 보면,
마귀는 아담이 아닌 하와에게 접근하여 하와를 유혹하고 있습니다. 왜 마
귀는 하와를 유혹했는가? 이 사실을 놓고 혹자는 이렇게 말합니다.

'아마 선악과를 먹지 말라는 말씀은 하와가 만들어지기 전에 주신 말씀
이니, 하와가 아담에게서 그 말씀을 전해들을 때 정확하게 듣지 못했기
때문에 마귀가 그 허점을 노렸을 것' 이라고요. 여러분은 어떻게 생각하
시나요? 물론 그렇지 않습니다. 왜냐면 하와에게도 하나님의 말씀을 알
수 있는 하나님의 생기가 있었기 때문입니다. 이 모든 것이 마귀의 간교
한 속임수처럼 보이기도 하겠지만 사실은 그것까지도 전지하신 하나님의
계획 속에서 진행되고 있는 사건일 뿐입니다. • 딤전2:14에 보면 아담이
속은 것이 아니고 여자가 속아 죄에 빠졌다고 했습니다.

성경은 교회를 여자로 상징하여 말할 때가 많습니다. 창세기의 여자 하
와도 그렇습니다. 예수님께서 죄를 지은 자기 백성, 곧 교회를 살리기 위
해 자신을 주시려고 이 세상에 오신 것처럼, 아담도 하와를 위해 자신을
죽음에 넘겨준 것입니다.

왜냐면 전지하신 하나님의 궁극적 계획이 성취되기 위해서는, 하와가 죄

를 지어야하며, 하와가 짓는 그러한 죄는 마귀에게서부터 시작되어야 하기 때문입니다. 마귀에게서 시작된 죄로 하와가 범죄하게 되고, 아담은 죄로 인해 죽은 하와를 위해 죄 가운데 자신을 내어주었습니다. 이것은 마귀에게서 시작된 죄로 인하여, 교회인 예수님의 백성들이 죄 가운데 빠지게 되었으며, 그러한 교회를 살리기 위해 예수님께서 자신을 내어주신 것과 같습니다.

마귀는 하나님의 말씀이 무엇인지를 뻔히 알면서도, 하나님의 말씀과는 반대되는 내용으로 하와에게 접근을 하였습니다. 정말 하나님께서 동산에 있는 모든 나무의 열매를 먹지 말라고 하셨느냐는 것이지요. 하와는 자기가 알고 있는 하나님의 말씀을 제시하면서, 하나님은 동산의 모든 것을 허락하셨으나, 선악과만큼은 금지시켰다고 말합니다. 이에 대해 마귀는 하와 속에 끓고 있는 선악과에 대한 미련을 자극시키고 있습니다. 하와의 대답을 듣는 순간 이미 하와에게 선악과를 먹고 싶어 하는 마음이 있다는 것을 알아차린 것이지요. 왜냐면 하나님께서는 분명 선악과를 먹으면 반드시 죽는다고 말씀하셨는데, 하와는 먹으면 죽을 수도 있고, 죽지 않을 수도 있다고 애매모호하게 대답을 했기 때문입니다.

• 창3:2~3 여자가 뱀에게 말하되 동산 나무의 열매를 우리가 먹을 수 있으나, 동산 중앙에 있는 나무의 열매는 하나님의 말씀에 너희는 먹지도 말고 만지지도 말라 **너희가 죽을까 하노라** 하셨느니라

하와는 왜 이렇게 대답했을까요? 이미 마귀가 놓은 덫에 걸려들었기 때문입니다.

'하나님과 같이 된다.' 는 마귀의 말에 하와는 강한 유혹을 느꼈습니다. 마귀도 천상에서 하나님과 같이 되려는 시도를 했다가 이 땅으로 추방되었습니다. 마귀는 사람에게도 하나님과 같아지고 싶어 하는 마음이 있다는 것을 이용했습니다. 결국 하와는 마귀의 유혹에 속아 선악과를 먹고 말았습니다. 그리고 아담에게도 주어 아담도 먹게 만들었습니다.

결국 아담과 하와를 죽게 만든 자는 바로 마귀입니다. 선악과를 먹으면 반드시 죽는다는 것을 알면서도, 고의적으로 유혹하여 하와를 죽인 것이지요. 하나님은 이와 같이 죽을 것을 알면서도 의도적으로 살인을 한 죄를 고살죄라 하고, 그러한 죄를 범한 자를 고살자라고 하셨습니다. 즉 마귀가 고살자라는 말입니다.

그렇다면 마귀는 왜 고살죄를 범했을까요?

마귀는 그 본성을 인간을 통해서 이루려하기 때문입니다. 사람이 선악과를 먹으면 죄인이 되니 마귀의 종이 되고, 마귀의 종이 된 상태에서 그가 생명과를 먹으면, 그가 영생을 하는 것이니, 마귀는 결국 영생을 종으로 지배하게 되는 것이지요. 그러면 하나님과 같이 되려고 했던 자신의 의도를 결국 성취할 수 있게 되는 것이고요. 그래서 하나님은 본래 마귀가 가지고 있던 악한 본심을 들추어내신 것입니다. 마귀는 지금도 자신의 야욕을 버리지 못하고 있습니다. 자기의 때가 얼마 남지 않은 것을 알고도 있지만, 자신이 하나님과 같이 되려고 하는 것 또한 포기하지 않고 있습니다.

문화가 발달됨에 따라 속도 또한 **빨라지고** 있습니다. 처음에는 걸어 다니던 사람들이 마차를 타고 다니게 되었으며, 자전거, 자동차, 비행기, 이제는 로켓까지 쏘아 올리며, 그러한 것들이 음속을 따라 잡은 지는 이미 오래 전의 일입니다. 앞으로 광속을 따라 잡으면 과학은 시간을 과거로 돌릴 수도 있게 될 것입니다. 항상 그렇지만 이분법적인 흑백논리는 위험할 때가 많습니다. 즉 과학이 나쁘다 좋다 말할 것이 아니라, 마귀가 자신의 야욕을 성취하기 위해 과학을 이용하고 있다는 사실을 직시해야만 합니다.

그렇다면 마귀는 왜 속도를 높이는 데 혈안이 되어 있을까요?

잘 보십시오. 시간은 거리를 속도로 나눈 값을 말합니다. 따라서 속도를 높이면 시간은 제로에 가까워지는 것이지요. 시간을 제로로 만든다는 것은 영생의 세계를 말합니다. 영생의 세계에는 시간의 개념이 없기 때문이지요. 하루가 천 년 같고 천 년이 하루 같은 곳이 바로 영생의 세계입니다. 마귀는 바로 그곳의 주인공이 되려고 하기 때문입니다.

• 살후2:4 그는 대적하는 자라 신이라고 불리는 모든 것과 숭배함을 받는 것에 대항하여 그 위에 자기를 높이고 하나님의 성전에 앉아 자기를 하나님이라고 내세우느니라

마귀가 원하는 것은 오직 경배함을 받는 것뿐입니다. 그것은 오직 하나님께서만 받으시는 것이기 때문입니다. 그래서 그는 이 세상에서도 이스라엘의 하나님의 성전에 앉아, 자기를 높여 하나님이라고 내세워 사람들

로부터 경배받기를 원하고 있습니다.

마귀는 지금도 세상 문화와 정서를 타고 우리에게 접근합니다. 그러므로 우리는 세상 문화에 너무 잘 순응하여 아무 생각 없이 동화되어 버리는 일이 없도록 해야 합니다. 그걸 이기기 위해선 하나님께 시선을 고정해야 합니다. 그리고 하나님이 행하시는 일에 주목해야 합니다. 또 하나 내게 행하시는 그분의 손길에 민감하게 반응해야 합니다. 그래야 마귀의 궤계를 이길 수 있습니다. 여러분, 세상문화는 나를 영적으로 미숙하게 만들지만, 하나님의 거룩한 영은 나를 그리스도의 장성한 데까지 다다르게 이끌어 주실 것입니다.

■ 고살자에 대한 심판

과연 하나님은 고살자를 어떻게 심판하실까요?

하나님은 고살자 마귀 그리고 그에 속한 자를 반드시 멸하실 것입니다. 불타는 불 못 즉 지옥에 던져 버리실 것이며, 절대로 용서하지 않으실 것입니다. 우리는 흔히 예수님은 죄를 사하러 오셨다고 합니다. 맞는 말입니다. 그러나 마귀의 죄까지 사해주러 오신 것은 아닙니다. 따라서 이제부터는 죄에 대하여서 분명한 개념정리를 해야 합니다. 지금 우리는 고살죄와 오살죄라는 두 가지의 틀로 죄의 문제를 전개하고 있습니다.

하나님은 고살자인 마귀를 어떻게 심판하시려는가?

• 민35:16~21 만일 **철 연장으로 사람을 쳐 죽이면** 그는 살인자(개역 : 고살한 쟈, 이하 동일)니 그 살인자(개역 : 고살자, 이하 동일)를 **반드시 죽일 것**

사람을 죽이는데 있어서 의도성이 있는가의 유무로 고살죄와 오살죄를 판단합니다.

'이것은 사람을 재판하는 율법이 아니냐?' 라고 말할 사람이 있겠지만 마귀는 항상 일을 할 때에 사람이라는 육체를 잡고 그의 일을 하고 있음을 기억하십시오. 물론 이 율법을 만드신 분도 하나님입니다. 그러나 하나님은 이 율법을 통하여 죄를 짓는 사람을 심판하시려는 것이 아니라, 사람을 속여 죄를 짓도록 만드는 마귀를 심판하시려는 것입니다.

고살자의 유형은 여러 가지가 있지만 하나같이 사람을 죽일 의도를 가지고 고의적으로 사람을 죽인다는 사실입니다. 철 연장으로 사람을 치면 당연히 죽습니다. 맞아서 죽을만한 돌로 사람을 쳐 죽여도 마찬가지지요. 나무 연장이라 할지라도 맞아서 사람이 죽을만하면 마찬가지이며, 나머지의 경우도 마찬가지입니다. 이러한 고살자에 대해서 하나님은 반드시 죽이라고 말씀하십니다. • 민35:31을 보면 고살자에 대해서는 생명의 속전도 아예 받지 말라고 하셨습니다.

• 민35:31 **고의로 살인죄를 범한 살인자는** 생명의 속전을 받지 말고 **반드시 죽일 것이며**

어떤 이유로도 살려줄 필요가 없다는 것이지요. 이렇게 마귀를 진멸하는 것이 하나님의 의도입니다. 이러한 마귀는 예수님이 이 땅에 오심으로써 심판을 받았습니다. 이제 우주 역사의 마지막 때에 그 심판의 내용이 집행될 것입니다.

② 오살죄(誤殺罪)와 오살자

여러분은 낚시를 하다가, '고기를 잡을 뻔한 게 좋습니까? 놓칠 뻔한 게 좋습니까?'

낚시를 하다 고기를 잡을 뻔했다는 말은 고기를 못 잡았다는 말입니다. 그렇다면 고기를 놓칠 뻔했다는 말은 무슨 뜻입니까? 그렇지요. 잡았다는 말입니다. 우리는 앞에서 고살자는 아예 죄사함을 받을 자격조차 없다는 사실을 배웠습니다. 그러나 우리는 비록 죄를 지었지만, 그래도 하나님께서 우리가 마귀에게 속아서 죄를 지었다는 사실을 참작해 주시니 얼마나 감사한 일입니까? 하마터면 구원을 받지 못하고 지옥에 갈 뻔했지 않습니까?

오살죄란 말 그대로 부지중에 그릇 행하여 실수로 저지른 죄를 말합니다. 하나님께서는 선악과를 먹으면 반드시 죽을 것이라고 말씀하셨음에도 불구하고, 하와는 마귀의 유혹에 대해 '너희가 죽을까 하노라' 라고 말씀하셨다고 말합니다.

하나님은 이렇듯 마귀의 꼬임에 속아 넘어가서 지은 죄를 오살죄라고 말씀하십니다. 따라서 고살자는 마귀, 오살자는 마귀에게 넘어간 사람이지요. 다시 말하자면 속인 자를 고살자라 하고, 속은 자를 오살자라고 하는 것입니다.

■ 아담을 찾아오신 하나님

• 창3:9~12 여호와 하나님이 아담을 부르시며 그에게 이르시되 네가 어디 있느냐, 이르되 내가 동산에서 하나님의 소리를 듣고 내가 벗었으므로 두려워하여 숨었나이다, 이르시되 누가 너의 벗었음을 네게 알렸느냐 **내가 네게 먹지 말라 명한 그 나무 열매를 네가 먹었느냐**, 아담이 이르되 **하나님이 주셔서 나와 함께 있게 하신 여자 그가 그 나무 열매를 내게 주므로** 내가 먹었나이다

아담이 범죄한 후에 하나님은 아담을 찾아 오셨습니다. 그리고 아담을 부르셨습니다.

"아담아, 네가 어디에 있느냐?"

"내가 벗었으므로 두려워하여 숨었나이다."

"누가 너의 벗었음을 네게 알렸느냐?"

하나님은 누가 너의 벗었음을 네게 알려줬느냐? 라고 물으십니다. 물론 아담에게 그가 벗었음을 알게 한 것은 선악과입니다. 선악과를 먹고 보니 마귀의 말대로 눈이 밝아져 보게 된 것입니다. 비록 선악을 분별하여 행할 능력은 없어도, 선악을 분별할 줄은 알게 되었다는 말이지요.

누가 그렇게 했습니까? 아담은 하와가 그렇게 했다고 대답을 합니다.

"하나님이 주셔서 나와 함께 있게 하신 여자, 그가 그 열매를 내게 주므
로 내가 먹었나이다."

■ 하와를 찾아오신 하나님

아담이 선악과를 따먹은 것이 자기의 의도가 아니었다고 변명하자, 이번
에는 하나님이 하와를 찾아오셨습니다. 그리고는 그녀에게 질문하십니다.
"네가 어찌하여 이렇게 하였느냐?"
"뱀이 나를 꾀므로 내가 먹었나이다."
하와도 아담과 같은 입장과 태도를 가지고 있습니다. 하나님께서 하와
에게 선악과를 먹은 이유를 물으시자 하와는 자기가 선악과를 먹기는 먹
었지만, 뱀이 꾀었기에 먹게 되었다는 것이지요. 자기에게 죄가 있기는
하지만, 그 죄는 뱀 때문에 발생되었다는 겁니다. 이러한 하와의 변명을
들으신 하나님은 다시 뱀을 찾아오셨습니다.

■ 뱀을 찾아오신 하나님

"네가 이렇게 하였으니 네가 모든 가축과 들의 모든 짐승보다 더욱 저주를 받아 배로 다니고 살아있는 동안 흙을 먹을지니라"

여러분, 좀 이상하지 않습니까? 지금까지 아담과 하와에게 하셨던 하나님의 질문 패턴대로라면 뱀에게도 "너는 왜 이렇게 하였느냐?"고 물으셨어야 합니다. 그러나 하나님은 뱀을 찾아 오셔서는 곧 바로 저주를 선언하십니다. 왜지요? 이제 뱀을 잡고 일을 한 마귀 외에는 더 이상 소급할 대상이 없기 때문입니다. 하나님 자신 외에는 없는 것이지요.

죄의 경로를 보면 (하나님) ⇒ (천사) / 마귀 ⇒ 하와 ⇒ 아담의 경로가 만들어집니다. 그리고 우주 공간에는 마귀 말고는 죄를 시작할 존재가 없었기 때문에 물어 볼만한 대상도 없는 것입니다. 뿐만 아니라 하나님께서 죄를 추적해 가실 때 아담부터 소급해 올라가신 것을 유념해 보십시오. 왜냐면 하나님은 죄를 추적하실 때 죄가 시작된 곳이 아니라, 죄가 끝난 곳에서부터 소급해 올라가십니다. 왜 그러셨을까요? 바로 고살죄와 오살죄를 구별하기 위해섭니다.

즉 오살죄는 변명의 여지가 있지만, 고살죄는 변명의 여지가 없다는 사실을 천명하고 계신 겁니다. 전지(全知)하신 하나님께서 이미 모든 사실을 알고 계심에도 왜 아담과 하와에게 그렇게 했느냐고 물으셨을까요? 그건 바로 자신들의 의도가 아니었다는, 즉 고의성이 없었다는 것을 드러내고자 하셨던 것이지요. 죄이긴 하지만, 어느 누구 때문에 저질러진 오살죄에 대해서만은, 다른 심판의 의도를 가지고 계신 겁니다.

전지하신 하나님은, 뱀은 고살자이기 때문에 자신의 죄를 어느 누구의 탓으로도 돌릴 수 없다는 사실을 이미 알고 계셨습니다. 그래서 뱀에게는 죄를 저지른 이유를 묻지도 않으셨습니다. 그리고 그의 고의성에 곧바로 저주를 선언하셨습니다. 그러나 오살자에게는 죄를 용서받을 기회를 허락하셨습니다. 오살자를 위하여 하나님은 도피성을 만드셨습니다. 그리고 거기서 살다가 대제사장이 죽으면 다시 자기의 산업으로 돌아갈 수 있는 기회를 허락하셨습니다.

■ 오살자에 대한 계획 / 도피성

하나님은 오살자에 대하여도 분명한 의도를 가지고 계십니다. 하나님의 방법대로 오살자를 보호해 주시겠다는 것이지요. 즉 도피성 제도를 마련해 놓으신 것입니다.

도피성 제도란, 삶의 현장에서 발생하는 제반적인 죄의 문제로부터 오살자들을 보호하기 위한 제도입니다.

> • 민35:9~11 여호와께서 또 모세에게 말씀하여 이르시되, 이스라엘 자손에게 말하여 그들에게 이르라 너희가 요단강을 건너 가나안 땅에 들어가거든, 너희를 위하여 성읍을 **도피성**으로 정하여 **부지중에 살인한 자**가 그리로 피하게 하라

도피성으로 피할 자는 부지중에 살인한 자입니다. 즉 아담과 하와처럼 유혹에 눈이 멀어 마귀에게 속아서 범죄한 자를 말하는 것이지요. 그럼 하나님은 오살자를 어떻게 심판하시는가?

죄를 용서받을 기회를 주기 위하여 도피성을 정해 놓고 그곳에 피하여 살게 하셨습니다. 그리고 보복자들로부터 신변을 보호해 주셨습니다.

해당 본문은 구약시대의 실제 생활규례이기도 했지만 영적인 하나님의 의도를 설명해 주고 있는 부분이기도 합니다. 사람이 나무를 하다가 실수로 도끼날이 빠져서 우연히 어떤 사람이 맞아서 죽었다면, 사람이 죽었으니 나무를 하던 사람은 살인자가 된 것이지요. 그럴 경우 죽은 자의 연고자는 이유를 묻지 않고 오살자를 죽이겠다고 달려올 것이고요. 이러한 상황에서 변명이 통할 리 없으니, 가나안 땅에 마련된 여섯 군데의 도피성 가운데 가장 가까운 곳으로 도망을 하라는 겁니다. 그곳에 가면 대제사장이 있을 것인데 그와 함께 도피성에서 살라는 것이지요. 이러한 경우 추격자는 도피성까지 따라오다가 오살자가 그 성으로 피하여 들어가게 되면 더 이상은 따라 들어갈 수가 없습니다. 이렇게 오살자는 도피성 안에서 보호를 받게 되는 것입니다.

• 민35:26~28 그러나 살인자가 어느 때든지 그 피하였던 도피성 지경 밖에 나가면, 피를 보복하는 자가 도피성 지경 밖에서 그 살인자를 만나 죽일지라도 피 흘린 죄가 없나니, 이는 살인자가 **대제사장이 죽기까지 그 도피성에 머물러야** 할 것임이라 대제사장이 죽은 후에는 그 살인자가 **자기 소유의 땅으로 돌아갈 수 있느니라**

구약의 사람들은 실제 이러한 규례대로 살았습니다. 오살자가 도피성에서 대제사장과 함께 머물다가 대제사장이 죽으면 자기의 산업으로 돌아갈 수가 있었습니다. 대제사장이 죽었다고 해서 오살자가 자기 산업의 땅으로 돌아간다면 보복하는 자가 가만히 둘리가 있겠습니까? 그런데 구약의 사람들은 실제 이 말씀대로 살았습니다. 어떻게 그럴 수 있을까요?

하나님의 말씀이기 때문입니다.

예수님은 이 세상에 죄인들의 죄를 사해주러 오신 대제사장입니다. 대제사장이 죽었다는 말은 대제사장이신 예수님이 우리의 죄 값을 지불하셨다는 말입니다. 죄의 값을 지불했다는 말은 이제 오살자에게는 더 이상 지불할 죄의 값이 남아 있지 않다는 말이고, 이는 더 이상 누구도 오살자에게 죄의 값을 물을 수 없다는 말이기도 합니다. 그 결과 오살자는 마음 놓고 자기 산업의 땅으로 돌아가 과거처럼 살 수 있게 된 것이지요. 죄가 없는 자가 되었으니, 보복하는 자도 어떻게 할 수가 없게 된 것이지요.

이것이 복음입니다. 당신 안에 있는 예수님은 대제사장으로서 십자가에서 죽으셨습니다. 그러므로 당신은 보복하는 자가 있는 현장으로 돌아간다 하여도 두려워할 이유가 없습니다. 왜냐면 예수님께서 여러분의 죄 값을 이미 지불하였기 때문입니다. 아무리 죽은 사람의 연고자라 할지라도 죄의 값을 두 번씩 요구할 수는 없습니다. 오살자가 지은 죄의 값은 이미 대제사장이 치뤘기 때문입니다.

③ 사망에 이르는 죄와 사망에 이르지 않는 죄

언젠가 한 성도가 이런 질문을 해왔습니다. "목사님, 세상에는 용서받을 수 있는 죄와 용서받을 수 없는 죄가 따로 있습니까?"

구약을 읽다 보면 하나님께서, 어떤 때는 사람들의 죄를 용서해 주신다고 말씀하셨다가 또 어떤 때는 절대로 용서하지 않으시겠다고도 하십니다. '죄'라는 단어만을 놓고 읽으면 이랬다저랬다 하시는 하나님처럼 보여 집니다. 그러나 그렇지 않습니다. 하나님은 다만 사탄과 같이 하나님을 대적하여 하나님과 같이 높아지려고 한 자, 아담이 죽을 것을 알면서도 고의적으로 속여 죽게 한 마귀적인 죄를 범한 고살자를 절대로 용서하지 않으시는 겁니다. 그것은 사망에 이르는 죄이기 때문입니다. 하나님은 고살자의 죄에 대해서는 용서해달라고 구하지도 말라고 엄중하게 말씀하셨습니다. 그러나 하나님은 오살죄에 대해서는 구하라고 하십니다. 예수 그리스도께서 이미 그들의 죄를 사해 놓으셨기 때문입니다.

• 왕상2:28~35에 보면 솔로몬이 왕이 된 다음에, 자신의 정적(政敵)들을 정리하는 가운데 요압을 죽이는 장면이 나옵니다. 요압은 솔로몬 왕이 자기를 죽일 것을 눈치 채고, 살아남기 위해 여호와의 장막, 즉 성막으로 도망쳐 제단 뿔을 잡았습니다. 우리는 성막을 공부할 때 성막 안에 있는 제단 뿔을 잡으면 산다고 배웠습니다. 제단 뿔은 번제단의 뿔을 말하는데, 그 뿔에는 사람이 지은 죄를 뒤집어쓰고 죽은 짐승의 피를 발라놓았기 때문입니다. 그래서 그 뿔을 잡으면 어떠한 죄라도 해결된다고 배웠습니다. 그 말은 맞습니다.

그러나 요압은 제단 뿔을 잡고서도 죽임을 당했습니다. 왜냐면 짐승의 피가 묻은 번제단의 뿔이라 할지라도 고살죄는 용서를 받을 수가 없기 때문입니다. 다시 말해 사탄적인 죄는 예수님의 피로도 용서가 안 된다는 말입니다.

요압은 다윗 왕의 누나인 스루야의 아들로서 다윗의 조카가 되는 사람입니다. 다윗은 이러한 요압을 자신의 군대 장관으로 삼았습니다. 그러나 요압은 다윗을 호위하는 군대 장관임에도 자신의 실세만 불려나갔습니다. 결국 다윗에게 위협적인 존재가 되어, 다윗 왕이 마음에 들지 않을 때마다 다윗 왕을 위협했습니다. 심지어는 다윗 왕을 속이고, 사적인 감정을 내세워 자기 마음에 들지 않는 사람을 죽이기까지 했던 인물입니다.

이런 배경에서, 다윗은 아들 압살롬이 아버지를 반역하여 전쟁을 일으켰을 때, 아들을 피하여 피난길에 올라야 했습니다. 아들과의 전쟁에서, 다윗은 비록 아버지에게 반역을 했다 할지라도 압살롬을 너무나 사랑하였기에, 절대로 압살롬을 죽이지 말 것을 명령했습니다. 그러나 요압은 그 명령을 어기고 압살롬을 죽이고 맙니다. 다윗 왕이 압살롬이 전사했다는 말을 듣고, 큰 소리를 내어 울고 있을 때, 요압이 다윗 왕에게 하는 말입니다.

• 삼하19:4~8 왕이 그의 얼굴을 가리고 큰 소리로 부르되 내 아들 압살롬아 압살롬아 내 아들아 내 아들아 하니, 요압이 집에 들어가서 **왕께 말씀 드리되** 왕께서 오늘 왕의 생명과 왕의 자녀의 생명과 처첩과 비빈들의 생명을 구원한 **모든 부하들의 얼굴을 부끄럽게 하시니**, 이는 왕께서 미워하는 자는 사랑하시며 사랑하는 자는 미워하시고 **오늘 지휘관들과 부하들을 멸시하심을**

나타내심이라 오늘 내가 깨달으니 만일 압살롬이 살고 오늘 우리가 다 죽었더면 왕이 마땅히 여기실 뻔하였나이다. 이제 곧 일어나 나가 왕의 **부하들의 마음을 위로하여 말씀하옵소서** 내가 여호와를 두고 맹세하옵나니 왕이 **만일 나가지 아니하시면 오늘 밤에 한 사람도 왕과 함께 머물지 아니할지라** 그리하면 **그 화가 왕이 젊었을 때부터 지금까지 당하신 모든 화보다 더욱 심하리이다** 하니, 왕이 일어나 성문에 앉으매 어떤 사람이 모든 백성에게 말하되 왕이 문에 앉아 계신다 하니 모든 백성이 왕 앞으로 나아오니라

다윗이 아들이 죽었다는 소식을 듣고 슬퍼하자, 요압이 다윗 왕을 찾아와 엄포를 놓습니다. 기껏 전쟁에 나가, 목숨 걸고 싸워 압살롬을 죽이고 돌아온 자신과 부하들의 마음은 왜 몰라주느냐며, 어서 일어나 나가서 부하들의 마음을 위로해 주라는 겁니다. 만약에 그렇게 하지 않으면 오늘 밤부터 당신과 함께 하는 사람은 아무도 없을 것이며, 이후에 따라오는 화는 이제까지의 인생에서 당한 고통보다도 더욱 클 것이라고 협박까지 합니다. 요압의 말은 다윗 왕에게 엄청난 위협이고 두려움이었습니다. 다윗 왕은 부들부들 떨면서 아들을 잃은 슬픔조차 제대로 표출할 수 없었습니다. 그러한 상황을 묘사한 것이 8절의 "왕이 일어나 성문에 앉으매" 입니다.

다윗 왕은 평소에도 요압과의 관계를 이렇게 고백할 정도입니다.

• **삼하3:39** 내가 기름 부음을 받은 **왕이 되었으나 오늘 약하여서** 스루야의 아들(요압)인 **이 사람들을 제어하기가 너무 어려우니** 여호와는 악행한 자에게 그 악한 대로 갚으실지로다 하니라

요압은 왕을 지키고 보호해야 할 군대 장관의 위치를 떠나, 그가 얼마나 자신의 힘을 휘두르고 위협하였으면 다윗 왕이 이런 말을 했겠습니까? 요압은 다윗 평생에 한이 맺히게 했던 사람입니다. 오죽하면 자신이 죽을 때 아들 솔로몬에게, 요압이 평안히 죽어 무덤에 내려가지 못하도록 네 지혜를 다 동원해서라도 반드시 보복해 달라고 유언을 남겼겠습니까?

• 왕상2:5~6 스루야의 아들 **요압**이 내게 행한 일 곧 이스라엘 군대의 두 사령관 넬의 아들 아브넬과 예델의 아들 아마사에게 행한 일을 네가 알거니와 그가 그들을 죽여 태평 시대에 전쟁의 피를 흘리고 전쟁의 피를 자기의 허리에 띤 띠와 발에 신은 신에 묻혔으니, 네 지혜대로 행하여 **그의 백발이 평안히 스올에 내려가지 못하게 하라**

요압이 제단 뿔을 잡고도 죽게 된 것은, 자기의 뜻을 가지고 왕을 대적했기 때문입니다.

우리의 왕은 예수님입니다. 그분은 하나님입니다. 이러한 하나님을 대적한 자가 사탄이며 이 세상에 쫓겨 온 마귀입니다. 이렇게 사탄과 같이 하나님을 대적하는 죄는 사하심을 받을 수가 없습니다. 이것은 성령님이 오신 이 시대에도 마찬가지입니다.

• 마12:31~32 그러므로 내가 너희에게 이르노니 사람에 대한 모든 죄와 모독은 사하심을 얻되 성령을 모독하는 것은 사하심을 얻지 못하겠고, 또 누구든지 말로 인자를 거역하면 사하심을 얻되 누구든지 말로 **성령을 거역하면 이 세상과 오는 세상에서도 사하심을 얻지 못하리라**

이 말씀은 예수님께서 언제 하신 말씀입니까? 예수님께서 귀신들려 눈이 멀고 말을 하지 못하는 사람을 고치셨을 때입니다. 바리새인들이 예수님께서 기적을 행하는 것을 보고 바알세불을 힘입어 그렇게 한다고 하였습니다. 그러자 예수님께서 나는 성령을 힘입어 귀신을 쫓아내고 있는 것이라고 말씀하시면서 이 말씀을 하셨습니다.

"사람들이 인자로 오신 예수님, 즉 사람의 모양을 하고 계신 예수님을 잘 몰랐을 때는 예수님이 구원자가 아니다 라고 거역할 수도 있다. 또 사람들이 짓는 죄는 대부분 마귀에게 속아서 짓는 죄이기 때문에, 그러한 모든 죄들은 사하심을 받을 수 있다. 그러나 성령을 거역하면 오고 오는 세대에서도 사하심을 받지 못할 것이다."

예수님께서 지금 성령으로 귀신을 쫓아내는 것은, 하나님의 존재 앞에 어떤 피조물도 설 수 없다는 사실을 온 천하에 천명하는 역사입니다. 이는 귀신의 우두머리인 마귀도 감히 하나님 앞에 설 수 없음을 객관적으로 보여주는 것입니다. 그런데 그 사실을 전면 부인했다는 것은, 하나님의 절대성을 부인하는 것입니다. 이는 곧 하나님을 대적하는 대역죄입니다. 이것은 사하심을 받을 수 없는 고살죄입니다. 이러한 고살죄는 사망에 이르는 죄이며, 기도를 해도 해결이 안 되는 죄입니다.

이처럼 고살죄와 오살죄는 죄라고 하는 같은 범주에 들어있으면서도, 만나려야 만날 수 없는 평행선과 같은 관계입니다. 평행선으로 뻗혀 있는 기차 레일이 언뜻 보기에는 같은 길을 가고 있는 것처럼 보여도 두 레일은 만나려야 만날 수가 없습니다. 그러니 감사하십시오. 당신은 지금 죄사함을 받고 천국에 갈 수 있는 레일을 타고 있으니 말입니다.

적용 :: 삶의 현장에서 당신을 두렵게 하는 것들은 모두 마귀가 휘둘러대는 사망의 요소들입니다. 마귀는 오살자를 향하여 온갖 사망의 요소들로 공격을 합니다. 육체의 질병, 가난, 실패 등등의 화살을 쏘아 댑니다. 그러나 예수님은 당신이 피해 있던 도피성의 대제사장이셨을 뿐만 아니라 당신을 위해 죽기까지 하셨습니다. 이제당신의 죄는 완전히 사해졌습니다. 그러므로 당신은 질병이나 가난 뿐 아니라, 당신을 괴롭혔던 어떤 현장으로도 갈 수 있게 되었습니다. 질병을 비웃으십시오. 가난을 비웃으며 가난이 있는 현장으로 가십시오. 대제사장이 죽었기 때문입니다. 이 믿음을 가지고 당신이 두려워했던 산업의 땅으로 가십시오. 다시는 당신을 위협했던 사망의 요소들이 절대로 당신에게 손대지 못할 것입니다.

기도 § 하나님, 제가 천국에 가는 레일을 타고 있음을 깨달았습니다. 이제 죄에 대해 두려워하지 않고 죄를 사하신 예수님을 보기를 원합니다. 저를 위협했던 산업의 땅에서 두려움을 이길 힘을 주신 예수님의 이름으로 기도합니다. 아멘

7. 왜 하나님은 우주 공간에 사람을 만드셨는가?

만약에 사람들이 죄를 짓지 않았다면, 그래도 하나님은 우리를 계속 이 세상에서 살게 하셨을까요?

정말 그렇다면 아주 심각하고도 다양한 문제들이 제기될 것입니다.

- 하나님은 마귀가 있는 우주 공간에 사람을 만들어 놓으셨다?

- 그리고 하나님은 마귀가 있는 공간에서 사람과 사랑의 관계를 맺고 사신다?

- 그렇다면 하나님은 마귀를 진멸하실 계획이 없으셨단 말인가?

- 아니면 하나님과 사람은 사랑의 관계 속에 있고, 마귀만 진멸하실 계획이었을까?

여러분은 이 문제를 어떻게 생각하십니까? 성경을 읽다보면 이런 원론적인 질문에 부딪히실 때가 있을 겁니다. 성경은 이러한 질문들에 대하여 분명하고 명확하게 대답하고 있습니다.

물론 위의 질문들은 모두 맞지 않습니다. 왜냐면   벧후3:7에 하나님의 분명한 계획이 기록되어 있기 때문입니다. 하나님은 반드시 이 세상과 세상의 주관자인 마귀의 세력과 그에게 속아 종노릇하며 살던 모든 사람들을 불로서 심판하시겠다고 말씀하셨습니다. 노아의 시대에 물로서 세상을 심판하셨듯이 말입니다. 그래서 지금 우리가 보고 밟는 하늘과 땅도 멸망의 날에 불사르기 위하여 보존하여 두신 것이라고 말씀하셨습니다.

그리고 • 계15:2에서는 불이 섞인 유리바다에 마귀와 추종자들을 내버려 두고. 오직 구원받은 자들만을 데리고 **빠져** 나가실 것을 말씀하셨습니다.

한 번 생각해 보십시오. 죄와는 상종도 할 수 없는 하나님이 과연 마귀 가 있는 이 세상에 계실 수가 있을까요?

일반적으로 사람들은 죄인을 구원하신 하나님의 사랑에만 앵글을 맞추 고 있습니다. 그리고 구원에만 심취해 있습니다. 물론 하나님에게는 사랑 도 있고, 죄인을 구원하실 계획도 있습니다. 그러나 전체적인 구도로 보 면 구원은 하나님의 우선 목적이 아닙니다.

하나님의 우선 목적은 하나님의 공의와 합법적인 방법으로, 마귀에게 속은 죄인을 증인으로 세워, 하나님을 대적한 마귀의 고살죄를 심판하시 려는 것입니다. 그리고 마귀의 권세가 깨트려짐으로서 죄의 문제에서 완 전히 해방된 하나님의 백성들을 하나님의 나라로 데려가 거기서 영원한 생명을 누리며 살게 하시려는 것입니다. 이처럼 '죄인 구원'의 문제는

'마귀 심판' 의 결과로 주어지는 것입니다. 마귀를 심판하여 사망권세를 깨뜨리면 마귀에게 잡혀있던 죄인은 자연히 구원되는 것이니까요.

어렸을 때 부친께서 방앗간을 하신 적이 있습니다. 일하는 사람들이 점심시간에 저 멀리에 앉아서 작은 손거울 가지고 방앗간의 큰 벽을 향해 빛을 비추면서 저에게 빛을 잡아보라고 했습니다. 그리고 그 빛을 잡아오면 과자를 사주겠다고 했습니다. 나는 이리 뛰고 저리 뛰며 그것을 잡으려 헛손질을 하였고 일꾼은 가만히 앉아서 손거울을 요리조리 흔들어댔습니다. 빛을 잡아보겠다고 허둥대는 제 모습이 재미있었던 모양입니다. 빛을 잡으려고 이리저리 뛰다보니 꾀가 났습니다. 그래서 저는 일꾼에게로 가서 손거울을 잡고 있는 그의 손을 잡아버렸습니다. 그러자 빛이 제 손 안에 들어왔습니다.

이런 이치를 위의 질문들에 대입시켜 보십시오. 구하려는 것을 잡으려고 하지 말고, 구하려는 것을 잡고 있는 그것을 잡으면 간단합니다. 왜냐면 하나님께서 마귀를 심판하시려고 세우신 계획 속에는 궁극적으로 인간 구원에 대한 깊은 의도도 포함되어 있기 때문입니다.

① 하나님의 증인

사탄은 하나님에 대해 대적한 천사장입니다. 사탄이라는 의미는 대적자라는 뜻입니다. 사탄이 정죄를 받고 마귀라는 이름으로 이 세상으로 쫓겨났습니다. 마귀는 이간자라는 의미로 하나님과 사람 사이를 이간하여 사람으로 하여금 하나님을 떠나게 하는 일을 합니다. 사탄이나 마귀는 물론 같은 영적존재이지만 하는 일의 성격은 서로 다릅니다. 우리는 일반적으로 하나님을 대적하는 일을 하면 사탄이라 하고, 어떤 관계를 이간하여 파괴하는 일을 하면 마귀라고 부릅니다.

하나님께서 마귀가 있는 곳에 사람을 창조하신 이유는 사탄을 심판하는 일에 증인으로 세우시기 위해서였습니다. 사탄은 결코 하나님 앞에 대적할만한 존재가 못 된다는 것과, 마귀는 고살자로서 오살자들이 죄를 짓도록 만든 모든 죄의 근원자라는 사실을, 하나님이 지으신 모든 피조물 앞에서 객관적으로 증명하기를 원하셨던 겁니다.

구약에 기록된 모든 재판의 규례는 하나님께서 만드신 하나님의 법입니다. 물론 이 중에는 증인에 대한 규례도 있습니다. 객관적 증명에는 증인이 있어야 합니다. 그런데 피해 당사자는 증인이 될 수가 없습니다.

• 민35:30   사람을 죽인 모든 자 곧 살인한 자는 증인들의 말을 따라서 죽일 것이나 **한 증인의 증거만 따라서 죽이지 말 것이요**

• 신19:15   사람의 모든 악에 관하여 또한 모든 죄에 관하여는 한 증인으로만 정할 것이 아니요 **두 증인의 입으로나** 또는 **세 증인의 입으로 그 사건을 확정할 것이며**

죄를 확정할 때는 두세 증인의 증언이 필요하다는 것입니다. 이것은 하나님의 법입니다. 하나님은 자신이 세우신 기준에 따라 마귀를 심판하시고 진멸하시는 것입니다.

■ 뱀과 전갈을 밟을 권세

• 눅10:19 내가 너희에게 뱀과 전갈을 밟으며 원수의 모든 능력을 제어할
권능을 주었으니 너희를 해칠 자가 결코 없으리라

예수님께서 이 땅에 오셔서 마귀의 권세를 깨뜨리셨습니다. 그리고 예수님의 제자들에게도 똑같은 능력을 주셨습니다. 예수님께로부터 능력을 받은 이후 제자들은 권능을 가지고 전도현장으로 파송되었습니다.

• 눅10:17 칠십 인이 기뻐하며 돌아와 이르되 주여 주의 이름이면 귀신들도 우리에게 항복하더이다

제자들은 전도 현장에서 예수이름으로 귀신들에게 항복을 받아냈습니다. 예수 이름으로 뱀과 전갈을 밟아보니 밟히더라는 것입니다. 예수 이름은 하나님 아버지의 이름입니다. • 요17:11에서 예수님은 '내게 주신 아버지의 이름' 이라고 했습니다. 예수님의 이름은 예수입니다. 그에게 아버지는 아버지의 이름을 주셨다는 것입니다. 아버지의 이름으로 뱀과 전갈을 밟는 사람들은 뱀과 전갈이 결코 아버지의 이름 앞에 필적할 수 없다는 사실에 대한 증인이 되었습니다. 바울도 이 일의 증인이었습니다.

• 행16:18 바울이 심히 괴로워하여 돌이켜 그 귀신에게 이르되 예수 그리스도의 이름으로 내가 네게 명하노니 그에게서 나오라 하니 귀신이 즉시 나오니라

여러분도 예수님의 이름으로 귀신을 쫓아본 적이 있습니까? 만약 그랬다면 당신은 분명 하나님의 자녀요 증인의 자격까지 갖춘 택함을 입은 하나님의 종입니다.

> • 사43:10~12 나 여호와가 말하노라 **너희는 나의 증인**, 나의 종으로 택함을 입었나니 이는 너희가 나를 알고 믿으며 내가 그인 줄 깨닫게 하려 함이라 나의 전에 지음을 받은 신이 없었느니라 나의 후에도 없으리라, 나 곧 나는 여호와라 나 외에 구원자가 없느니라, 내가 알려 주었으며 구원하였으며 보였고 **너희 중에 다른 신이 없었나니 그러므로 너희는** 나의 증인이요 나는 하나님이니라 여호와의 말씀이니라

이 말씀은 이스라엘 백성들을 바벨론에서 구출해 내실 때 하셨던 말씀입니다. 하나님께서 자신의 택하신 백성을 구하시려고 마귀의 권세를 깨뜨리고 그 손아귀에서 하나님의 사람들을 빼내셨습니다. 그리고 이 사건의 현장에 있던 사람들에게 일러 가로되 “이 일에 너희가 나의 증인이 되도록 택함을 입었다”고 말씀하십니다. 하나님께서 마귀의 상징인 바벨론을 멸망시키는 현장을 보고 그 일에 대한 증인이 되라고 뽑아 세운 사람이라는 말씀입니다. 하나님은 이일을 통하여 세상에 구원자는 오직 나 여호와 한 분뿐임을 천명하셨습니다. 증인에 대한 말씀은 사도행전에도 기록되어 있습니다.

> • 행1:8 오직 성령이 너희에게 임하시면 너희가 권능을 받고 예루살렘과 온 유대와 사마리아와 땅 끝까지 이르러 **내 증인이 되리라** 하시니라

성령이 임한 사람들에게는 권능이 따른다고 했습니다. 그리고 권능을 받은 사람들은 가는 곳마다 예수님의 증인이 될 것이라고 했습니다. 왜냐면 예수 이름으로 모든 뱀과 전갈들이 밟힐 것이기 때문입니다. 예수님은 성령이 임한 모든 사람들이 예수님의 증인으로 살기를 원하셨습니다.

당신은 예수님의 이름으로 구원을 받은 사람입니다. 성령도 받은 사람입니다. 하나님은 그런 당신에게 어떤 기대를 갖고 계실까요? 그렇습니다. 예수님의 증인으로 살기를 바라십니다. 당신의 환경에서 당신을 옭아매는 뱀과 전갈이 있다면 예수님의 이름으로 밟으십시오. 예수님의 이름이 모든 마귀 권세를 밟는 권능의 이름이라는 것을 선포하며 사는 삶, 그것이 곧 살아계신 예수님을 증거 하는 증인으로서의 삶입니다. 이것은 곧 우리를 향하신 하나님의 뜻을 이루어 드리는 것입니다.

하나님은 이런 목적을 가지고 마귀가 있는 우주 공간에 사람을 만들어 놓으셨습니다.

예수님을 믿는 당신의 인생길에 원치 않는 장애물들이 있을 수 있습니다. 그러나 하나님은 그러한 것들을 밟을 수 있는 권세도 주셨습니다. 하나님은 당신을 온실 속의 화초처럼 양육하시는 분이 아닙니다. 온상에서 자란 화초는 향기를 품어내지 못합니다. 하나님은 당신을 눈보라치는 광야에서 훈련시키시는 분입니다. 모진 풍파를 이겨내고 봄을 맞이하는 설중매를 보십시오. 그 향이 얼마나 그윽하고 좋습니까? 아가서의 기록을 보십시오. 솔로몬 왕이 왜 예루살렘의 얼굴이 하얗고 예쁜 여자들을 내버려 두고, 술람미라는 촌 동네의 이름도 없는 검둥이 여인을 사랑했다고 생각하십니까?

• 아1:5~8 예루살렘 딸들아 **내가 비록 검으나 아름다우니** 게달의 장막 같을지라도 솔로몬의 휘장과도 같구나 **내가 햇볕에 쬐어서 거무스름할지라도** 흘겨보지 말 것은 내 어머니의 아들들이 나에게 노하여 포도원지기로 삼았음이라 나의 포도원을 내가 지키지 못하였구나 내 마음으로 사랑하는 자야 네가 양 치는 곳과 정오에 쉬게 하는 곳을 내게 말하라 내가 네 친구의 양 떼 곁에서 어찌 얼굴을 가린 자 같이 되랴 여인 중에 어여쁜 자야 네가 알지 못하겠거든 양 떼의 발자취를 따라 목자들의 장막 곁에서 너의 염소 새끼를 먹일지니라

• 아1:6에 그 답이 나옵니다. 술람미 여인의 얼굴이 검게 탄 것은 햇볕을 쬐었기 때문입니다. 햇볕에 탔다는 말은 세상을 살면서 이기고 겪어낸 환란을 말합니다. 그 가치를 귀하게 여겼던 것입니다. 하나님은 우리가 세상의 환란 가운데서도 예수님의 이름으로 승리하여 그 이름의 절대성을 증거 하기를 바라고 계십니다.

혹시 당신은 당신에게 뱀과 전갈을 밟을 권세를 주셨음에도 불구하고, 뱀과 전갈이 당신을 향해 노려볼 때마다 '왜 예수를 믿는 나에게 뱀과 전갈이 있어?' 라고 원망을 하거나 불평을 하지는 않습니까? 하나님께서 우리의 환경 속에 뱀과 전갈을 주신 이유는 예수님의 이름으로 그걸 밟고 이겨내라고 주신 것입니다. 광야와 같은 세상 속에서 예수님의 이름만이 힘이고 능력인 것을 증거하며 살라고 주신 것입니다.

우리는 모두 하나님의 증인입니다. 하나님은 당신을 하나님의 증인으로 세워 하나님 앞에서는 감히 대적할 자가 없으며 오직 하나님만이 만물을 다스리시는 통치자로서 영광을 받으실 분임을 증거 하라고 마귀가 있

는 이 땅에 우리를 보내셨습니다.

■ 속아서 먹은 선악과

• 딛3:3 우리도 전에는 어리석은 자요 순종하지 아니한 자요 **속은 자**요 여러 가지 정욕과 행락에 종노릇 한 자요 악독과 투기를 일삼은 자요 가증스러운 자요 피차 미워한 자였으나

• 요8:44 너희는 너희 아비 마귀에게서 났으니 너희 아비의 욕심대로 너희도 행하고자 하느니라 그는 **처음부터 살인한 자**요 진리가 그 속에 없으므로 진리에 서지 못하고 거짓을 말할 때마다 제 것으로 말하나니 이는 그가 **거짓말쟁이요 거짓의 아비**가 되었음이라

마귀는 속이는 자요, 사람은 그에게 속은 자입니다. 마귀는 의도적으로 하와를 속여 아담까지 넘어뜨렸습니다. 그런데 재미있는 것은 마귀에게 직접 속은 자만이 마귀의 죄 몫을 정확히 증거할 수 있다는 사실입니다. "저 마귀가 나를 고의적으로 살인한 고살자요, 나를 속인 거짓의 아비요, 나로 죄를 짓게 만든 장본인입니다."

하나님은 이처럼 마귀가 범죄한 자라는 사실에 대해 심판하기 위하여 사람을 증인으로 세우셨습니다. 오살자로 하여금 고살자를 고발하도록 세우셨다는 말씀입니다. 그래서 하나님은 우리가 이미 보았듯이 아담과 하와를 거쳐 뱀에게 이르기까지 죄를 역 추적하셨던 것입니다. 하나님은 이처럼 합법적인 근거를 가지고 마귀를 심판하고 진멸하시는 분입니다.

② 생명의 찬양자

천사장이 올리는 찬양에 과연 생명력이 넘쳤을까요? 혹자는 하나님은 하필 마귀가 있는 공간에 사람을 만들어 놓으시고 어떻게 사람들의 찬양을 받기를 원하실 수가 있는가? 라고 질문합니다. 찬양이란 기쁘고 감사할 때 비로소 부를 수 있는 것이 아니냐는 것이지요.

그 말도 맞습니다만, 다 맞는 말은 아닙니다. 물론 찬양이란 감사가 넘치고 기쁠 때 하나님께 영광을 돌려드리려고 부르는 노래임에는 틀림이 없습니다. 그러나 우리가 보다 깊은 영혼의 찬양을 드릴 수 있는 이유는, 하나님은 나를 창조하신 창조주요 나는 그의 피조물이라는 사실만으로도 충분합니다.

물론 천지창조 이전에 하나님은, 이미 천사들로부터 찬양을 받고 계셨습니다. 그렇다면 그때에 천사들이 하던 찬양에도 생명력이 넘치고 있었을까요? 논리적으로 보면, 그때 하나님을 찬양하던 천사들은, 아직 죄가 없었으므로, 죄의 삯으로 존재하는 사망에 대하여 전혀 무지했습니다. 그러니 사망을 모르는 자가 어찌 생명의 찬양을 할 수가 있었겠습니까?

• 겔28:13에 보면 하나님은 소고와 비파를 만들어 놓으시고 그 악기를 다룰만한 사역자가 필요했습니다. 그래서 찬양 사역을 맡은 천사를 세우시고 그들에게 충족한 지혜와 온전히 아름다운 모습을 입히셨습니다.

• 히1:5 하나님께서 어느 때에 천사 중 누구에게 너는 내 아들이라 오늘 내가 너를 낳았다 하셨으며 또 다시 나는 그에게 아버지가 되고 그는 내게 아들이 되리라 하셨느냐

　　그러나 하나님은 천사에게 하나님의 자녀라는 신분을 주신 적이 없을 뿐만 아니라 그러한 계획도 없었습니다. 천사는 그야말로 하나님의 사자일 뿐, 하나님과 생명의 관계는 아닙니다. 그저 그들은 주어진 악기를 테크닉으로 연주하며 하나님을 찬양하였을 것입니다. 뿐만 아니라 그들에게는 하나님의 생명이 없었기 때문에, 하나님을 대적하는 죄를 짓게 되었습니다. 그들은 죄를 짓고 우주 공간으로 추방되고 난 후에야, 비로소 죄의 삯이 사망이요, 그 결과는 지옥으로 떨어진다는 사실을 알게 된 것이지요.

　　하나님은 이런 공간에 사람을 만들어 놓으셨습니다. 사람 또한 죄에 빠져, 결국 지옥에 갈 수밖에 없게 되었으나, 하나님은 인생들을 살려주시기 위하여, 예수님을 통한 구원을 계획하셨습니다. 죄의 삯으로 사망을 경험한 우리 영혼은, 하나님께 대적하면 지옥에 떨어지게 되고, 그 둘째 사망이 얼마나 끔찍한 일인가에 대해서, 너무나 잘 알게 되었습니다. 이러한 경험을 한 자들은, 다시는 하나님을 대적하는 일이 없을 것이고, 비로소 하나님께 생명의 찬양을 할 수 있게 된 것입니다. 하나님은 이스라엘 백성들을 애굽에서 건져내실 때 모세로 하여금 노래를 만들고, 미리암에게는 소고를 치며, 백성들로 하여금 노래를 부르게 하셨습니다. 바로 구원의 노래입니다.

• 출15:1　이 때에 모세와 이스라엘 자손이 이 노래로 **여호와께 노래하니** 일렀으되 내가 여호와를 찬송하리니 그는 높고 영화로우심이요 말과 그 탄자를 바다에 던지셨음이로다

이 말씀은 이스라엘 백성들이 애굽과 홍해라는 사망의 늪에서 빠져 나오며 부른 노래입니다. 하나님은 이스라엘 백성들의 눈앞에서 애굽의 군대가 홍해에 빠져 죽는 장면을 보여주셨습니다. 그리고 그 장면을 보면서 이스라엘 백성들은 유유히 홍해를 마른땅처럼 밟고 빠져나가게 하셨습니다. 이 노래는 홍해라는 절박한 상황, 생과 사의 갈림길에서 생명을 건진 사람들이 불렀던 노래입니다. 그러니 이들의 노래가 얼마나 감격적이겠습니까? 사망도 모르고 불렀던 천사장의 노래보다, 사망에서 건져주신 하나님을 향해 부르는 이들의 찬양에 생명력이 넘쳐났을 것은 짐작하고도 남을 일이 아닙니까? 생명의 찬양은 이처럼 거듭남을 경험한 하나님의 자녀만이 부를 수 있습니다. 이렇게 생명의 찬양을 부르도록 지음 받은 사람이, 바로 거듭난 나입니다.

• 사43:21 이 백성은 내가 **나를 위하여 지었나니 나를 찬송하게 하려 함이**니라

이 말씀은 바벨론에서 죄의 대가를 치루고, 바벨론을 빠져 나오는 이스라엘 백성들을 향하여 하신 말씀입니다. 이러한 역사적 사실은, 또한 천국에서 되어 질 일을 보여주는 강한 메시지입니다. 하나님이 찬송을 받기 위하여 지으신 백성이라면, 왜 바벨론에 포로로 끌려가게 하셨으며, 왜 죄를 짓게 하셨는가에 대해서는, 이제까지 앞에서 설명하였습니다. 하나님께서 하나님의 자녀인 우리를, 마귀가 있는 우주 공간에 만들어 놓으신 이유와 같은 뜻으로 이해를 하면 됩니다.

그렇다면 바벨론에서 죄의 대가를 치르고 나온, 이스라엘 백성들이 부르는 찬송은 어땠을까요?

그들은 사망이 무엇인지, 죄의 대가가 무엇인지에 대하여, 바벨론의 무덤에서 처절하게 깨달았을 것입니다. 그런 참혹한 생활을 청산하고 이제 70년 만에 본향으로 돌아가게 되었습니다. 신앙의 자유조차 없던 포로생활에서 풀려, 다시 하나님을 찬양할 기회가 주어졌다는 사실이, 그들에게 얼마나 감격스럽고 감사했겠습니까? 그들은 실로 생명이 넘치는 감사로 하나님을 찬양하였을 것입니다.

우주 역사의 마지막 때에도 마찬가지입니다. 우주공간은 불이 섞인 유리바다로 변할 것입니다. 불타는 불 못의 참혹한 공간을 빠져나간 자들이, 불이 섞인 유리바다 가에 서서 모세의 노래, 어린 양의 노래를 부르게 될 것입니다.

> • 계15:2~3 또 내가 보니 **불이 섞인 유리 바다** 같은 것이 있고 짐승과 그의 우상과 그의 이름의 수를 **이기고 벗어난 자들이 유리 바다** 가에 서서 하나님의 거문고를 가지고, 하나님의 종 **모세의 노래, 어린 양의 노래**를 불러 이르되 주 하나님 곧 전능하신 이시여 하시는 일이 크고 놀라우시도다 만국의 왕이시여 주의 길이 의롭고 참되시도다

모세의 노래는 구원의 노래입니다. 출애굽 시에 홍해에 빠져죽는 애굽 군의 시체를 보면서, 사망의 바다를 건너면서 불렀던 노래입니다. 모세의 노래나 어린 양의 노래는 그 의미가 같습니다. 어린 양의 노래는 예수로 말미암아 구원받은 자들이 불이 섞인 유리바다 속에 갇혀있는 마귀와 악

한 영들과 불신자들의 영혼이 고통당하는 것을 보면서, 그곳을 빠져나와 유리 바다 가에 서서 부르는 구원의 노래인 것입니다. 그 얼마나 감격적이겠습니까?

하나님은 우리가 부르는 생명의 찬양을 원하십니다. 그래서 하나님은 우리를 찬양의 사역자로 세우셨습니다. 사망을 경험하고 그곳에서 빠져나온 자만이 부를 수 있는 노래, 하나님은 우리에게 이 노래를 부르게 하시려고 마귀가 있는 이 세상에 우리를 만드셨습니다.

혹시 시인 송명희씨를 아십니까? 그녀는 뇌성마비환자로 심한 언어장애가 있습니다. 한 번은 세미나에서 강연을 하던 그녀가, 자신의 말을 통역해주는 어머니를 통해, 이 세미나에 참석한 사람들에게, 찬양을 들려주겠다고 말했습니다. 말도 제대로 못하는 그녀가 괴성에 가까운 소리를 질렀습니다. 무슨 내용을 노래하는 것인지 알아들을 수도 없었습니다. 그럼에도 청중 대부분은 감동의 눈물을 흘렸습니다. 그러나 결코 동정의 눈물이 아니었습니다. 그녀가 혼신의 힘을 다해 영혼을 울리는 찬양을 했을 때, 참석한 청중 모두는 영혼 깊은 데서부터 우러나오는, 생명의 노래를 들었습니다. 그 소리가 청중의 심금을 울렸던 것입니다.

여러분, 사람은 외모를 보지만 하나님은 중심을 보십니다. 하나님은 훌륭한 목소리를 귀하게 보시지 않고, 훌륭한 목소리를 내는 생명을 더 고귀하게 여기십니다.

하나님을 찬양하십시오. 생명의 찬양을 하십시오. 하나님은 이것을 받으시려고 우리를 만드셨습니다. 이스라엘 백성들을 바벨론에서 빼내어 본향으로 보내실 때, 그들로 하여금 하나님을 찬송하게 하려고, 그들을 지으셨다고 말씀하셨습니다. 하나님은 거듭난 나를, 보좌 측근에 앉히시고, 나로 하여금 생명의 찬양을 부르게 하길 원하십니다. 영원한 본향 천국을 바라보며, 이 땅에서도 생명의 찬양을 할 수 있는 사람이 진정 복된 사람입니다.

적용 :: 당신의 삶의 현장에 고통스러운 문제가 있습니까? 그것 때문에 당신은 실망하거나 불평하고 있습니까? 뱀과 전갈 앞에서 그것들로 인하여 푸념을 한다면 뱀과 전갈을 밟을 수 있는 권세는 아무런 의미가 없을 것입니다. 뱀과 전갈이 다가올 때 당신은 오히려 당신에게 있는 권세 때문에 흥분해야 할 것입니다. 전쟁을 피하는 군인은 용사가 아니기 때문입니다. 당신 안에 있는 권능으로 말미암아 뱀과 전갈을 바라보는 태도를 바꾸십시오. 이러한 영적 태도는 금보다도 귀한 것입니다.

기도 § 하나님, 왜 제게 뱀과 전갈을 밟을 권세를 주셨는지 알았습니다. 이제 환경을 원망하지 않고 믿음의 눈으로 보면서 광야를 통과하겠습니다. 어떠한 환경에서도 생명의 찬양을 부르며 증인의 삶을 살게 해주신 예수님의 이름으로 기도합니다. 아멘

3 부

어떻게 거듭납니까?
1차 구원(얻은 구원)

　유초등부 전도사님의 부탁을 받고 어린 학생들에게 설교를 한 적이 있습니다. 어린학생들에게 '구원'이라는 주제를 가지고 설교를 하는데 어떻게 해야 알아듣기 쉬울까 고민하다가 다음과 같은 내용으로 메시지를 전했습니다.

　구원은 병든 것이 낫는 것, 가난한 자가 부자가 되는 것, 원수가 친구가 되는 것, 지옥에 가야 할 자가 천국에 가는 것, 이처럼 '구원은 나쁜 것이 좋게 되는 것'이라고 가르쳤습니다.

　1년 뒤 다시 설교할 기회가 있어 아이들에게 물어보니 그대로 암송할 정도로 기억하고 있었습니다.

　그렇습니다. 구원은 삶의 매듭들이 풀어지는 것입니다. 그런데 그러한 구원에는 지옥에 가야할 자가 천국에 가는 기본적인 구원, 영적인 구원이 있습니다. 이러한 구원은 이미 믿는 자들은 다 받은 것입니다. 그래서 성경은 그러한 구원을 얘기할 때는 이미 이루어진 사건이기에 과거로 표현하고 있습니다. 그러나 그러한 자가 살아가면서 예수님의 이름으로 해결해 나가야 할 많은 문제들이 있습니다. 이러한 구원은 육적인 구원이며 그렇게 문제를 해결해 나가는 삶의 모습은 현재이기에 현재로 표현하고 있으며, 주님 재림 시에는 모든 것이 완성될 것입니다. 눈물도 없고 애통함도 없는 영원한 천국으로 믿는 자들을 데리고 가실 것입니다. 그래서 그러한 구원은 미래 시제로 표현하고 있습니다.

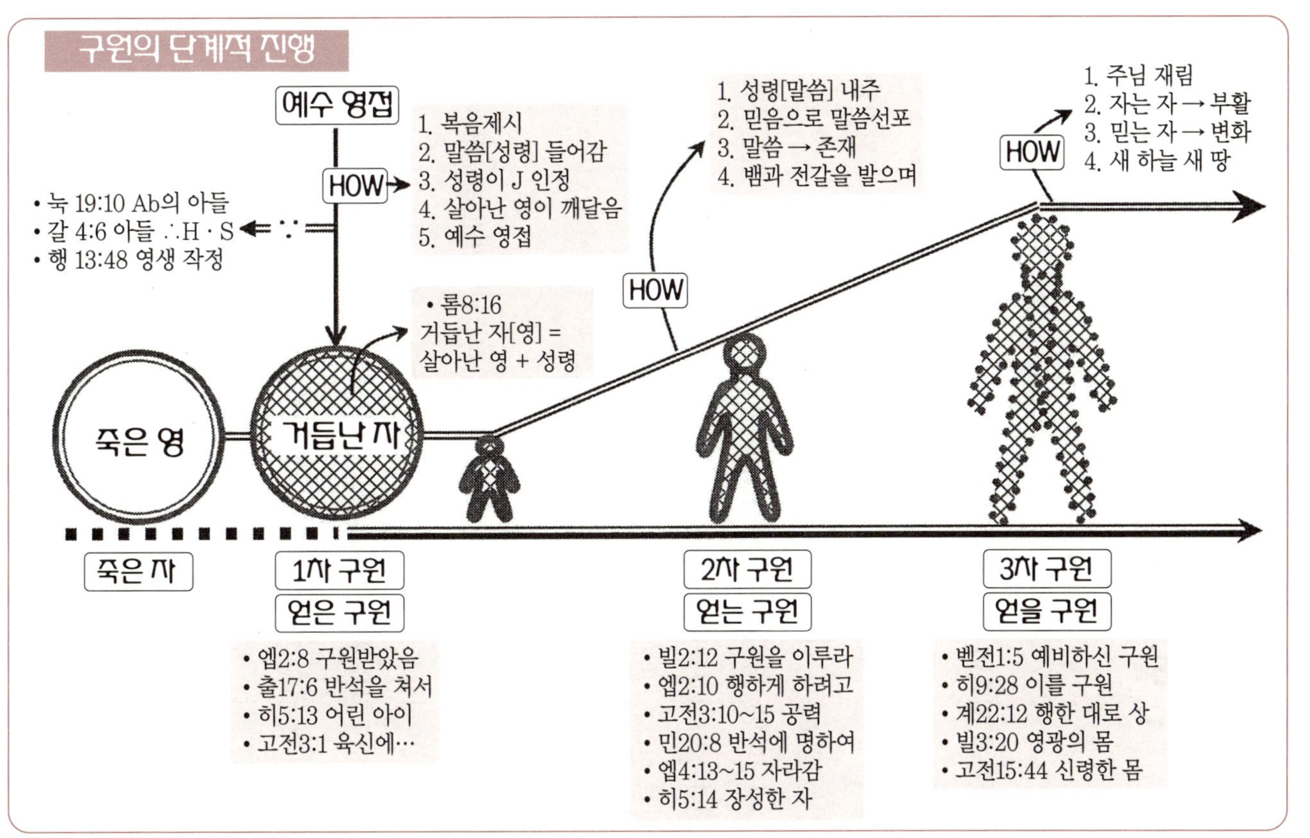

구원의 단계적 진행
예수 영접
HOW
• 눅 19:10 Ab의 아들
• 갈 4:6 아들 ∴H·S
• 행 13:48 영생 작정
1. 복음제시
2. 말씀[성령] 들어감
3. 성령이 J 인정
4. 살아난 영이 깨달음
5. 예수 영접
• 롬8:16
거듭난 자[영] =
살아난 영 + 성령
1. 성령[말씀] 내주
2. 믿음으로 말씀선포
3. 말씀 → 존재
4. 뱀과 전갈을 밟으며
HOW
1. 주님 재림
2. 자는 자 → 부활
3. 믿는 자 → 변화
4. 새 하늘 새 땅
HOW
죽은 영
거듭난 자
죽은 자
1차 구원
얻은 구원
• 엡2:8 구원받았음
• 출17:6 반석을 쳐서
• 히5:13 어린 아이
• 고전3:1 육신에…
2차 구원
얻는 구원
• 빌2:12 구원을 이루라
• 엡2:10 행하게 하려고
• 고전3:10~15 공력
• 민20:8 반석에 명하여
• 엡4:13~15 자라감
• 히5:14 장성한 자
3차 구원
얻을 구원
• 벧전1:5 예비하신 구원
• 히9:28 이를 구원
• 계22:12 행한 대로 상
• 빌3:20 영광의 몸
• 고전15:44 신령한 몸

1. 영적 구원, 육적 구원

누군가 믿음이 있는 여러분에게 "당신은 구원을 받았습니까?"라고 묻는다면 어떤 대답을 하시겠습니까? "그렇다."고 대답하셨을 줄로 압니다. 왜냐면 • 엡2:8에 "너희는 그 은혜에 의하여 믿음으로 말미암아 구원을 받았으니"라고 했기 때문입니다.

그렇다면 "당신은 지금 구원을 이루고 있습니까?"라고 질문하면 어떤 대답을 하시겠습니까? '구원은 한 번 받았으면 됐지, 무슨 이루는 구원이 따로 있다는 말인가?' 라는 생각이 드셨나요? 그러나 성경은 분명히 • 빌2:12에서 "항상 복종하여 두렵고 떨림으로 너희 구원을 이루라"고 말씀하고 있습니다.

만약 "당신은 앞으로 구원을 얻을 수 있습니까?"라고 질문한다면 어떻게 대답하시겠습니까?

'이미 구원을 받았다고 하더니 이제는 받은 구원을 이루어 가라 그래놓고 이번에 다시 구원을 얻어야 한다고? 무슨 구원이 이렇게도 복잡하단 말인가?' 라는 의문이 생기셨을 줄 압니다. 이번에도 성경은 • 마24:13에서 "끝까지 견디는 자는 구원을 얻으리라"고 말씀하고 있습니다.

저는 위의 말씀을 근거로 하여 하나님이 일방적으로 우리를 죄에서 불러주신 것을 1차 구원이라고 하고, 이 세상에서 상급을 받도록 구원을 이루어가는 것을 2차 구원, 끝까지 견디는 자에게 주신다고 약속하신 구원을 3차 구원이라고 분류하여 설명해 보겠습니다.

구원에 무슨 1차가 있고, 2차가 있느냐고 생각하실 수도 있겠습니다만, 이해를 돕기 위해 부득불 설정해 보았으니 양해를 구하며, 지금부터 구원의 개념을 함께 정리해보도록 하겠습니다.

우리가 하나님께로 다시 돌아가는 문제에 있어서 가장 중요한 것은, 바로 예수님의 존재입니다. 왜냐면 예수님이 아니고는 하나님이 계신 천국으로 돌아갈 수 없다고 성경이 말씀하고 있기 때문입니다.

- 요14:6 예수께서 이르시되 내가 곧 길이요 진리요 생명이니 나로 말미암지 않고는 아버지께로 올 자가 없느니라

예수님이 이 땅에 오신 것은 우리를 천국에 데려가시기 위해서입니다. 그렇다면 단지 나를 천국으로 데려가는 것만을 목적으로 이 땅에 오셨을까요? 그렇지 않습니다. 예수님은 우리가 이 땅에서도 천국에서와 같은 하나님의 풍성함을 누리게 하시려고 오신 분입니다. 이와 같은 사실을 성경은 상세히 말씀하고 있습니다.

- 사53:5~6 그가 찔림은 우리의 **허물 때문**이요 그가 상함은 우리의 **죄악 때문**이라 그가 징계를 받으므로 우리는 **평화**를 누리고 그가 채찍에 맞으므로 우리는 **나음**을 받았도다, 우리는 다 양 같아서 그릇 행하여 각기 제 길로 갔거늘 여호와께서는 우리 모두의 죄악을 그에게 담당시키셨도다

예수님은 인생들이 이 땅에서 겪는 모든 문제를 단번에 해결하셨고, 이미 모든 값을 지불해 놓으셨습니다. 예수님이 찔려 상하신 것은 우리의 허물과 죄 값을 치르기 위함이라고 했습니다. 이것은 구원의 문제를 해결하신 것을 말합니다. 예수님의 찔리심과 상하심 때문에 우리의 모든 죄와 허물은 사함을 받았고 이 사실을 믿는 우리는 모두 천국에 갈 수 있습니다.

예수님이 징계를 받으신 것은 우리로 하여금 평화를 누리게 하시기 위해서입니다. 우리는 살면서 너무나 마음 아픈 일을 많이 경험하게 됩니다. 자존심이 상하는 일이 얼마나 많은지 모릅니다. 이러한 속상한 마음에 평화를 주시려고 예수님께서 모멸감을 받으시는 징계를 당하셨습니다. 이것은 혼적 구원을 말합니다.

예수님이 채찍에 맞으신 것은 우리의 질병을 낫게 하기 위해서입니다. 아무리 우리가 아프다 할지라도, 예수님께서 채찍에 맞으시는 고통보다는 크지 않을 것입니다. 예수님은 이미 우리가 질병으로 인해 치러야 할 모든 육체적 고통을 가져가셨기 때문에, 우리의 질병이 깨끗이 나음을 얻었습니다. 바로 우리 모두가 육적인 구원을 얻은 증거입니다.

성경은 예수님께서 십자가에서 달리심으로 우리가 얻는 혜택에 대하여 구체적으로 말씀하고 있습니다. 먼저는 죄와 허물, 그리고 마음의 평화, 그리고 육체적 질병의 치료, 이렇게 세 가지입니다. 이것을 통전적인 구원이라고 합니다. 예수님은 우리가 살면서 겪게 될 세 가지의 큰 문제를 해결하시기 위하여 오신 분입니다. 그래서 죄는 우리가 졌는데, 대가는 예수님이 치르신 것입니다.

그렇다면 죄와 허물로부터의 구원은 무엇인가? 이것은 영적인 구원을 말합니다. 그럼 불안으로부터의 구원은 무엇인가? 혼적인 영역이기는 하지만 설명하기 쉽도록 육적인 구원에 포함시키도록 하겠습니다. 그렇다면 육체의 질병으로부터의 구원은 무엇인가? 그것 또한 육적인 구원을 말합니다.

예수님의 십자가는 이처럼 영적인 구원과 육적인 구원 모두를 포함하고 있습니다. 예수님께서는 십자가를 지시기 전에 심문을 받으시며 혹독한 채찍에 맞으시고 수치와 조롱을 당하셨습니다. 그리고 마침내 벌거벗긴 채 십자가에 달리셨습니다. 예수님께서 십자가에 달리신 사건은 우리가 땅에서 당하는 육체의 질병과, 마음의 불편과, 천국 가는 데에 걸림돌이 되고 있는 모든 죄와 허물을 다 포함하고 있습니다. 그래서 영적인 구원만을 주장하는 것은 마치 지폐의 한 면만을 설명해 놓고 그것이 지폐의 전부인 것처럼 주장하는 것과 다름이 없습니다.

예를 들어 어떤 사람이 만 원짜리 지폐 한 장을 들고 그 돈에 대해 설명을 하고 있습니다. "여기에 세종대왕의 화상이 그려져 있습니다. 그리고 한국은행이라는 글씨도 적혀있습니다. 뿐만 아니라 중앙 아랫부분에는 한국은행 총재라고 적혀있고 인장도 찍혀있습니다. 색깔은 전체적으로 파란 색깔이며 왼쪽 하단에는 아라비아 숫자로 10000이라고 씌어있습니다. 뿐만 아니라 이중 복제를 막기 위해 오른쪽 하단에는 이 지폐의 고유 번호가 찍혀있습니다. 보십시오, 오른쪽 상단에는 10000이라는 숫자가 아래쪽으로 뉘어서 씌어있습니다. 아주 정교하지요?"

여러분은 지금 이 사람의 설명이 어떻게 들리십니까? 만 원짜리 지폐에 대해서 이 사람처럼 정확하게 말하는 사람이 없는 것처럼 들리셨을 겁니다. 그러나 이 사람은 영악하게도 이 지폐의 뒷면을 설명하지 않고 있습니다. 이 사람은 지폐의 앞면만을 설명했습니다. 그러나 그가 설명한 앞면에 대한 내용은 너무나도 정확하고 맞는 말입니다. 이제 그가 말하지 않은 뒷면을 보도록 합시다. 뒷면을 돌려 보았더니, 거기에 파란 바탕에 천체관측기구인 혼천의가 그려져 있지 않고, 빨간 바탕에 엉뚱한 측우기가 그려져 있다면, 그럼 어떻게 되는 거지요? 그렇습니다. 위조지폐가 되는 것입니다. 이렇게 일부 이단종파들은 마치 지폐의 앞면만을 설명하듯 하나님이 주시는 구원의 사건을 영적인 구원만 있는 것처럼 말하고 있습니다. 그들은 분명 반쪽만을 말하고 있습니다. 알고도 말하지 않는지, 아니면 몰라서 말하지 않는지는 모르겠지만, 들어보면 맞는 말 같은데, 결과는 엉뚱한 길로 가고 있습니다.

KEY 예수님의 십자가로 이루어진 구원에는 영, 혼, 육의 구원 모두가 들어있다.

적용 :: 예수님의 십자가에는 영적인 구원과 육적인 구원 모두 들어 있습니다. 영적인 구원으로 당신은 천국에 가게 되어 있습니다. 천국에 가게 되어 있는 당신이, 이제 이 땅에서 육적인 구원을 이루어 가는 것을 하나님은 기대하고 계십니다. 그것 때문에 예수님께서 십자가에서 죽으셨기 때문입니다. 그러므로 어떤 문제를 만나던지 하나님께는 항상 해결책이 있음을 기억하십시오. 문제의 크고 작음을 따지지 말고, 모든 문제를 해결 받으려는 태도를 가지십시오.

기도 § 하나님, 예수님 달리신 십자가에 영적인 구원과 육적인 구원 모두가 들어 있음을 깨닫습니다. 찔리시고 상하심으로 천국 가는 영적구원을 이루시고, 채찍에 맞으심으로 질병 치료라는 육적 구원을 이루신 예수님의 이름으로 영육간의 모든 부요를 누리게 하시니 감사합니다. 이 모든 것을 이루어 놓으신 예수님의 이름 으로 기도합니다. 아멘

2. 어둠에서 불러내다

여러분은 아브람의 실수로 인한 결과를 그의 후손들이 받았다는 말이 맞다고 생각하십니까?

출애굽은 우리에게 너무나 익숙한 사건입니다. 그러나 알기는 아는데 좀 궁금한 부분이 있습니다. 하나님은 이스라엘 백성들을 두고 '내가 택한 나의 백성'이라고 말씀하셨습니다. 그렇다면 하나님께서 왜 자신의 백성들이 애굽에서 종살이를 하도록 방치해 두셨던 걸까요?

처음 이스라엘 백성이 애굽에 들어가 살게 된 계기는 야곱과 그의 일가족 70명으로부터 비롯되고 있습니다. 애초에 야곱이 애굽으로 내려가 살게 된 이유는, 가나안 땅에 극심한 가뭄이 들어 먹을 양식이 없었기 때문입니다.

가나안 땅에 극심한 가뭄일 들었을 때 애굽에 가면 양식을 구할 수 있다는 소문을 듣고 야곱의 아들들이 애굽으로 내려갑니다. 그리고 거기서 자신들이 애굽의 종으로 팔아먹었던 동생 요셉과 극적인 상봉을 하게 됩니다. 놀랍게도 요셉은 애굽에서 종살이를 하는 것이 아니라 애굽 나라의

살림을 좌지우지하는 총리가 되어 그의 형제들 앞에 나타났습니다. 그리고 자기를 애굽의 상인들에게 팔아먹은 형들에게 보복은커녕, 부모와 형제와 가속들 모두의 생계를 책임지겠다며 애굽으로 불러들였습니다. 이런 사연으로 야곱의 일가족이 극심한 가뭄과 기갈을 피하여 내려갔던 애굽에서, 430년의 세월이 흘러가는 동안, 그의 후손들은 애굽인의 노예로 전락하고 맙니다.

여러분, 이런 사건들이 우연히 어쩌다 생겨난 결과일까요? 그렇지 않습니다. ● 창15장 말씀을 보니 하나님께서 이미 아브라함에게 이스라엘 백성들이 애굽에서 종살이를 할 것과, 그들을 구해 내실 것을 예언하셨기 때문입니다. 하나님이 미리 계획하신 사건이라는 말씀이지요.

● 창15:13~14 여호와께서 아브람에게 이르시되 너는 반드시 알라 네 자손이 이방에서 객이 되어 그들을 섬기겠고 그들은 사백 년 동안 네 자손을 괴롭히리니, 그들이 섬기는 나라를 내가 징벌할지며 그 후에 네 자손이 큰 재물을 이끌고 나오리라

이 사건은 하나님께서 아브람에게 예언하신 말씀입니다. 하나님께서 아브람에게 가나안 땅을 주시겠다고 약속하셨습니다. 그 언약의 증거로 아브람의 제사를 받으시고는, 뜬금없이 아브람의 자손이 이방에서 400년 동안 종살이를 하게 된다는 말씀을 하십니다. 그리고 400년 뒤에는 하나님이 그들을 괴롭히던 나라를 징벌하실 것이고, 너의 후손들은 큰 재물을 이끌고 그곳에서 나오도록 하시겠다고 약속하십니다.

아브람의 자손들이 번성할 것을 말씀하시던 하나님께서 왜 갑자기 이

스라엘 백성들의 종살이를 예언하셨을까요? 그래서 몇몇 사람들은 아브람의 잘못을 찾아내어, 그 비밀을 풀어보려고 시도하기도 합니다. 또 어떤 이는 아브람이 제물을 바칠 때에 새를 쪼개지 않았기 때문이라고 말하기도 합니다.

• 창15:9~10에 보면 아브람이 하나님께서 바치라고 하는 제물을 바쳤는데 암소와 암염소와 숫양은 중간을 쪼갰지만 산비둘기와 집비둘기는 쪼개지 않았다는 기록을 보고, 제물을 쪼개서 피를 드려야 하는데, 새는 쪼개지 않아서 피를 흘리지 않았기 때문에, 사소한 것이 죄가 되어 그의 후손들이 종살이를 하게 되었다고도 얘기합니다. 전부 틀린 말은 아니지만, 전부 맞는 말도 아닙니다. 그렇게 설명하고 마치기에는 근거가 부족한 감이 있습니다.

• 레1:14~17에 보면 번제를 드릴 때 새는 어떻게 드리는가를 말씀하고 있습니다. 새는 몸체가 작기 때문에 찢다가 분실되는 부분과 불편함을 고려하여 아주 찢지는 말 것을 말씀하고 있습니다. 그리고 아브람이 제물 가운데 새를 쪼개지 않았다고 했는데, 그 말이 아예 피도 흘리지 않았다는 뜻일까요? 저는 그렇게 생각하지 않습니다.

아브람이 제사를 드릴 때 제물들의 중간을 이등분으로 쪼개어, 두 쪽을 대칭으로 마주 대하여 놓았던 것이 관례가 되어, 후일에 이스라엘 백성들의 계약문화가 되었습니다. 갑과 을이 약속을 하면서 당사자들은 쪼개진 짐승의 고기 사이를 지나면서, 만약에 서로가 약속을 지키지 않으면 이렇게 죽게 된다는 것을 약속하는 의식입니다. 아브람은 새를 그렇게 이등분이 되도록 쪼개지 않았다는 것이지, 아예 손도 대지 않았다는 말은 아니라고 생각합니다. 아브람은 하나님께서 모세에게 성문법으로 주신 제사법을 잘 이행했다고 봅니다. 설령 제사법을 제대로 지키지 않아서 아브람이 벌을 받은 거라면, 당사자인 아브람이 벌을 받아야지 왜 그 후손들이 벌을 받아야 하나요? 하나님은 연좌제를 적용하시는 하나님이 아닙니다.

> • 겔18:20 범죄하는 그 영혼은 죽을지라 **아들은 아버지의 죄악을 담당하지 아니할 것이요** 아버지는 아들의 죄악을 담당하지 아니하리니 의인의 공의도 자기에게로 돌아가고 악인의 악도 자기에게로 돌아가리라

아브람의 실수로 인한 결과를 그의 후손들이 받아야 한다는 말이 맞을까요? 그렇지 않습니다. 하나님 앞에서는 언제나 하나님과 나, 1:1의 관계가 성립될 뿐입니다.

설령 아브람의 실수로 후손들이 종살이를 하게 되었다 치더라도, 정작 실수한 당사자 아브람은 가나안에서 쫓겨나지 않고 잘 살았습니다. 그리고 그의 아들 이삭도 가나안 땅에서 태평성대를 누리며 살았습니다. 또한 이삭의 아들 야곱 역시 인생의 대부분을 가나안 땅에서 살았던 사람입니다. 요셉의 시대에 가서야, 비로소 하나님께서 예언하신 말씀이 진행되는 것을 보게 됩니다.

하나님께서 아브람을 이끌어 낸 곳은 갈대아인의 땅 우르입니다. 아브람은 하나님의 부르심을 받을 때까지 무엇을 하고 살았습니까?

> • 수24:2~3 여호수아가 모든 백성에게 이르되 이스라엘의 하나님 여호와께서 이같이 말씀하시기를 옛적에 너희의 조상들 곧 아브라함의 아버지, 나홀의 아버지 데라가 강 저쪽에 거주하여 **다른 신들을 섬겼으나**, 내가 너희의

조상 아브라함을 강 저쪽에서 이끌어 내어 가나안 온 땅에 두루 행하게 하고
그의 씨를 번성하게 하려고 그에게 이삭을 주었으며

아브라함은 갈대아 우르에서 아버지 데라와 함께 우상을 섬기고 있었습니다. 이 말은 하나님을 모른 채 살았다는 말입니다. 그런 아브라함을 하나님은 불러내셨습니다. 그 목적은 그의 씨를 번성하게 하시려는 것입니다. 그런데 하나님께는 아브라함의 씨를 번성케 하실 방법이 이미 정해져 있었습니다. 같은 아브라함의 몸에서 난 자라 해도 언약을 따라 난 자만이 해당된다고 말씀하셨습니다. 다시 말해 이스마엘이 아니라 이삭에게서 나는 자라야 아브라함의 씨로 인정하시겠다는 겁니다.

• 창21:12 하나님이 아브라함에게 이르시되 네 아이나 네 여종으로 말미암아 근심하지 말고 사라가 네게 이른 말을 다 들으라 이삭에게서 나는 자라야 네 씨라 부를 것임이니라

하나님은 아브라함이 갈대아 우르에서 우상을 만들어 섬기고 있을 때 그를 부르셨습니다. 이것은 세상 모든 사람들이 하나님을 만나기 전에는, 다 그런 상태였음을 말해 주는 좋은 예가 됩니다.

아브라함의 시대가 열리는 • 창12장 바로 전 11장에는 우리가 잘 아는 바벨탑 사건이 나옵니다. 노아의 홍수 이후 모든 사람들은 죽고 오직 노아의 가족 8식구만이 방주에서 살아남게 됩니다. 그 이후로 인류는 노아의 세 아들 셈, 함, 야벳에 의해 번창합니다. 셈과 함과 야벳의 후손들이 증가하면서 시도했던 일이 바벨탑 사건입니다.

인구가 많아지자 사람들은 과거 노아시대의 홍수 사건을 기억해 내고, 하나님께서 아무리 비를 많이 내리신다 할지라도, 우리가 다시는 물에 빠져 죽는 일이 생기지 않도록 탑을 높이 쌓아 보자고 작당을 합니다. 하늘까지 닿는 높은 탑을 쌓으면 될 것이라고 생각했던 겁니다. 딴에는 하나님의 심판에 대해서도 살아남을 수 있는 방법을 마련했던 것입니다. 이러한 의도는 하나님의 다스림에 대해 반항하며, 자신들의 능력으로 자신들의 인생을 보호해보자는 신념에서 나온 행각이었습니다.

'하나님이 비를 내리셨지만 우리는 우리의 노력과 실력으로 이렇게 살아남았다.' 라는 과시, 자신들의 이름을 높이려는 의도로, 그들은 하늘까지 닿는 높은 탑을 쌓기 시작했습니다. 다시는 홍수로 인해 떠내려가 죽거나 표류하다 사방에 흩어지는 사태가 발생하지 않도록 해보겠다는 거지요. 물론 이러한 의도를 갖고 있는 것 자체가, 하나님께서 다시는 물로 심판하지 않겠다는 의미로 보여주셨던 무지개 약속도 믿지 않았다는 증거입니다.

바벨탑은 어느 한 사람의 힘만으로는 쌓을 수 없습니다. 그래서 하나님은 그들의 언어를 혼잡케 하신 후 온 지면으로 흩으셨고, 더 이상 탑을 쌓지 못하도록 막으셨습니다. 그때 온 지면에 흩어져 살게 된 것이 지금의 세상입니다.

• 계17:1~2 또 일곱 대접을 가진 일곱 천사 중 하나가 와서 내게 말하여 이르되 이리로 오라 많은 **물 위에 앉은 큰 음녀**가 받을 심판을 네게 보이리라, 땅의 임금들도 그와 더불어 음행하였고 땅에 사는 자들도 그 음행의 포도주에 취하였다 하고

계시록에 보면 큰 음녀가 등장합니다. 그 음녀는 많은 물을 타고 앉아 있습니다. 많은 물이라고 하는 것은 말씀과 생각 또는 사상을 의미합니다. 성경에서는 하나님의 말씀을 물에 비유하는 대목이 많이 나옵니다. 마태복음에 보면 사람에게서 나간 귀신이 물 없는 곳을 찾아다니는 것도, 하나님의 말씀을 모르는 사람을 찾아다니고 있다는 것을 말해 주고 있듯이, 여기서도 음녀가 타고 앉은 것은, 말씀은 말씀인데 하나님의 말씀이 아니라 세상의 말 즉 세상의 지식이나 세상의 어떤 사상을 지칭하는 것입니다. 이 땅의 임금들이 큰 음녀와 더불어 음행을 하고 있습니다.

즉 이 땅의 임금과 백성들이 하나님의 지식이 아닌 세상의 지식을 타고 앉은 큰 음녀에게 물들어 있다는 것입니다. 이렇게 세상의 임금과 그의 백성들을 세상의 지식으로 휘어잡고 있는 큰 음녀의 이름은 무엇이라고 말씀합니까?

그런데 성경은 아이러니컬하게도 큰 음녀의 이마에 기록된 이름을 비밀이라고 해놓고, 또 바벨론이라고 말하고 있습니다. 답을 가르쳐 주면서 왜 비밀이라고 하는 것일까요? 깨달으라는 것입니다. 보고도 깨닫지 못하고, 읽고도 알지 못한다면 그것은 보아도 읽어도 비밀로 남을 것이라는 의미이지요. 바벨론은 큰 음녀의 이름이며 이 땅의 가증한 것들의 우두머리라고 하고 있습니다. 그러면서 바벨론을 큰 성으로 설명하고 있습니다.

바벨론은 큰 성입니다. 이 세상입니다. 가증한 것들로 꽉 채워진 공간입니다. 세상은 지금 영적으로 귀신의 처소와 각종 더러운 영이 모이는 곳이 되었다는 것입니다.

영적존재에는 하나님, 천사, 사람 3부류가 있습니다. 마귀는 천사가 타락하여 이 세상으로 쫓겨 온 존재입니다. 그가 쫓겨 올 때에 천사의 1/3에 해당되는 무리도 함께 그를 추종하여 타락했습니다. 하나님께서 천지를 창조하실 때, 우주 공간은 흑암으로 가득 차 있었습니다. 흑암이란, 마귀와 그의 추종자들이 갇혀 있는 상태의 영적 공간을 말하는 것이고요. 이것을 계시록에서는 바벨론이라고 하고 있습니다. 큰 음녀가 세상지식으로 세도를 부리고 있는 공간이 바로 이 세상입니다.

노아의 세 아들인 셈과 함과 야벳의 후손들에 의해 야기된 바벨탑 사건으로 인하여, 하나님은 사람들의 언어를 혼잡케 하여 세상 온 지면에 흩으셨습니다. 그러나 사람들의 마음속에는 아직도 하나님을 거역하려는 생각이 남아 있었습니다. 그들에게는 노아의 홍수 때와 같이 무방비 상태로 멸망하지 않겠다는 생각이 가득했습니다. 그래서 탑을 하늘까지 쌓아 하나님의 영향에서 벗어나 자신들을 지키려고 했습니다. '내가 나를 지켜냈다' 라고 이름을 내고 싶어 했습니다. 결국 세상 곳곳에는 이러한 죄악 된 생각, 즉 바벨의 사고를 가진 사람들이 흩어져 살고 있습니다. 그러니 자연 세상은 바벨론, 즉 귀신의 처소와, 각종 더러운 영이 모이는 곳이 되어 버린 것입니다.

이것의 기사가 • 창11장에서부터 기록되고 있으니 수대가 지난 후에 태어난 • 창12장에서 나오는 아브라함 역시 자신이 사는 곳에서 우상을 섬기고 있었던 것은 당연한 일입니다.

그러나 족보를 거슬러 올라가면 그는 셈의 후예입니다. 셈은 가인이 아벨을 죽이고 난 다음에 하나님께서 아벨 대신에 아담에게 주신 아들이며, 여호와의 이름을 불렀던 계보입니다.

그러나 아브라함은 어둠에 묻혀 자신이 누구인지도 모르고 그의 부친과 함께 우상을 섬기고 있었습니다. 이러한 영적상태에 있던 아브라함을 하나님은 일방적으로 불러내셨습니다. 인간적인 노력이나 의도라는 측면에서 본다면, 아브라함은 하나님께 이러한 부름을 받을만한 자격이 전혀 없는 사람입니다. 아브라함을 불러내신 것은 오직 하나님의 전적인 계획이며 의지였습니다. 하나님이 사람을 어두운 데서 불러내어 구원하시는 것은, 이처럼 전적인 하나님의 뜻입니다.

세상은 죄악으로 가득 차있어 누구 한 사람 하나님을 찬양하는 사람이 없고, 하나님을 경배하는 장소도 없었습니다. 모두가 죄인이니, 죄를 범하며 살고 있었습니다. 하나님은 이런 죄악이 만연한 세상에서 구별하여 아브라함을 불러내셨습니다. 그리고 그가 누구인지를 알려 주셨습니다. 그리고 구별된 그의 후손들은 죄악이 없는 거룩한 땅에서 살아야 할 존재임을 알려주셨습니다. 그 거룩하고 구별된 땅이 바로 가나안 땅입니다. 물리적으로 보면 가나안 땅도 이 세상에 속해 있지만, 하나님은 가나안 땅을 구별하여, 하나님의 거룩한 자녀들이 거하는 약속의 땅으로 주셨습니다. 거룩한 땅은 거룩한 사람이 거룩한 법을 지켜야만 살 수 있는 곳입니다. 죄가 없는 사람이 하나님의 법을 지키며 살아야 하는 땅이라는 말이지요. 하나님은 이 사실을 알려주려 하셨습니다. 하나님께서 아브라함에게 이스라엘 백성의 종살이를 예언하실 때 하신 말씀입니다.

> • 창15:16 네 자손은 사대 만에 이 땅으로 돌아오리니 **이는 아모리 족속의 죄악이 아직 가득 차지 아니함**이니라 하시더니

하나님께서 4대가 지난 후에야 이스라엘 백성들을 가나안 땅으로 들어오게 하시겠다는 말씀은, 가나안 땅에 있는 원주민 아모리 족속의 죄가 가득 찰 때까지 기다리겠다는 말씀입니다. 다시 말하자면 하나님은 아모리 족속의 죄가 가득 찰 때까지 기다리셨다가, 그들의 죄가 가득 차면, 합법적으로 가나안 땅에서 내어 쫓겠다고 말씀하십니다. 이스라엘 백성들이 400년을 기다려야 했던 이유가 바로 이것입니다. 그리고 나서야 이스라엘 백성들을 들어오게 하시겠다는 것입니다. 그러면서 이스라엘 백성들이 모세의 인도로 광야를 통과한 후부터는, 여호수아를 앞세워 그들을 가나안 땅으로 들여보내시는데, 가나안에 입성하기 전에 길갈의 평지에서 백성들로 유월절을 지키게 하셨습니다.

> • 수5:10~12 또 이스라엘 자손들이 길갈에 진 쳤고 그 달 십사일 저녁에는 **여리고 평지에서 유월절을 지켰으며**, 유월절 이튿날에 그 땅의 소산물을 먹되 그 날에 무교병과 볶은 곡식을 먹었더라, 또 그 땅의 소산물을 먹은 다음 날에 만나가 그쳤으니 이스라엘 사람들이 다시는 만나를 얻지 못하였고 그 해에 가나안 땅의 소출을 먹었더라

여리고 평지는 요단강 건너편부터 여리고 성이 바라보이는 곳까지입니다. 가나안 땅의 경계선이지요. 하나님은 그들이 가나안 땅에 들어가기 직전에 유월절을 지키게 하셨습니다. 유월절이 어떤 절기입니까? 이스라엘이 출애굽하기 직전의 사건으로 애굽의 모든 초태생들에게 재앙을 내릴 때, 하나님은 이스라엘을 재앙에서 면하게 하시려고, 어린 양을 잡아 그 피를 문의 인방과 설주에 발라 표시를 하게 하셨습니다. 그 피를 보고, 하나님의 재앙과 저주가 넘어가게 하셨습니다. 죄의 값을 담당한 어린 양의 피가, 이 모든 재앙을 이기셨음을 상징하는 절기입니다. 그래서 예수님을 유월절 어린양으로 오신 분이라고 합니다. 가나안 땅은 이처럼 죄가 해결된 자만이 들어갈 수 있는 거룩한 땅이기 때문에, 이스라엘 백성들로 하여금 유월절을 지키게 하신 겁니다.

• 고전5:7 너희는 누룩 없는 자인데 새 덩어리가 되기 위하여 묵은 누룩을 내버리라 우리의 **유월절 양** 곧 **그리스도**께서 희생되셨느니라

예수님은 우리의 죄도 해결해 주셨습니다. 죄를 가지고는 거룩한 나라에 들어갈 수 없기 때문입니다. 이제 우리는 죄가 없으므로 하나님 나라로 들어갈 수 있습니다. 또한 내 안에 죄가 없으므로 하나님의 거룩한 영이 내 안에 들어오셨습니다. 이제 거룩한 하나님의 영이신 성령님이 내 안에 계십니다.

그럼에도 불구하고 우리 중에는 아직도 내가 죄인이라고 생각하는 분이 있습니다. 만약 아직도 죄가 있는 내 안에 하나님의 영이 계시다면 어떻게 되겠습니까? 그럼 나는 지금 이렇게 살아 있지 못합니다. 왜냐면 죄

인이 하나님을 보면 즉시 죽기 때문입니다. 그래서 예수님께서 오시기 전인 구약시대 사람들은 하나님 앞에 설 수가 없었을 뿐만 아니라, 서는 것조차도 두려워했던 것입니다. • 출20:19을 보면 "모세, 당신이 우리에게 말씀하소서. 하나님이 우리에게 말씀하시지 말게 하소서. 우리가 죽을까 하나이다."라고 말하는 것입니다. 이처럼 만약에 예수님을 믿는 당신에게 아직도 죄가 남아 있다면 당신 안에 들어오신 성령 하나님으로 말미암아 당신은 벌써 죽었을 것입니다.

하나님은 아브라함을 갈대아 우르에서 불러내는 사건을 통하여, 하나님의 자녀는 반드시 찾아내어 구원하신다는 사실을 알려주셨습니다. 죄악이 만연한 세상에서, 자기가 누구인지조차 모르고 살고 있는 아브라함의 후손들을, 반드시 찾아내어 구원하시는 하나님의 의지를 가르쳐주신 겁니다. 또한 이스라엘 백성들이 가나안에 들어가기 전에 유월절을 지키게 하신 사건을 통하여 가나안은 죄가 없는 거룩한 자만이 들어갈 수 있다는 사실을 알려주고 계십니다.

KEY 하나님은 자신이 누구인지도 모르고 살아가는 우리를 일방적으로 불러 내셔서, 죄가 없는 의인으로 만드신 후 거룩하게 살 수 있도록 하셨다.

적용 :: 하나님께서 우리를 어둠에서 불러내신 것은 거룩한 땅에서 거룩한 삶을 살게 하시기 위해서입니다. 구원받은 우리 앞에는 여전히 죄의 유혹들이 놓여있습니다. 그리고 우리는 언젠가 그것을 선택할 수도 있습니다. 그러나 우리를 어둠에서 불러내신 분은

그것을 거부할 수도 있도록 해 놓으셨습니다. 어둠에 있을 때는 거부조차 할 수 없었던 우리였지만, 하나님의 부르심을 받은 지금, 죄의 유혹 앞에서 우리는 어떠한 태도를 가져야 하겠습니까?

기도 § 하나님, 나는 생명이나 의지가 없는 로봇이 아님을 압니다. 어둠을 버렸으니 이제 빛 된 삶을 선택함으로 하나님 앞에 영광스런 모습으로 서겠습니다. 저를 그렇게 살 수 있도록 해 주신 예수님의 이름으로 기도합니다. 아멘

3. 출애굽 사건의 의미

여러분은 예수님의 말씀을 따라 사는 것이 편리합니까? 불편합니까?

혹시 내 맘대로 할 수 없다는 중압감 때문에 불편하고 거추장스럽지는 않습니까? 이 책을 읽고 나면 이전에 느꼈던 불편했던 마음들이 모두 사라질 것으로 확신합니다.

하나님은 애굽에서 살고 있는 이스라엘 백성들을 왜 그곳에서 빠져나오게 하셨을까요? 그 이유는 간단합니다. 왜냐면 그들은 애굽에서 살 사람들이 아니기 때문입니다. 애굽에는 애굽사람들이 살아야 합니다. 그렇다면 예수님은 왜 당신을 세상에서 불러내셨을까요? 그 이유도 마찬가지입니다. 당신은 애굽사람이 아니기 때문입니다. 말인즉 구원받은 우리는

세상에서 세상의 방법대로 살 사람이 아니라는 말씀입니다.

출애굽은 표면적으로는 하나님께서 이스라엘 백성들을 애굽에서 탈출하게 하신 사건입니다. 반면 영적으로 출애굽 사건은 예수 믿고 구원 받은 나도 출애굽하는 무리 중에 있음을 일깨워주는 사건입니다. 왜냐면 유대인은 표면적 유대인이 아니라 속사람이 유대인이라야 한다고 말씀하셨기 때문입니다.

바울은 예수님을 믿고 속사람이 거듭난 자가 진정한 유대인이라고 말씀합니다. 예수 믿은 내가 곧 출애굽의 대열에 속한 유대인이라는 말씀입니다. 사실 출애굽 사건 때는 이미 표면적으로도 이방인이었던 수많은 잡족들도 출애굽의 대열에 포함되어 있었습니다.

하나님의 구원의 여정에는 꼭 이스라엘 백성만 있었던 것은 아닙니다. • 마 1장에 나오는 예수님의 족보에 보면 이방 여자들이 들어가 있습니다. 가나안 여자 라합과 모압 여인 룻입니다. 예수님은 이러한 모든 혈통을 타고 이 땅에 오셨습니다. 이 사건이 보여주는 의미는, 겉보기에는 아주 형편없고, 가능성이라고는 전혀 없어 보이는 인생도 구원의 반열에 들 수 있다는 겁니다.

하나님께선 왜 이스라엘 백성들을 출애굽시키신 것일까요? 그 이유는 간단합니다. 그들은 애굽에서 살 사람들이 아니었기 때문입니다. 하나님은 당신의 거룩한 자녀들이 따로 구별된 땅에서 거룩한 삶을 살기를 원하십니다.

> • 창15:13~16 여호와께서 아브람에게 이르시되 너는 반드시 알라 네 자손이 이방에서 객이 되어 그들을 섬기겠고 그들은 **사백 년 동안 네 자손을 괴롭히리니**, 그들이 섬기는 나라를 내가 징벌할지며 그 후에 네 자손이 큰 재물을 이끌고 나오리라, 너는 장수하다가 평안히 조상에게로 돌아가 장사될 것이요, **네 자손은 사대 만에 이 땅으로 돌아오리니** 이는 아모리 족속의 죄악이 아직 가득 차지 아니함이니라

예수님이 우리에게 오신 것도 마찬가지입니다.

> • 갈4:4~6 **때가 차매** 하나님이 그 아들을 보내사 여자에게서 나게 하시고 율법 아래에 나게 하신 것은, 율법 아래에 있는 자들을 속량하시고 우리로 아들의 명분을 얻게 하려 하심이라, 너희가 아들이므로 하나님이 그 아들의 영을 우리 마음 가운데 보내사 아빠 아버지라 부르게 하셨느니라

'때가 차매' 하나님이 예수님을 이 땅에 보내셨습니다. 여기서 말하는 때는 시간적인 때만을 의미하는 것이 아닙니다. 아모리 족속의 죄가 가득

차기를 기다리셨던 것처럼, 이 땅이 영적으로도 죄가 가득차기를 기다리셨습니다. 왜냐면 예수님은 죄인들을 구원하기 위하여 오셨기 때문입니다. 세상의 모든 사람이 다 죄인이 되었을 때, 예수님은 단번에 그 모든 사람들의 죄의 값을 치르신 것입니다.

출애굽의 사건을 창세기 때부터 추적해 보면, 하나님께서 아브라함을 갈대아 우르에서 조건없이 불러내시는 장면을 보게 됩니다. 하나님은 그들을 거룩하게 만드셔서 거룩한 땅에서 살도록 인도하셨습니다. 이번에는 모세를 통하여 이스라엘 백성들을 죄의 땅 애굽에서 건져내어 거룩한 땅 가나안으로 인도하셨습니다.

• 출2:23~25 여러 해 후에 애굽 왕은 죽었고 이스라엘 자손은 고된 노동으로 말미암아 **탄식하며 부르짖으니** 그 고된 노동으로 말미암아 부르짖는 소리가 하나님께 상달된지라, 하나님이 그들의 고통 소리를 들으시고 하나님이 아브라함과 이삭과 야곱에게 세운 **그의 언약을 기억하사**, 하나님이 이스라엘 자손을 돌보셨고 하나님이 그들을 기억하셨더라

위의 성경 구절만 본다면 이스라엘 백성들이 탄식하며 부르짖었기 때문에 하나님께서 불쌍히 여기시고 그들을 출애굽 시키신 것처럼 보입니다. 하지만 이스라엘 백성들을 출애굽 시키신 이유는 하나님께서 이미 창세기 때에 해 놓으신 언약을 지키셨음을 알 수 있습니다. 마지막 부분을 보면 분명 '하나님이 아브라함과 이삭과 야곱에게 세운 그의 언약을 기억하사' 라고 말씀하고 있습니다.

적용 :: • 마13장에 보면 천국의 비유 가운데 바다에 그물을 치고 고기를 잡는 어부의 이야기가 나옵니다. 어부에게 잡힌 고기는 물을 떠났기에 죽은 고기입니다. 우리는 예수님에 의하여 죄 많은 세상에서 잡혀진 고기입니다. 그러므로 세상에 대해서는 죽은 자입니다. 당신의 마음은 어떻습니까? 아직도 세상의 것으로 채워져 있습니까? 그렇다면 당신은 세상에 대해 죽은 자임을 기억하십시오. 이 말은 세상에서 살지 말라는 말이 아닙니다. 다만 예수님께 잡혔으면 예수님께서 공급하시는 것으로 세상을 살라는 말입니다.

기도 § 하나님, 제가 원하는 세상의 것들이 채워지지 않아 믿으면서도 끌탕을 했던 모든 마음들을 끊어 버립니다. 아버지께서 공급하시는 것에 대해 새로운 설레임과 기대가 생겨나기 시작했습니다. 인생의 새로운 꿈을 꾸게 하시는 예수님의 이름으로 기도합니다. 아멘

4. 죽은 자를 찾아내시는 하나님

여러분은 내가 예수를 믿어 구원받았다고 생각하십니까? 아니면 예수님이 나를 찾아오셔서 믿음도 주시고 구원도 해주셨다고 생각하십니까?

수영을 못하는 어떤 사람이, 그만 한강 물에 빠져서 죽게 되었다고 생각해봅시다. 그때 헬리콥터가 와서 구명밧줄을 내려 주었습니다. 그 사람이 줄을 잡자, 헬기 조종사가 안전하게 끌어 올려 고수부지에 내려놓았습니다. 여러분은 '그 사람이 밧줄을 잡아서 살아났다' 라고 생각하십니까? 아니면 '헬기가 와서 그를 살려 주었다' 라고 생각하십니까?

구원이란, 이와 같이 1차적으로는 하나님께서 잃어버린 자를 찾아내시는 사건입니다. 잃어버린 자의 의미를 본질적으로 접근해 보면, 잃어버렸다는 것은, 잃어버리기 전에는 주인이 있었다는 말입니다. 그런데 성경은 하나님께서 우리를 잃어버렸든, 우리가 하나님을 잃어버렸든, 우리를 잃어버린 자라고 말씀하고 계십니다.

• 눅19:10 인자가 온 것은 잃어버린 자를 찾아 구원하려 함이니라

하나님께서는 자기의 잃어버린 자녀를 찾아내시기 위하여 예수님을 우리에게 보내 주셨습니다. 그렇다면 예수님은 어떻게 잃어버린 자를 찾아내실까요?

잃어버린 자에 대한 개념을 보다 명확하게 정리할 필요가 있습니다.

하나님은 첫 사람 아담을 흙으로 만들어 놓으시고 그에게 생기를 불어 넣으셨습니다. 이때의 생기는 성령입니다. 하나님의 생기가 들어감으로 생령이 된 아담, 즉 영적인 존재가 된 아담에게, 하나님은 영적인 존재가 먹어야 할 양식인 말씀을 명령으로 주셨습니다. 그 명령으로 주어진 양식은 선악과를 먹지 말라는 것이었습니다. 그러나 아담은 마귀의 유혹으로 말미암아 선악과를 먹고 하나님을 떠나게 되었습니다. 아담이 선악과를 먹는 순간, 아담에게서 하나님의 생기가 떠난 것입니다. 이것을 놓고 하나님은 '죽었다' 라고 말씀하셨습니다. 즉 '영이 죽었다' 는 말입니다. 영이 죽었기 때문에, 영과 육으로 구성되어 있는 육체도 생물학적으로 점점 죽어가게 되었습니다. 목숨 즉, 혈기로 살아가는 존재가 된 것입니다. 본래 육체는 영에 의해 움직이도록 하나님이 만드셨는데 말이지요.

사람은 기능적으로는 영, 혼, 육으로 구성되어 있으며, 존재론적으로는 영과 육으로 구성되어 있습니다. 즉 혼은 하나님께서 육을 만드실 때 그 육을 움직일 수 있는 감각기관으로 주신 것입니다. 그래서 식물이나 짐승들도 흙으로만 만들어졌음에도 불구하고 혼적 기능이 있는 것입니다.

식물은 '있으라' 고 말씀하신 것과, 짐승과 새들은 '흙으로 만들어 놓으심' 으로써 그들의 몸에는, 자라고 움직이며 살아갈 수 있는 혼적기능이 함께 부여된 것입니다. 왜냐하면 '있으라' 그리고 '번성하라' 는 말씀을 이루어내야 하기 때문에, 그 몸을 통하여 번성할 수 있도록 혼적기능이 부여된 것입니다.

그러나 사람은 생기가 들어옴으로 움직이는 생령이 되었는데, 그 생기와 함께 혼이 사람에게 들어온 것입니다. 생기가 들어가기 전의 몸은, 움직이지 않는 목석과도 같은 존재라고 생각하면 이해하기 쉬울 겁니다.

• 겔 37장을 참고하십시오. 하나님께서 에스겔을 환상 가운데, 죽은 뼈들이 있는 골짜기에 데리고 가셨습니다. 그리고 죽어있는 마른 뼈들이 나뒹굴고 있는 모습을 보여주셨습니다. 그리고 저 뼈들이 살 수 있겠느냐고 물어 보셨습니다. 물론 이것은 죄를 짓고 바벨론에 포로로 잡혀가 있는 이스라엘 백성들의 현실을 말해 주고 있는 것입니다. 죄를 짓고 죄의 대가를 치르고 있는 상태는 겉으로는 살아있는 것 같아도, 하나님이 보실 때는 죽어있다는 것이지요.

• 겔37:11~13 또 내게 이르시되 인자야 **이 뼈들은 이스라엘 온 족속이라** 그들이 이르기를 우리의 뼈들이 말랐고 우리의 소망이 없어졌으니 우리는 다 멸절되었다 하느니라, 그러므로 너는 대언하여 그들에게 이르기를 주 여호와께서 이같이 말씀하시기를 내 백성들아 **내가 너희 무덤을 열고 너희로 거기에서 나오게 하고 이스라엘 땅으로 들어가게 하리라**, 내 백성들아 내가 너희 무덤을 열고 너희로 거기에서 나오게 한즉 너희는 내가 여호와인 줄을 알리라

하나님은 죄를 짓고 죄의 대가를 치루기 위해 바벨론에 포로로 끌려가 살고 있는 이스라엘 백성들을 사망의 골짜기에 있는 뼈들이라고 하십니다. 그리고 그들이 살고 있는 바벨론 땅을 무덤이라고 말씀하십니다. 죽은 자는 무덤 속에 있는 것이 맞기 때문입니다. 이러한 말씀은 예수님도 하셨습니다. • 마8:21~22에 보면 어떤 제자가 예수님께 나아와 자기가 예수님을 따르겠지만 지금 부친이 돌아가셨으니 먼저 부친을 장사하고 와서 좇겠다고 합니다. 그러자 예수님은 죽은 자들이 그들의 죽은 자들을 장사하게 하고 너는 나를 따르라고 하십니다.

• 마8:22 예수께서 이르시되 죽은 자들이 그들의 죽은 자들을 장사하게 하고 너는 나를 따르라 하시니라

어떻게 죽은 자가 죽은 자를 장사지낼 수가 있을까요? 이 말은 살았어도 하나님의 생기가 없는 자는 죽은 자라는 의미입니다. 즉 예수님이 없는 자는 죽은 자라는 말이지요.

이처럼 죄 때문에 바벨론이라는 무덤에 갇혀 사는 죽은 자들의 뼈인 이스라엘, 살아있는 것처럼 보여도 죽은 자인 사람들, 이러한 사람들을 하나님께서 살려내겠다고 말씀하신 겁니다. 살려내서 무덤을 열고 나오게 하여, 이스라엘 땅으로 들어가게 하시겠다고 말씀하십니다.

그러니 생각해 보십시오. 이스라엘 백성이 무덤에서 나와 이스라엘 땅으로 들어가기까지, 자신들의 의도나 노력이 개입되었겠습니까? 하나님은 이러한 일련의 과정에서 이런 표현을 쓰셨습니다. "뼈들은 자신들에게 스스로 말하고 있다. 우리에게는 소망이 없으니, 그 이유는 우리가 다 멸절되었기 때문이라고 한다." 이것이 죄 때문에 하나님을 잃어버린 자의 실존입니다.

하나님은 이 지경에 있는 그들에게 "내가 너희를 무덤에서 나오게 하겠다."고 말씀하십니다. 그리고 그들을 "이스라엘 땅으로 들어가게 하겠다."고 말씀하십니다. 뿐만 아니라 이 일을 통하여 우리를 구원해 내신 모든 것은 전부 '하나님께서 하신 일' 인 것을 알게 하겠다는 겁니다.

하나님은 무덤이라고 하는 바벨론 땅에서 포로로 살고 있는 이스라엘 백성들을 그 무덤에서 나오게 하려면, 먼저 그들을 살려내야 하실 것입니다.

• 겔37:8~9 내가 또 보니 그 뼈에 힘줄이 생기고 살이 오르며 그 위에 가
죽이 덮이나 그 속에 **생기는 없더라,** 또 내게 이르시되 인자야 너는 생기를 향
하여 대언하라 생기에게 대언하여 이르기를 주 여호와께서 이같이 말씀하시
기를 생기야 사방에서부터 와서 **이 죽음을 당한 자**에게 불어서 살아나게 하
라 하셨다 하라

육체만 있고 생기가 없는 상태의 사람을, 죽음을 당한 자라고 말씀하셨
습니다. 예수님께서 멀쩡하게 살아있는 사람에게 죽은 자라고 말씀하신
것과 같은 맥락입니다. 생기가 없는 자는 죽은 자이지만, 죽음을 당한 자
에게 생기가 들어가니 그 사람이 다시 살아나게 됐습니다.

왜 사람들이 죽게 되었습니까? • 눅4:5~6에 보면 마귀가 예수님을 시
험하는 장면이 나옵니다. 그는 거기에서 세상의 권세가 자기에게 있다고
말합니다. 이것이 거짓말일까요? 그렇지 않습니다. 예수님이 누구신데
감히 마귀가 그 앞에서 거짓말을 하겠습니까?

• 눅4:5~6 마귀가 또 예수를 이끌고 올라가서 순식간에 천하 만국을 보이
며, 이르되 이 모든 권위와 그 영광을 내가 네게 주리라 **이것은 내게 넘겨 준
것이므로** 내가 원하는 자에게 주노라

마귀가 하는 말을 가만히 보십시오. 자기에게 있는 천하만국의 권위는
자기에게 '넘겨준 것'이라고 말합니다. 즉 원래는 자기의 것이 아닌데,
언제부터인가 자기에게 넘겨준 것이라는 거지요. 그럼 그때가 언제인가
요? 아담이 선악과를 따먹고 마귀의 영에 잡힐 때를 말하는 겁니다. 이것
이 힘의 논리입니다. 세상의 법칙은 하나님 나라의 법칙과 똑같습니다.

이 땅의 것은 하늘에 있는 것의 모형이며 그림자입니다.

• 벧후2:19 그들에게 자유를 준다 하여도 자신들은 멸망의 종들이니 누구
든지 진 자는 이긴 자의 종이 됨이라

영적인 말씀으로 되어 진 하나님의 법에는 과거와 현재라는 시제가 없습니다. 그렇기 때문에 소급이라는 문제도 없습니다. 베드로를 통하여 주신 하나님의 말씀은 어느 시대에나 다 적용되는 것입니다. 즉 진 자는 이긴 자의 종이 된다는 말씀은 누구에게나 적용되는 말씀입니다.

때문에 아담도 마귀에 졌으므로 마귀의 종이 된 것입니다. 그렇기 때문에 계시록에 나오는, 아시아 일곱 교회에 대해서 주시는 말씀도, 한결같이 '이긴 자' 라는 조건이 붙는 것입니다.

아담의 범죄로 사람을 비롯한 세상에 있는 모든 피조물들은 마귀의 다스림을 받게 되었습니다. 이것을 대표연합의 원리라고 합니다. 노조가 사측과 임금협상을 할 때, 모든 노조원이 몰려가 협상의 자리에 앉지 않습니다. 노조원장이 사장과 협상을 하면, 그 협상의 결과가 모든 노조원들에게 똑같은 결과를 가져다주듯이, 하나님께서 첫 사람으로 세우신 아담이 죄 가운데 빠져버렸기 때문에, 마귀는 그 죄를 타고, 모든 사람들에게 적용시켜 일을 하는 것입니다. 그러므로 사람은 선하게 태어나는 것이 아니라 죄인으로 태어나는 것입니다.

• 시51:5 내가 죄악 중에서 출생하였음이여 어머니가 죄 중에서 나를 잉
태하였나이다

어머니의 태를 통하지 않고 태어나는 사람은 없습니다. 그렇기 때문에 로마서에서도 한 사람 때문에 세상 모든 사람이 사망에 이르렀다고 말씀하신 겁니다.

그러므로 세상 어느 구석에서도 의(義)에 대하여는 찾아볼 수가 없게 되었고, 이 세상이 죄악으로 만연해지자 급기야 하나님은 예수님을 이 세상에 구원자로 보내신 것입니다.

KEY 사람은 죽은 영으로 살아가고 있기 때문에 구원은 기본적으로 하나님이 찾아오셔서 살려내셔야만 시작되는 사건이다.

적용 :: 세상에서 아무리 큰 꿈을 꾸거나 설령 그것을 이루었다 할지라도 예수님이 없이 이룬 것이라면 그것은 죽은 자의 상태였음을 아십시오. 그래서 사람들은 뿔 사슴이 수풀에 뿔이 걸려 잡히듯 자신이 이루어놓은 꿈 때문에 파멸의 길을 걷게 됩니다. 권력을 얻고도 형무소에 가며, 금권을 쥐고도 자살을 합니다. 하나님은 그러한 당신에게 생기인 예수님을 주심으로써 살려내셨습니다. 살아난 사람은 하나님의 것으로 만족합니다. 하나님은 여러분이 하나님의 공급하실 것이 무엇인가를 생각하지 않고, 하나님 자체만으로 만족할 때, 비로소 하나님의 것을 공급하십니다.

기도 § 하나님, 죽은 저를 살려주셨음을 감사합니다. 이제 하나님께서 하나님의 생명을 주셔서 살려놓으셨으니 세상의 지식으로 살지 않고 하나님의 지식으로만 살아가겠습니다. 저의 눈을 열어 새로운 세계를 보게 하신 예수님의 이름으로 기도합니다. 아멘

5. 잃은 자를 찾아내시는 하나님

영적으로 죽은 자, 흑암에 앉아있는 사람들에게 예수님이 오셨을 때, 과연 사람들이 먼저 예수를 알아 볼 수 있었을까요?

여러분은 여러분이 먼저 예수님을 구세주로 알아보고 영접하셨습니까? 그렇지 않지요?

그래서 우리는 하나님이 믿게 해주셔야 믿음도 갖게 되는 거라고 말하는 것입니다. 그러므로 우리가 예수님을 믿고 천국에 가게 되는 것은 자기의 뜻으로 되는 것이 아닙니다. 예수님이 이 세상에 오셨을 때, 세상이 그를 알아보지 못하였습니다. 그리고 자기 땅에 오매 자기 백성이 영접하지도 않았다고 했습니다. 예수님을 아는 사람이 아무도 없었던 것입니다.

• 요1:10~11 그가 세상에 계셨으며 세상은 그로 말미암아 지은 바 되었으되 세상이 그를 알지 못하였고, **자기 땅에 오매 자기 백성이 영접하지 아니하였으나**

예수님이 오시기 전까지 세상의 모든 사람들은 흑암과 사망의 땅에 앉아 있었습니다. 예수님은 그들에게 큰 빛으로 오셨습니다. 그러나 흑암에 앉아 있는 사람들은 그 예수님을 알아보지 못했습니다. 그렇기 때문에 영접할 수 없었던 것입니다. 왜 예수님을 몰라봤을까요? 죽은 자들이기 때문입니다.

• 눅5:1~11을 보면, 예수님께서 베드로를 처음 만나는 장면이 나옵니다. 예수님께서 베드로의 배를 타고 하나님의 말씀을 가르쳐 주셨을 때도, 그는 예수님이 누구신지를 잘 알지 못했습니다. 말씀에 의지하여 그물을 내려 고기를 잡고 나서야, 그가 하나님이신 것을 뒤늦게 깨닫습니다.

• 요1:48~49에서 나다나엘이 예수님을 만났을 때, 예수님께서 나다나엘이 무화과나무 아래에 있었을 때부터 보았다고 하니, 그때서야 예수님이 하나님의 아들이신 것을 깨닫습니다. 복음서를 읽다보면 예수님의 부름을 받았던 제자들이, 예수님에 대한 지식이 없으므로 "이 분이 누구시기에?"라며 고민하는 장면이 자주 등장합니다.

혹자는 '내가 예수님에 대한 이런 저런 말씀을 듣고 그것이 맞다고 판단하여 믿기로 했다'고 생각하는 분이 있을지도 모릅니다. 그러나 설령 우리가 예수님에 대한 정보를 가지고 있다고 하더라도, 그것으로 믿음이 생기는 것은 아닙니다. 심지어는 예수님이 그리스도시라는 사실을 알면서도, 예수님을 영접하지 않은 사람들도 있었기 때문입니다.

• 마2:2을 보면, 동방에서 예수님을 영접하러 온 박사들이 예루살렘

성에 들어가 헤롯에게 "유대인의 왕으로 나신 이가 어디 계시냐?"라고 묻습니다. 그러자 헤롯은 서기관들을 불러놓고 "그리스도가 어디서 나겠느냐?"라고 묻습니다. 그리스도를 죽이기 위해서 그 장소를 알아내려 했던 것이지요. 동방의 박사들이 질문한 것은 '유대인의 왕'인데, 헤롯의 대답은 '그리스도'였습니다.

이 말은 헤롯이 그리스도가 누구인지를 알고 있었다는 증거입니다. 그러나 헤롯은 그리스도를 영접하러 가지는 않았습니다. 서기관들도 마찬가지였습니다. 그들은 그리스도가 어디에서 태어날 것인가까지 알고 있었습니다. 그러나 그들은 그리스도 예수를 영접하러 가지는 않았습니다. 이처럼 예수님을 믿는다는 것은, 정보나 자기 의지로 되는 것이 아니기 때문입니다.

• 행13:48 이방인들이 듣고 기뻐하여 하나님의 말씀을 찬송하며 **영생을** 주시기로 작정된 자는 다 믿더라

예수님을 믿어 천국에 가는 1차 구원은 전적으로 하나님께서 하나님의 자녀를 찾아내시는 작업에 의해서 이루어지는 것입니다. 하나님은 자신의 자녀를 찾아내십니다. 그리고 그가 예수를 믿도록 믿음을 주십니다. 그리고 그에게 영원한 생명을 주어 구원해 주십니다. 그러므로 겉으로 보기에는 내가 내 의지로 믿는 것 같아도, 결코 내가 선택한 것이 아닙니다.

이것은 마치 누가 내 팔을 잡고 흔들 때, 겉보기에는 내가 팔을 흔드는 것 같지만, 실은 다른 사람이 나를 흔들고 있기 때문에 흔들리는 것과 같은 이치입니다. 성경은 분명히 하나님께서 영생을 주시기로 작정된 자는

다 믿더라고 말씀하고 있습니다. 그러므로 우리가 예수님을 믿게 된 것도 우리의 의지나 선택으로 되어진 것이 아닙니다. 지금 우리가 예수를 믿는 것은, 우리가 하나님께서 영생을 주시기로 작정된 자이기 때문입니다.

• 엡2:8 너희는 **그 은혜에 의하여 믿음으로 말미암아 구원을 받았으니** 이 것은 너희에게서 난 것이 아니요 하나님의 선물이라

여기서 말하는 구원은 천국에 가는 구원을 말합니다. 우리는 어떻게 구원받았습니까? 예수님을 믿는 믿음 때문에 구원을 받은 것입니다. 그렇다면 예수님을 믿는 믿음은 어떻게 생겨나게 되었나요? '그 은혜' 즉 하나님이 주신 은혜에 의해 생겼습니다. 그 은혜는 아무런 값없이 우리에게 주신 하나님의 선물입니다.

• 요1:12~13 영접하는 자 곧 그 이름을 **믿는 자들**에게는 하나님의 자녀가 되는 **권세를 주셨으니, 이는** 혈통으로나 육정으로나 사람의 뜻으로 나지 아니하고 오직 **하나님께로부터 난 자들**이니라

예수님의 이름을 믿어 하나님의 자녀가 되는 권세를 얻은 것은, 사람의 뜻으로 되어 진 것이 아닙니다. 예수님을 영접하는 자는 오직 하나님께로부터 난 자들입니다. 예수님은 거듭남에 대해 고민하는 니고데모와의 대화에서 거듭남이 어떻게 되어지는 것인가를 설명해 주셨습니다.

• 요3:6~8 **육으로 난 것은 육이요 영으로 난 것은 영이니,** 내가 네게 거듭 나야 하겠다 하는 말을 놀랍게 여기지 말라, 바람이 임의로 불매 네가 그 소리

육신의 부모님을 통해서 태어나는 것은 육일뿐입니다. 그러한 육은 죄
인으로 태어나기 때문에 하나님의 생기가 없는 상태입니다. 그러므로 살
았어도 실은 죽은 자입니다. 이러한 죽은 자인 육체에 하나님의 성령이
들어오셔서 그 영을 살려내심으로써 거듭나게 하시는 것입니다. 즉 아담
에게 처음에 허락하셨던 생령이 되게 하시는 거지요. 그러나 아담처럼 또
죽는 것이 아니라 영원히 죽지 않는 생령이 되게 하셨습니다.

■ 삭개오를 찾아내신 하나님

• 눅19장에 보면 삭개오의 이야기가 나옵니다. 삭개오는 당시 세리장
으로서 로마정부의 앞잡이가 되어 동족들에게 세금을 착취하던 사람입니
다. 그는 착취한 세금의 일부는 로마정부에 상납하고, 나머지는 자기가
착복하여 부를 축적하며 살았습니다. 때문에 동족으로부터 비난을 받던
사람입니다. 이런 삭개오에게 어느 날 예수님이 찾아오셨습니다. 이 날
예수님이 삭개오를 찾아오신 것은 우연이 아니었습니다. 우리의 인생에
찾아오신 예수님도 마찬가지지만 말입니다. 삭개오를 찾아오신 예수님의
행적을 추적해 보겠습니다.

• 눅9:51 예수께서 승천하실 기약이 차가매 **예루살렘을 향하여** 올라가기
로 굳게 결심하시고

하나님의 모든 사건들은 정확한 계획 가운데 빈틈없이 진행되고 있음을 알 수 있습니다. 예수님께서 이 땅에 오신 것도, 십자가에 달리신 것도, 부활하신 것도, 모두가 하나님의 정해진 시간과 계획 속에서 진행되었습니다. 예수님은 십자가에 달려 죽으심으로써 이 세상의 모든 죄를 해결하셨습니다. 그리고 부활하심으로 사망의 세력을 잡은 자 곧 마귀의 권세를 깨뜨리셨습니다. 그리고 승천하심으로써 이 땅에서 그가 이루실 하나님의 일을 완성하고자 했습니다.

예수님은 그 기한이 다가옴을 미리 아셨습니다. 그래서 하나님의 일을 이루기 위하여 예루살렘을 향하여 올라가시기로 결심하셨습니다. 그러나 사람의 몸을 입으신 예수님으로서 십자가에 달리시는 것은 극한의 고통이었기에 예수님은 이 일을 성취하기 위하여 결단을 하셔야 했습니다.

- 눅13:22 각 성 각 마을로 다니사 가르치시며 **예루살렘으로 여행**하시더니

예루살렘을 향하여 가시는 도중에도 예수님은 끝까지 하나님 나라의 복음을 가르치는 일에 전념하셨습니다. 그러면서도 자신이 이루어야 할 일에 대해 조금의 동요도 없으셨습니다. 그의 발걸음은 오직 예루살렘을 향하여 옮겨지고 있었습니다.

- 눅13:33 선지자가 **예루살렘 밖에서는** 죽는 법이 없느니라

- 눅18:31~33 보라 우리가 **예루살렘으로** 올라가노니 기록된 모든 것이 인자에게 응하리라

• 눅19:28 예수께서 **예루살렘을 향하여** 앞서서 가시더라

예수님의 모든 행보는 예루살렘을 향하는데 초점이 맞춰졌습니다. 예수님께서 예루살렘을 향하여 가실 때 제자들보다 앞서서 가셨다는 이유도 예수님의 일정이 바빴기 때문입니다. 왜냐면 하나님의 때에 맞추어야 했기 때문입니다.

• 눅19:1 예수께서 **여리고로 들어가** 지나가시더라

이처럼 바쁜 일정 속에서도 예수님은 지금 여리고로 들어가고 계십니다. 왜 그러셨을까요? 그곳에 삭개오가 살고 있기 때문입니다. 우리는 여기서 • 눅19:1에 예수님께서 왜 여리고로 '들어가' 지나가셨다고 써 놓았는지를 알아야 합니다.

이스라엘의 교통로는 해안 길과 내륙 중앙에 있는 왕의 길이 있었습니다. 예수님은 지금 계신 가버나움에서 서둘러 예루살렘을 향하여 가시는 중이었습니다. 왜냐면 승천하실 기약이 차오기 때문입니다. 문제는 여리고가 예루살렘으로 가는 길목에 있는 곳이 아니기 때문에 시간이 촉박한 중에도 일부러 들어갔다 다시 나와야 했습니다. 그럼에도 예수님은 의도적으로 여리고로에 들어가셨습니다. 이렇게 바쁜 여정 속에서 굳이 여리고까지 들어가셨던 이유가 뭘까요? 그곳에는 삭개오가 있기 때문입니다. 예수님은 삭개오의 집에 들어가셔서 오늘 구원이 이 집에 이르렀다고 선포하셨습니다.

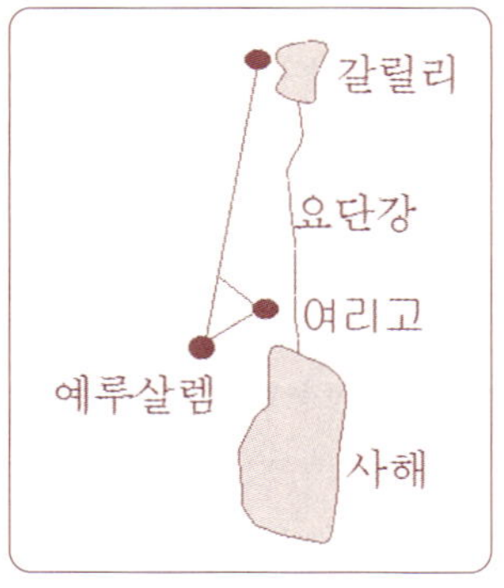

삭개오의 집에 선포된 예수님의 말씀이 어떻게 들려지십니까?

삭개오가 구원을 받았기에 아브라함의 자손이 되었다는 말인가요? 아니면 이 사람도 역시 아브라함의 자손이기 때문에 오늘 구원이 삭개오의 집에 이루어졌다는 것인가요? 그렇습니다. 삭개오가 아브라함의 자손이기 때문에, 오늘 구원이 삭개오의 집에 이루어진 것입니다.

우리 중에 더러는 삭개오와 같이 세상으로부터 따돌림을 받고 있는 사람도 있을 수 있습니다. 그리고 그것이 자신의 잘못이나 욕심 때문에 생긴 일일 수도 있습니다. 그러나 염려하지 마십시오. 예수님께서 모든 일을 미루고 삭개오를 찾아 오셨듯이, 예수님은 당신에게도 그렇게 찾아오셨습니다. 정작 삭개오 본인은 자신이 아브라함의 자손인지조차 몰랐지만, 예수님은 그가 아브라함의 자손임을 아시고 찾아내셨습니다. 삭개오가 자신의 신분을 몰랐듯이 내가 하나님의 자녀였었음을 나만 모르고 있었을 뿐입니다. 그러나 예수님은 나를 찾아내셨습니다.

예수님은 잃어버린 자, 곧 나를 찾아 구원하려고 오셨습니다. 잃어버린 자는 스스로 주인을 찾아갈 수가 없었기에, 주인이신 예수님께서 찾아내셨습니다. 우리는 이렇게 해서 천국에 가는 구원을 얻은 것입니다. 이렇게 얻은 1차 구원을 감리교단에서는 칭의 구원이라고 합니다. 1차 구원은 이렇게 예수님이 나를 찾아내시는 것으로 '얻은 구원'입니다. 이렇게 구원을 얻은 사람은 다시는 사망에 이르는 심판을 받지 않고 천국에 가게 됩니다.

• 행13:48 이방인들이 듣고 기뻐하여 하나님의 말씀을 찬송하며 **영생을** 주시기로 작정된 자는 다 믿더라

• 갈4:6 **너희가 아들이므로** 하나님이 그 아들의 영을 우리 마음 가운데 보내사 아빠 아버지라 부르게 하셨느니라

우리가 하나님의 아들이기 때문에 하나님께서 그 아들의 영, 즉 예수의 영, 곧 성령을 우리들의 마음 가운데 보내 주셔서 하나님을 아빠 아버지라 부르게 하셨습니다. 이 말씀은 내가 하나님을 믿기 전부터 이미 하나님의 자녀였었다는 것을 입증하고 있습니다. 성령을 받았기 때문에 하나님의 자녀가 되는 것이 아니라, 하나님의 자녀이기 때문에 성령을 주시는 것입니다. 믿었기 때문에 영생을 주신 것이 아니라, 영생을 주시기로 작정된 자이기 때문에 다 믿더라는 것입니다. 이 얘기는 출애굽을 하였기에 이스라엘 백성이 된 것이 아니라, 그들이 이스라엘, 즉 하나님의 백성이기 때문에, 하나님께서 출애굽을 시키셨다는 말씀입니다.

이것을 성경은 약속을 따라 난자와 육체를 따라난 자라고 설명합니다.

• 갈4:22~23 기록된 바 아브라함에게 두 아들이 있으니 하나는 여종에게서, 하나는 자유 있는 여자에게서 났다 하였으며 여종에게서는 육체를 따라

하나님은 • 창15:4에서 이삭은 약속을 따라난 자요, • 창16:2에서 사래의 말을 듣고 난 이스마엘은 육체를 따라난 자라고 말씀하셨습니다. 약속을 따라난 자는 곧 성령을 따라난 자입니다. 하나님은 사람을 이 두 라인으로 분류하셔서 구원을 얻을 자와 얻지 못할 자로 구별하셨습니다.

이것은 단지 시적인 표현으로 이렇게 쓴 것이 아닙니다. 하나님의 전지성을 아는 자가, 아니, 정확하게 말하자면 성령에 감동된 자가 하나님께로부터 받아서 적은 것이지요.

• 벧후1:16~18에 보면, 베드로는 예수님과 함께 변화산에 올라갔을 때 예수님께서 모세와 엘리야와 함께 말씀하시는 것을 목격한 사람 중의 하나입니다. 그것은 대충 비몽사몽간에 본 것이 아니라, 자신들의 눈으로 직접 보고 경험한 일입니다. 그리고 그들을 위해 초막 세 개를 지어드릴 테니 그곳에서 함께 살자고 했던 사람입니다. 뿐만 아니라 하늘로써 내리

는 하나님의 음성을 직접 들은 사람입니다. 그 음성 또한 분명하여, 베드로는 실재하는 저 천국을 확인했던 사람입니다. 그런 베드로가 예수님께서 승천하신 뒤에, 하나님의 일을 보고 들은 자가 어떻게 해야 하는가를 경계하며 기록한 말씀입니다.

> • 벧후1:19~21 또 **우리에게는 더 확실한 예언이 있어** 어두운 데를 비추는 등불과 같으니 날이 새어 샛별이 너희 마음에 떠오르기까지 너희가 이것을 주의하는 것이 옳으니라. 먼저 알 것은 성경의 모든 예언은 사사로이 풀 것이 아니니, 예언은 언제든지 사람의 뜻으로 낸 것이 아니요 오직 성령의 감동하심을 받은 사람들이 **하나님께 받아 말한 것임이라**

여기서 예언이라 함은 하나님께서 계시로 보여주시면서 맡기신 말씀인 예언(預言)을 말합니다. 물론 하나님께서 맡기신 말씀은 미래의 일도 말씀하셨기에, 예언(豫言)도 되는 것이지요. 그런데 이러한 예언, 즉 성경에 대해서, 베드로는 자신이 몸으로 경험한 것보다, 성경말씀이 더 확실하다고 말하고 있습니다. 보다 구체적으로 말하자면, 베드로가 베드로 전 후서를 기록할 당시는, 성경은 구약 외에는 없었습니다. 사실 성경은 구약이나 신약이나 모두 하나님의 말씀으로서, 우리가 오감으로 경험하는 것보다 더 확실한 것입니다. 하나님의 말씀은 성령의 감동하심을 받은 사람들이 하나님께 받아서 말한 것입니다. 하나님은 우리의 인생이 시작되기도 전에 우리의 인생에 대한 모든 것들을 다 말씀에 기록하셨습니다.

이러한 주의 말씀에는 성문화가 되지 않았을 뿐, 내가 예수를 믿을 것인지 아닌지에 대한 기록도 있을 것입니다.

적용 :: 두 아들을 이미 전쟁터에서 잃어버리고, 하나 남은 아들마저 적군의 포로로 잡혀간 부모가 있었습니다. 미국 정부는 그 부모의 마음을 위로하고자, 적군에게 포로로 잡혀간 셋째 아들, 라이언 일병을 구출할 것을 명령하였습니다. 그를 구출하는 것은 미국이라는 나라의 자존심이었습니다. 라이언은 군인 중에서 보잘 것 없는 일병이지만, 밀러 대위를 비롯한 8명의 특공대가 목숨을 잃어가며 그를 구출합니다. 라이언을 구출한 8명의 특공대원 가운데 마지막으로 밀러대위가 죽어가며 그에게 말합니다. "라이언, 잘 살아야 돼!" 그의 생명은 8명의 귀한 생명과 바꿀 만큼의 가치가 있었던 것입니다. 하나님께선 당신에게는 예수님의 생명과 바꿀 만큼의 가치가 있다고 생각하셨습니다. 그 하나님께서 지금 당신에게 말씀하십니다. "거듭난 자, 잘 살아야 돼!"

기도 § 하나님, 제가 단순히 구원받았다는 사실만을 아는 것이 아니라, 이제는 내가 어떠한 대가로 구원받았는가를 항상 기억하겠습니다. 그리고 그 기대와 가치 이상으로 살아가겠습니다. 제게 새로운 삶을 허락하신 예수님의 이름으로 기도합니다. 아멘

6. 이삭의 이름을 미리 말씀하신 하나님

여러분이 100살이 되었을 때 하나님께서 찾아오셔서 '너에게 아들을 주겠다.' 라고 말씀하신다면 여러분은 어떤 반응을 보이게 될까요? 여러분도 아브라함과 같이 웃으실까요?

하나님께서 아브라함에게 약속하신 아들을 주시겠다고 찾아오셨을 때, 아브라함은 하나님의 말씀에 대해 엎드려 웃었습니다. 믿기지 않아서입니다. 그러자 하나님은 엎드려 웃고 있는 아브라함을 향하여 네가 아들을 낳을 것인데, 그 이름을 이삭이라고 지으라고 미리 말씀하셨습니다.

> • 창17:17~19 아브라함이 엎드려 웃으며 마음속으로 이르되 백 세 된 사람이 어찌 자식을 낳을까 사라는 구십 세니 어찌 출산하리요 하고, 아브라함이 이에 하나님께 아뢰되 이스마엘이나 하나님 앞에 살기를 원하나이다, 하나님이 이르시되 아니라 네 아내 사라가 네게 아들을 낳으리니 너는 그 이름을 이삭이라 하라 내가 그와 내 언약을 세우리니 그의 후손에게 영원한 언약이 되리라

때가 되어 아브라함의 아내 사라가 아들을 낳았습니다. 그때 아브라함은 하나님께서 미리 말씀하신 대로 자기가 낳은 아들의 이름을 이삭이라고 지었습니다.

성경은 여호와께서 사라를 돌보셨고, 여호와께서 말씀하신 대로 사라에게 행하셨으므로, 사라가 임신하고, 하나님이 말씀하신 시기가 되어, 노년의 아브라함에게 아들을 낳았다고 기록하고 있습니다. 비록 사라의 몸을 빌려서 태어나게 하셨지만, 분명 이삭은 하나님께서 사라에게 낳게 하신 언약의 아들입니다.

그렇다면 이삭은 아브라함이 낳은 겁니까? 이삭을 주리라고 하신 하나님의 말씀이 낳게 하신 겁니까? 이삭은 "아브라함에게 아들이 있을 것이다."라고 하신 하나님의 말씀이 낳았습니다.

이처럼 하나님은 이삭의 이름을 개인적으로 그것도 미리 주셨습니다. 이렇게 하나님의 말씀대로 태어난 사람을 약속을 따라 난 자라고 합니다.

■ 요시야 왕의 이름과 그가 할 일을 미리 말씀하심

앞에서도 언급하였지만, 요시야 왕이 태어나게 된 배경을 간략하게 서술해 보겠습니다. 솔로몬 왕이 죽은 후에 이스라엘은 남과 북으로 나눠집니다. 남쪽은 솔로몬 왕의 아들 르호보암이 왕통을 이어받았고, 북쪽은 여로보암이라는 사람이 국민들의 추대를 받아 비정통이지만 새로운 왕국이 형성되었습니다. 그러나 비정통의 북이스라엘 왕이 된 여로보암에게 고민이 하나 생겼습니다. 이스라엘은 역사적으로 종교국가라, 절기 때마다 제사를 지내는 문화에 젖어 사는 사람들입니다. 여로보암은 북이스라엘 백성들이 절기에 제사를 드리러 예루살렘 성전으로 갔다가, 마음이 변하여 돌아오지 않을 수도 있다는 생각 때문에 고민에 빠졌습니다. 공교롭게도 예루살렘 성전은 남쪽의 유다에 위치하고 있었기 때문입니다. 그래서 여로보암은 북이스라엘의 벧엘과 단이라고 하는 두 곳에 산당을 지어 놓고 백성들로 하여금 거기에서 제사할 것을 명하였습니다. 그리고 여로보암이 직접 벧엘에 있는 산당에 올라가 분향을 하고 있을 때, 남쪽에서 올라온 선지자 한 명이 여로보암에 대해 예언을 하였습니다. 선지자의 예언은 요시야라는 이름의 왕이 태어나 지금 여로보암이 하고 있는 이러한 짓과 산당들에 대해 개혁을 일으킬 것이라는 내용입니다.

• 왕상13:1~3 보라 그 때에 하나님의 사람이 여호와의 말씀으로 말미암아 유다에서부터 벧엘에 이르니 마침 여로보암이 제단 곁에 서서 분향하는지라, 하나님의 사람이 제단을 향하여 여호와의 말씀으로 외쳐 이르되 제단아 제단아 여호와께서 이와 같이 말씀하시기를 **다윗의 집에 요시야라 이름하는 아들을 낳으리니** 그가 네 위에 분향하는 산당 제사장을 네 위에서 제물로 바칠 것이요 또 사람의 뼈를 네 위에서 사르리라 하셨느니라 하고, 그 날에 그가 징조를 들어 이르되 이는 여호와께서 말씀하신 징조라 제단이 갈라지며 그 위에 있는 재가 쏟아지리라 하매

여호와께서 다음과 같이 말씀하셨다는 것입니다. 남유다 다윗의 집에 요시야라는 이름의 아들이 태어날 것이며, 그가 여로보암에서 시작된 북이스라엘의 우상을 숭배하는 제사장을 제물로 바칠 것이며, 무덤에서 사

람의 **뼈**를 캐내어 불사를 것이라는 겁니다. 이것은 여로보암이 왕이 되던 b.c 920년경에 남유다로부터 온 어느 선지자를 통하여 하신 말씀입니다.

이 말씀이 성취되어 b.c 640년경에 남 유다에서 다윗의 17대손으로 요시야라는 자가 태어나 8세에 왕위에 올랐습니다. 그는 성전을 수리하다가 하나님의 율법책을 발견하고는 그동안 얼마나 자신들이 말씀에 어긋나게 살아왔는가를 깨닫고, 자신의 옷을 찢고 통회하며 종교개혁을 단행합니다. 남 유다에서뿐만 아니라 이미 앗수르에 멸망한 북이스라엘의 벧엘 지역까지 올라가서 산당을 불사르고, 산당에서 분향했던, 이미 죽어서 무덤에 있는 자들의 해골을 불살라 산당에 뿌렸습니다. 하나님의 말씀이 무려 300년 후에 이루어진 것입니다.

> • 왕하23:15~16   또한 이스라엘에게 범죄하게 한 느밧의 아들 여로보암이 벧엘에 세운 제단과 산당을 왕이 헐고 또 그 산당을 불사르고 빻아서 가루를 만들며 또 아세라 목상을 불살랐더라, 요시야가 몸을 돌이켜 산에 있는 무덤들을 보고 보내어 그 무덤에서 해골을 가져다가 제단 위에서 불살라 그 제단을 더럽게 하니라 이 일을 하나님의 사람이 전하였더니 그 전한 여호와의 말씀대로 되었더라

요시야라는 인물이 태어나기 300년 전에 이미 하나님께서 그의 이름을 말씀하셨고, 장차 그가 할 일에 대해서도 말씀하셨습니다. 세상에 태어난 사람들은 모두 이와 같이 하나님의 철저한 계획 속에서 정확한 때를 맞추어 보내진 사람들입니다. 물론 저와 여러분도 마찬가지입니다.

■ 고레스의 이름과 할 일을 미리 말씀하심

이스라엘 백성들이 바벨론에 포로로 끌려갔을 때, 하나님은 그들이 끌려가기 전에 이미 그들이 70년 동안 포로로 살 것에 대해 말씀하셨습니다. 그들의 포로생활 70년이 끝나갈 때, 하나님은 그들을 바벨론에서 구원해 내시기 위해 고레스라는 사람을 준비시키셨습니다.

고레스는 바사, 지금의 페르시아 왕국의 황제로서, 세계 최강의 위용을 떨치던 나라입니다. 고레스는 이스라엘 백성을 포로로 잡고 있던 바벨론을 멸망시키고, 페르시아 왕국을 건설한 기념으로, 이스라엘 백성을 고국으로 돌려보냈던 인물이기도 합니다.

> • 사45:1~4　여호와께서 그의 기름 부음을 받은 고레스에게 이같이 말씀하시되 내가 그의 오른손을 붙들고 그 앞에 열국을 항복하게 하며 내가 왕들의 허리를 풀어 그 앞에 문들을 열고 성문들이 닫히지 못하게 하리라, 내가 너보다 앞서 가서 험한 곳을 평탄하게 하며 놋 문을 쳐서 부수며 쇠 빗장을 꺾고, 네게 흑암 중의 보화와 은밀한 곳에 숨은 재물을 주어 네 이름을 부르는 자가 나 여호와 이스라엘의 하나님인 줄을 네가 알게 하리라, 내가 나의 종 야곱, 내가 택한 자 이스라엘 **(곧 너)**를 위하여 네 이름을 불러 너는 나를 알지 못하였을지라도 네게 칭호를 주었노라

이스라엘은 그때 바벨론이라고 하는 영적 흑암에 갇혀 있었습니다. 그러나 그들은 해방되어야 할 백성으로서 그들이 하나님에게는 보화라는 것입니다. 예수님을 믿는 당신이 그렇습니다. 당신이 당신 자신을 볼 때는 형편없는 낙오자처럼 보일이지 모르나, 하나님이 보실 때는 세상에 둘

도 없는 보화입니다. 하나님은 그 보화를 찾아내기 위해서 고레스라는 사람의 손을 잡고 바벨론의 쇠 빗장을 꺾으셨습니다. 이스라엘을 위하여 하나님은 고레스라는 이름을 불러 그에게 황제의 칭호를 주셨던 겁니다(4절에서 괄호친 부분은 성경의 오역으로 생략되어야 옳은 해석입니다). 하나님은 이스라엘을 구하시기 위하여 이사야를 통하여 130년 후에 쓰실 고레스라는 인물을 미리 말씀해 놓으셨던 것입니다. 이 일을 놓고 고레스가 태어나기 전에 기록된 이사야서와 고레스가 나오는 이사야서의 연대가 맞지 않는다고 하여 이사야를 1, 2, 3 이사야로 분류하는 설도 있습니다만, 하나님은 얼마든지 또한 이미 여러 차례 태어나기도 전에 그 사람의 이름과 그를 통해 하실 일을 지명하셨던 분입니다.

■ 세례 요한의 이름과 할 일을 미리 말씀하심

하나님은 예수님을 이 땅에 보내시기 6개월 전에 세례 요한이라고 하는 자를 준비시키셨습니다. 세례 요한의 부친은 사가랴였으며 모친은 엘리사벳으로 그들은 본래 임신하지 못한다고 알려진 사람들입니다. 그런데 하나님께서 천사장 가브리엘을 보내어 그들이 아들을 낳을 것을 알려 주셨습니다. 사가랴는 천사의 말에 부정적인 반응을 보였습니다. 왜냐면 이미 자기들이 나이가 많아서 아기를 생산할 능력이 없다고 생각했기 때문입니다. 그러나 하나님의 일은 언제고 하나님의 말씀대로 진행됩니다.

• 눅1:36 보라 네 친족 엘리사벳도 늙어서 아들을 배었느니라 본래 임신하지 못한다고 알려진 이가 이미 여섯 달이 되었나니

• 눅1:13 천사가 그에게 이르되 사가랴여 무서워하지 말라 너의 간구함이
들린지라 네 아내 엘리사벳이 네게 아들을 낳아 주리니 **그 이름을 요한이라**
하라

하나님은 자신이 늙어서 아이를 낳을 수 없다고 포기하고 살아가던 사
가랴에게 아들을 주시겠다며 그 이름을 요한이라고 지을 것을 명령하셨
습니다. 뿐만 아니라 그가 태어나 할 일도 미리 말씀해 주셨습니다. 말씀
대로 세례 요한은 태어났고 그는 예수님의 오실 길을 준비하는 자가 되어
말씀처럼 인생을 살았습니다. • 시139편의 "우리의 인생이 시작되기도
전에 주의 책에 다 기록이 되었다."는 말씀의 의미가 여러분에게도 예외
가 아님을 기억하시기 바랍니다.

KEY 하나님은 전지하시기 때문에 인류의 역사 속에서 진행되는 모든
사건을 다 알고 계실뿐만 아니라, 영생이라는 속성상 그 세계에는
세상에서 진행되는 시간의 개념이 아무런 의미가 없는 것이다.

적용 :: 빌리 그래함 목사님은 "세상에 뉴스는 없다. 단지 하나님께서
하신 말씀이 이루어져 갈 뿐이다."라고 말했습니다. 사건을 미리
말씀으로 해 놓으신 하나님에게는 그 결말에 대한 확실한 계획
도 있습니다. 인생도 마찬가지입니다. 모든 인생들이 하나님이
말씀하신 대로 단 1mm의 오차조차 없이 진행되었음을 우리는
확인했습니다. 그렇다면 믿는 자의 미래에 대해 하나님은 어떤
말씀을 하셨습니까? • 벧전1:5에서 "너희는 말세에 나타내기로

예비하신 구원을 얻기 위하여 믿음으로 말미암아 하나님의 능력으로 보호하심을 입었다" 라고 말씀하십니다. 하나님은 당신 앞에 보이실 구원을 얻게 하시려고, 이미 하나님의 능력으로 당신을 보호하고 계십니다. 이 사실을 믿는 믿음으로 현재라는 시간 위에 서십시오.

기도 § 하나님, 제 인생의 시작부터 끝까지 완전히 보호해 주심을 감사합니다. 이제 현재에 보여 지는 문제들 때문에 두려움에 떨지 않고 나타내실 구원 때문에 감사하겠습니다. 구원자 예수님의 이름으로 기도합니다. 아멘

7. 나를 찾아내시는 하나님

구원은 하나님과의 새로운 만남입니다. 출생 후 부모와 떨어져 살게 된 아이는 부모의 얼굴을 알 수 있을까요? 그리고 스스로 잃어버린 부모를 찾아올 수 있을까요? 잃어버린 아이와 부모와의 만남은 어떻게 해야 가능할까요? 형편 때문에 할 수없이 버린 자식이 아니라, 실수로 잃어버린 자식이라면, 찾아내는 쪽은 아이가 아니라 바로 부모일 것입니다.

모든 인생과 역사의 수레바퀴가 여호와의 말씀에 의하여 진행되고 있음을, 이삭과 요아스 왕과 고레스 왕과 세례 요한의 예를 들어 알아보았

습니다. 그렇다면 나에 대해서는 하나님께서 침묵하고 계신 걸까요? 혹시 당신은 '그 사람들은 성경에 나오는 위대한 지도자들이니까 그렇지'라는 생각을 하고 계신가요? 그런데 하나님께서는 저와 여러분을 모세보다 더 큰 자라고 말씀하셨습니다. 아니 세례요한보다도 더 큰 자라고 말씀하셨습니다. 왜냐면 우리는 이 땅에서 구약의 사람들이 믿음으로만 바라보았던 그 예수님을 실제 마음속에 모시고 살기 때문입니다.

> • 마11:11 내가 진실로 너희에게 말하노니 여자가 낳은 자 중에 세례 요한보다 큰 이가 일어남이 없도다 그러나 천국에서는 극히 작은 자라도 그보다 크니라

하나님은 아담이 선악과를 따먹자 인간에 대한 구원의 계획을 세워놓으시고 인간을 구원한 메시야를 기다릴 것에 대해 말씀하셨습니다.

> • 창3:15 내가 너로 여자와 원수가 되게 하고 네 후손도 여자의 후손과 원수가 되게 하리니 여자의 후손은 네 머리를 상하게 할 것이요 너는 그의 발꿈치를 상하게 할 것이니라 하시고

이 말씀은 아담을 넘어뜨린 뱀에게 주시는 저주이며, 인간에게 주시는 희망의 복음입니다. 그러나 이때만 하더라도 여자의 후손이 누구인지를 잘 몰랐을 것입니다. 그래서 이 부분을 원시복음이라고들 말합니다. 뿌옇고 희미하게 메시야에 대하여 말씀하신 복음이라는 것이지요.

- 사7:14 　그러므로 주께서 친히 징조를 너희에게 주실 것이라 보라 처녀가 잉태하여 아들을 낳을 것이요 그의 이름을 임마누엘이라 하리라

- 사9:6 　이는 한 아기가 우리에게 났고 한 아들을 우리에게 주신 바 되었는데 그의 어깨에는 정사를 메었고 그의 이름은 기묘자라, 모사라, 전능하신 하나님이라, 영존하시는 아버지라, 평강의 왕이라 할 것임이라

시간은 흘러 이사야 시대에는 주님께서 보다 상세하게 설명을 주셨습니다. 창세기에서 말씀하셨던 여자의 후손은 처녀에게서 잉태될 것이며, 그 아기의 이름은 기묘자, 모사, 전능하신 하나님, 영존하시는 아버지, 평강의 왕이라는 것입니다. 하나님의 이름으로 불리어지는 자는 바로 예수님입니다.

- 요1:29 　이튿날 요한이 예수께서 자기에게 나아오심을 보고 이르되 보라 세상 죄를 지고 가는 하나님의 어린 양이로다

시간은 인간의 역사를 타고 때가 찼기 때문에 하나님의 계획대로 약속하셨던 예수님이 오셨습니다.

- 마11:11 　내가 진실로 너희에게 말하노니 여자가 낳은 자 중에 세례 요한보다 큰 이가 일어남이 없도다 그러나 천국에서는 극히 작은 자라도 그보다 크니라

여자가 낳은 자는 이 세상에 태어난 모든 사람들을 말합니다. 구체적으

로는 세례 요한 이전의 구약의 사람들을 말하는 것이지요. 그들은 세례 요한보다 작다는 것입니다. 그러나 천국에서는 극히 작은 자라도 세례 요한보다 크다고 하십니다. 작은 자는 누구이며, 지금 이 말씀은 누구에게 하시고 있는 건가요? 이 말씀은 물론 광야에 세례 요한의 말을 들으러 나갔던 그의 제자들을 가리켜 하신 말씀입니다.

지금 광야에서 세례 요한의 가르침을 받아왔던 그들, 즉 작은 자들이 왜 세례 요한보다 큰 자라는 말인가요? 그 이유는 그들 안에 예수님이 계시기 때문입니다. 사실 아담이나 이사야나 세례 요한 이전의 사람들은 예수님에 대해 약속만 받았을 뿐 얼굴도 보지 못하고 죽은 사람들입니다. 구약의 사람들은 예수님에 대해 듣기만 했던 사람들이고, 세례 요한은 예수님을 보았던 사람이고, 그 이후의 사람들은 예수님을 속에 모신 자들입니다. 그리고 우리는 내 안에 예수님이 계시니 세상에서 가장 큰 자라는 말씀입니다. 세례요한의 제자들도 그래서 세례 요한보다 큰 자라고 말씀하셨던 것입니다.

• 히3:5~6 또한 **모세는** 장래에 말할 것을 증언하기 위하여 **하나님의 온 집에서 종**으로서 신실하였고, 그리스도는 하나님의 집을 맡은 아들로서 그와 같이 하셨으니 우리가 소망의 확신과 자랑을 끝까지 굳게 잡고 있으면 **우리는 그의 집이라**

히브리서는 모세를 '하나님의 집의 종'이라고 말씀합니다. 그런데 하나님을 거룩한 영으로 내 안에 모신 우리들은 하나님의 집의 종이 아니라 곧 하나님의 집이라고 말씀합니다.

그러니 여러분이 아브라함보다, 모세보다, 다윗보다, 솔로몬보다 그 어느 누구보다 탁월한 자라는 사실을 아시겠지요? 이런 말씀을 보실 때 부디 느낌이나 감정으로 성경을 보지 말고 사실을 가지고 보시기 바랍니다. 그러면 더욱더 은혜가 됩니다. 왜냐면 하나님은 감정의 하나님이 아니라 사실의 하나님이시기 때문입니다. 지금 우리 안에 하나님께서 거룩한 영으로 계시다는 사실을 꼭 붙잡으시기 바랍니다.

더구나 당신 안에 성령으로 들어오신 예수 그리스도는 살려주는 영으로 오셨습니다. 아담이후의 구약 사람들은 오실 메시아를 기다리다 죽었습니다. 그들은 단지 짐승의 피로 제사를 드렸던 믿음 때문에 그 믿음이 구원으로 인정되지만, 우리는 살려주는 영이 내 안에 들어오셔서 나를 살려내셨으므로 나는 살아난 영과 연합된 성령으로 살아가는 존재가 된 것입니다.

하나님은 정말 나를 개인적으로 불러 내셨을까요?

바벨론에서 이스라엘을 구원하시는 하나님께서 이스라엘을 두고 내가 너를 지명하여 불렀다고 말씀하십니다. 하나님은 나를 지명하여 부르셨고, 나를 하나님의 것이라고 말씀하셨습니다.

• 사43:1 야곱아 너를 창조하신 여호와께서 지금 말씀하시느니라 이스라엘아 너를 지으신 이가 말씀하시느니라 너는 두려워하지 말라 내가 너를 구속하였고 내가 너를 **지명하여 불렀나니** 너는 내 것이라

• But now, this is what the LORD says — he who created you, O Jacob, he who formed you, O Israel: "Fear not, for I have redeemed you; **I have summoned you by name;** you are mine.

하나님은 "내가 너를 지명하여 불렀다."라고 말씀하십니다. 지명하여 불렀다는 말의 의미를 영어 성경으로 보면, '내가 너를 너의 이름에 의하여, 그 이름을 불러서 구원했다.'는 말입니다. 그래서 너는 나의 것이라고 말씀하시는 것입니다. 우리에게 이름을 주신 이가, 우리의 이름을 불러서, 구원해 내시는 것입니다. 왜 부르셨지요? 하나님의 것이기 때문입니다.

하나님께서 이삭, 요시야, 고레스, 세례 요한 등의 이름을 직접 불러 미리 말씀하셨던 것처럼 당신의 이름도 미리 말씀하셨습니다. 만약 그렇게 말씀하시지 않았다면 당신은 이 세상에 태어나지도 않았을 것입니다. 이 사실은 세상 모든 만물들은 말씀에 의해 지어졌다는 원리에 의해서도 그렇지만, • 요 10장은 이 사실을 더욱 분명하게 증언해 주고 있습니다.

> • 요10:3 문지기는 그를 위하여 문을 열고 양은 그의 음성을 듣나니 그가 자기 양의 이름을 **각각** 불러 인도하여 내느니라

이스라엘에 가면 지금도 목동들이 양을 데리고 풀이 있는 곳을 따라 옮겨 다닙니다. 밤에는 몇 팀이 함께 모여서 울타리를 만들어 함께 합숙을 시키는 것이 보통입니다. 목동들은 양과 친구가 되어 방목생활을 하기에 일일이 양들마다 이름을 지어 줍니다. 캄캄한 밤에 여러 팀의 양들을 한 울타리에 몰아넣고 잠들었을 때, 한 신학자가 찾아와 정말 양들이 자기 목자의 음성을 알아 듣는지 실험을 해보았습니다. 한 목동이 자기 양이 아닌 다른 팀의 양의 이름을 불렀을 때 그 양은 꼼짝도 하지 않았습니다. 그러나 자기 목자가 자기의 이름을 부르면 어김없이 목자 옆에 와서 앉는 것이었습니다. 이런 상황을 놓고 주님은 • 요10:4에서 양은 목자의 음성

을 알기에 목자가 앞서 가면 그 음성을 듣고 따라 간다고 말씀하시는 것입니다.

아침이 되어 다시 자기 양들을 데리고 방목을 떠날 때에 목자들은 울타리를 한꺼번에 풀어헤치는 것이 아니라 울타리의 문에서 자기 양의 이름을 하나하나 불러낸다고 합니다. 그러면 자기 이름을 부르는 목자의 음성을 알아듣고 차례차례 나온다는 겁니다. 이것이 '자기 양의 이름을 각각 불러' 인도하여 내는 것입니다.

주님은 당신의 이름을 이렇게 개인적으로 부르셨습니다. 다만 그 이름들이 너무 많아서 성경책에 기록하지 않았을 뿐입니다. 주님께서 당신을 부르실 때 불러주신 이름은 '거듭난 자' 입니다. 그분이 부르신 절대적 부르심, 유일한 부르심, 그 부르심이 바로 'the Calling' (더 콜링)입니다.

우리는 보이는 세상만 바라보느라 분주해서 내가 누구인지도 모르고 살았습니다. 그래서 늘 염려와 걱정과 근심이 나를 에워싸게 만들었습니다. 그러나 알고 보니 나는 하나님의 생명 안에서 벌써부터 있었던 자이며, 그 영혼이 육신의 옷을 입고 이 세상에 출생할 때에, 출장을 나온 거였습니다. 그리고는 흑암의 세상에서 죄로 인해 나를 만드신 하나님을 잃어버리고 '잃어버린 자' 라는 이름을 가지고 살아왔던 것입니다. 그런데 하나님은 예수님으로 오셔서, 한 명 한 명 자기의 백성을 찾아내셨습니다. 그리고 우리가 궁극적으로 돌아가야 할 본향으로 반드시 데려가실 것입니다.

• 히11:15~16 그들이 나온바 본향을 생각하였더라면 돌아갈 기회가 있었으려니와, 그들이 이제는 더 나은 본향을 사모하니 곧 하늘에 있는 것이라 이

아브라함은 믿음의 길을 가는 것이 힘들어 도중에 포기하고 그가 살았
던 갈대아 우르로 돌아갈 수도 있었지만, 하늘에 있는 더 나은 본향을 사
모했기에 믿음의 승리자가 될 수 있었습니다. 우리는 하나님께로부터 왔
으며 이제 다시 하나님 나라를 향해 가야할 사람입니다. 지금 우리는 더
나은 본향을 향해 걸어가는 과정에 있습니다. 이 길은 나 혼자 가는 길이
아니기에 안전합니다. 지금 예수님이 우리 안에 계셔서, 우리와 동행하시
며, 우리를 안전하고 복된 길로 이끌어 가십니다. 우리를 기억하시고, 끝까
지 찾아내어 불러내신 구원의 하나님을 마음껏 누리며 사시기 바랍니다.

KEY 나는 내 의지가 아닌 하나님의 계획 속에서 태어난 자이며, 그러기
에 하나님께서 나를 찾아오신 것이다.

적용 :: 방학숙제로 배를 만든 학생이 강가에 띄워보고 싶어 띄웠다가
떠내려가는 강물에 놓치고 말았습니다. 가슴앓이를 하던 어느
날 학교 앞 가게에 그 배가 진열되어 있는 것을 발견했습니다.
그러나 주인은 배의 값을 요구했습니다. 그 학생은 용돈을 모아
한 달 뒤에 그 배를 샀습니다. 그 배를 가슴에 안고 돌아오면서
그는 중얼거렸습니다. "다시는 안 놓칠 거야!" 잃어버린 당신을
찾아내신 하나님은 다시는 당신을 놓치지 않습니다. 당신이 질
곡과도 같은 환경에 놓인다 할지라도....... 그래서 당신은 어디에

서든지 평강할 수 있습니다. 평강은 모든 것을 이기는 승리의 비
결입니다.

기도§ 하나님, 거듭났다는 것, 하나님께 찾아졌다는 것의 의미를 새삼
깨닫습니다. 이제 어디에 가든지 나를 찾아내신 하나님이 항상
나와 함께 하심을 누릴 수 있는 평강으로 제 마음을 채우겠습니
다. 평강의 주인이신 예수님의 이름으로 기도합니다. 아멘

8. 거듭남의 증거

"성도님은 지금 살아가고 있습니까? 죽어가고 있습니까?"

그러자 한 집사님이 이렇게 대답하더군요. "목사님, 살아가고 있다는
말이 맞는 것 같기도 하고, 죽어가고 있다는 말이 맞는 것 같기도 한데,
아무튼 제가 늙어가고 있는 것은 확실합니다."

사람들이 이것을 혼돈하는 이유는 살아 있다는 공통점 때문입니다. 죽
어가고 있는 사람도 살아가고 있는 사람도, 모두 지금 살아있는 상태라는
공통점, 그래서 죽어가고 있으면서도 나도 남들처럼 살아가고 있다고 착
각을 하는 겁니다. 그러나 이 두 사람 사이에는 분명한 차이점이 있습니
다. 구원 받고 거듭난 자는 영생을 얻었으므로 살아가고 있는 것이나, 구
원 받지 못한 채 사는 사람은 영생을 얻지 못했으므로 영은 이미 죽은 상

태에서 그 목숨도 죽어가고 있는 것입니다.

여러분은 어떻습니까? 죽어가고 있나요? 아니면 살아가고 있나요?

■ 거듭났음을 확신할 수 있는 이유

내가 구원받고 거듭났음을 어떻게 확신할 수 있는가? 성경은 거듭난 자의 확증에 대하여 자세하게 말씀하고 있습니다. 그러므로 성경말씀을 통하여 우리가 구원받고 거듭난 것은 감정이 아니라 실제적으로 일어난 사실임을 알아보도록 하겠습니다.

구원의 사건은 내 생각과 느낌이 어떠한가에 의해 좌우되는 것이 아닙니다. 그럼에도 그동안 내가 거듭났다는 사실에 대한 확신이 없어서, 성도가 누리는 자유와 분복을 마음껏 누리지 못하고 살아오지는 않았습니까? 그렇다면, 지금부터 제시하는 구원받은 자의 확증이 되는 사항들 중, 어느 한 가지라도 해당되는 것이 있다면, 이제부터는 구원의 확신과 기쁨을 가지고 마음껏 인생을 누리며 행복하시기 바랍니다.

① 나는 예수님을 구원자로 믿고 있는가?

내가 만약 예수님을 구원자로 믿고 있다면 나는 분명히 거듭난 사람입니다. 그리고 내가 예수님을 구원자로 믿게 한 그 믿음도, 엄밀히 말하면 내 이성이나 의지가 아니었습니다. 성경은 분명 하나님께서 나에게 영생을 주시기로 작정하셨기에 내게 믿음을 주셨다고 말씀하셨습니다.

• 행13:48 이방인들이 듣고 기뻐하여 하나님의 말씀을 찬송하며 영생을 주시기로 작정된 자는 다 믿더라

하나님께서 나에게 믿음을 주셨기에 내가 예수님을 믿게 된 것입니다.

• 엡2:8 너희는 그 은혜에 의하여 믿음으로 말미암아 구원을 받았으니 이것은 너희에게서 난 것이 아니요 하나님의 선물이라

앞에서 잠깐 언급하였듯이 • 마2:1~2에 보면 동방으로부터 박사들이 유대인의 왕으로 나신 분을 경배하기 위하여 예루살렘에 왔습니다. 그들이 헤롯왕을 찾아가 '유대인의 왕이 어디서 나셨는가?' 물었습니다. 이때 헤롯왕은 • 마2:4에서 '그리스도가 어디서 나겠느냐?' 고 대제사장과 서기관들에게 묻습니다. 즉 헤롯왕은 유대인의 왕으로 나실 이가 그리스도임을 알고 있었다는 말입니다. 그럼에도 헤롯왕은 유대인의 진정한 왕을 영접하러 가지 않았습니다. 거기다 • 마2:5~6을 보면 헤롯왕의 질문에 대하여 대제사장과 서기관들은 한 술 더 떠 이렇게 대답합니다.

• 마2:5~6 왕이 모든 대제사장과 백성의 서기관들을 모아 그리스도가 어디서 나겠느냐 물으니 이르되 유대 베들레헴이오니 이는 선지자로 이렇게 기록된바 또 유대 땅 베들레헴아 너는 유대 고을 중에서 가장 작지 아니하도다 네게서 한 다스리는 자가 나와서 내 백성 이스라엘의 목자가 되리라 하였음이니이다

그들은 그리스도가 나실 장소까지 외우고 있었지만 그들도 역시 구원

자 예수님을 만나러 가지는 않았습니다. 이처럼 예수님을 영접한다는 것은 지식으로 안다고 해서 되어지는 일이 아닙니다. 그래서 하나님께서 은혜로 주시는 믿음이 있어야 하는 거지요. 한 예를 더 들어보겠습니다.

> • 요18:12~14 이에 군대와 천부장과 유대인의 아랫사람들이 예수를 잡아 결박하여, 먼저 안나스에게로 끌고 가니 안나스는 그 해의 대제사장인 가야바의 장인이라, 가야바는 유대인들에게 한 사람이 백성을 위하여 죽는 것이 유익하다고 권고하던 자러라

대제사장 가야바는 예수님이 어떤 분인가에 대해서 알고 있는 사람이며, 자기가 알고 있는 예수님에 대해 말도 하던 사람입니다. 그리고 한 사람인 예수님이 백성을 위하여 죽어야 백성들이 구원을 받게 됨으로써 백성들에게 유익이 된다는 것까지도 알고 있었던 사람입니다. 그럼에도 그는 예수님을 영접하기는커녕, 도리어 십자가에 못 박는데 내어주었습니다. 이렇게 진리에 대한 정보를 아는 것과, 진리이신 예수님을 영접하는 것은 별개의 문제입니다. 정보로써는 안다 할지라도, 하나님이 허락하지 않은 사람은 그 사실이 믿어지지 않습니다.

여러분은 예수님을 구원자로 믿고 있습니까? 그렇다면 당신은 분명 하나님의 은혜로 영생을 받은 사람입니다. 이 말은 곧 당신은 분명히 구원을 받았다는 말이며 거듭났다는 확증입니다.

② 나는 하나님을 자연스럽게 아버지라고 부르고 있는가?

우리는 아무리 친밀한 사이라 하더라도 아무에게나 아버지라고 부르지는 않습니다. 어린애라 할지라도 아무 아저씨나 가리키며 아버지라고 불러보라고 시키면 순순히 따라하지 않습니다. 자기 아버지가 아니니까요. 때문에 불신자들은 절대로 하나님을 아버지라고 부르지 못합니다. 그런데 내가 하나님을 아버지라고 부르는데 전혀 어색하지 않다면, 그건 내가 하나님의 자녀이기 때문입니다.

• 요3:6 말씀처럼 '육으로 난 것은 육이요 영으로 난 것은 영이니' 내가 하나님의 영으로 태어난 하나님의 자녀이기 때문에 하나님을 아버지라고 부르는 것입니다. 하나님을 아버지라고 부르는 나는, 하나님께서 영생을 주시기로 작정한 사람입니다. 비록 이성으로는 거듭난 사실을 잘 알지 못한다 할지라도, 분명 영적으로 실제 경험하였기 때문에 그렇습니다. 왜냐면 성령님께서 내 안에 계신 자라야 하나님을 아빠 아버지라 부를 수 있기 때문입니다.

이 말씀은 성령께서 우리 안에 들어오셔서 나로 하여금 하나님이 우리의 아버지가 맞다라고 우리에게 인정을 해 주셔서 우리가 그렇구나라고 깨닫고 인정하기 때문에 아버지라고 부르게 된다는 것입니다. 우리가 하나님을 자연스럽게 아버지라고 부를 수 있는 것도 사실은 성령께서 부르게 해주셨기 때문입니다.

③ 내가 지금 방언을 하고 있다면?

물론 방언을 하느냐, 못하느냐로 구원을 받았느냐, 아니냐를 판단한다는 뜻은 절대 아닙니다. 그러나 성령을 받은 사람들에게 나타나는 표징 중의 하나가 방언인 것은 사실입니다. 물론 지금 방언을 하지 못한다 해서 구원을 못 받았다는 말은 아닙니다. 그러나 내가 지금 방언을 하지 못하는 것은, 엄밀히 따지고 보면 못하는 것이 아니라, 하지 않고 있는 것입니다. 무슨 말인가? 성령을 받은 사람은 이미 방언을 하게 되어 있기 때문입니다.

• 행2:4을 보면 성령의 충만을 받은 사람들이, 성령이 말하게 하심을 따라, 다른 언어들로 말하기를 시작했습니다. 즉 방언이란 성령이 말하게 하심을 따라 하는 말입니다. 사람이 발성하여 말하게 되는 것은, 자신의 판단과 의지로 구강구조를 움직였기 때문입니다. 즉 '아버지'라는 말을 하고자 한다면, 입의 모양을 동그랗게 그리고 위 아래로, 그 다음은 옆으로 벌려서 음을 발성하면, 아버지라는 소리가 발성되는 것이지요. 이러한 발성은 학습과 훈련으로 습득된 것입니다. 그런데 방언을 한다함은 이렇게 배워서 내는 소리가 아니라, 성령이 내 안에 들어오셔서 친히 나의 구강구조를 움직이시는 것을 말합니다. 그래서 뜨겁게 방언기도를 하다가 보면 자기 혀가 깨물리는 경우를 다 경험하게 되는 거지요. 자기 의지로 움직이는 것이 아니라는 뜻입니다.

• 히4:12 하나님의 말씀은 살아있고 활력이 있어 좌우에 날선 어떤 검보다도 예리하여 혼과 영과 및 **관절과 골수**를 찔러 쪼개기까지 하며 또 마음의

하나님의 말씀은 성령과 같은 인격입니다. 그래서 그 말씀이신 성령이 우리 속에 들어오시면 관절과 골수인 우리의 육체, 곧 우리의 구강구조를 움직이셔서 말하게 하시는 것입니다. 그렇게 되면 우리의 생각대로 구강구조가 움직여지지 않기 때문에, 발성 역시 우리의 이성으로 알아들을 수 없는 언어들이 나오는 것이지요. 방언이란, 이와 같이 성령께서 말하게 하심을 따라 하는 말입니다. 그러므로 내가 방언을 말한다 함은, 곧 성령님께서 내 안에 계셔서 나로 하여금 말하게 한다는 것의 증거가 됩니다.

베드로가 한 날은 고넬료의 집에서 설교를 했습니다. 그때 성령께서 말씀을 듣는 고넬료 집안의 모든 사람들에게 임하여 온 집안이 방언으로 말하게 하심을 목격하였습니다. 성경은 이 사건을 증거하고 있습니다.

• 행10:44~46 베드로가 이 말을 할 때에 성령이 말씀 듣는 모든 사람에게 내려오시니, 베드로와 함께 온 할례 받은 신자들이 이방인들에게도 성령 부어 주심으로 말미암아 놀라니, **이는 방언을 말하며 하나님 높임을 들음이러라**

물론 귀신에 의한 방언도 있습니다. 방언이라는 의미 자체가 지역 사투리를 말하는 것이기 때문에 이성적으로 훈련받지 않은 다른 언어를 말하는 것은 다 방언이라고 할 수 있습니다. 그러나 이것이 하나님이 주신 것인가를 아닌가를 분별할 수 있는 증거가 있습니다. 바로 방언을 말하며 하나님을 높이는가, 아닌가를 보면 알 수가 있습니다. 위 본문에서 분명 '이는 방언을 말하며 하나님 높임을 들음이러라.' 라고 말하고 있습니다.

나는 지금 방언으로 하나님을 높이고 있는가? 그렇다면 지금 내 안에 성령님이 함께 계시다는 확실한 증거입니다. 성령께서 친히 나로 하여금 하늘의 신령한 언어인 방언으로 말하게 하시며, 하나님께는 영광을 돌리고, 나의 영혼에 유익을 주는 기도를 하게 하시는 것입니다. 성령이 내 안에 함께 계시는 사람, 그래서 방언을 말하는 사람, 나는 분명 거듭난 사람입니다.

④ 나는 예수님을 주님이라고 부르고 있는가?

당신은 예수님을 주님이라고 부르고 있습니까? 예수님을 주님이라고 부른다는 말은 곧 나는 주님의 종이라는 고백이기도 합니다. 예수님을 주님이라고 부른다는 말은, 예수님의 의사결정에 따라 목숨까지도 내어놓고 따를 각오가 되어있다는 말입니다. 그래서 예수님을 주님이라고 부른다는 말은 예수님은 곧 나의 주인이시며, 나는 예수님의 소유물이오니 예수님께 전적으로 나의 인생 전체를 바친다는 고백입니다.

또한 예수님을 주님이라고 부른다는 말은, 예수님께서 나를 이 질곡 같은 환란 가운데서 건져, 영원한 생명을 주실 것을 믿는다는 신앙고백입니다. 이러한 고백 역시 자신의 생각이나 충동적 감정으로 할 수 있는 것이 아님을 성경은 말씀하고 있습니다.

• 고전12:3 그러므로 내가 너희에게 알리노니 하나님의 영으로 말하는 자는 누구든지 예수를 저주할 자라 하지 아니하고 또 **성령으로 아니하고는** 누구든지 예수를 주시라 할 수 없느니라

나는 예수님을 주님이라고 부르는데 자연스러운가? 그렇다면 그건 내 안에 계신 성령께서 나를 주장하여 고백하게 하셨음을 알아야 합니다.

앞에서 1차 구원을 설명할 때의 그림(159쪽)을 보십시오. 믿는 자들이 예수님을 어떻게 영접하게 되었습니까? 복음이 선포되면 그 복음은 그냥 말이 아니라 하나님의 인격이신 '말씀'입니다. 그 말씀은 당신이 인식을 하고 못하고와 상관없이 그 말씀을 듣는 당신 안으로 들어오십니다. 즉 성령이 들어오시는 것입니다. 그 성령은 죽었던 당신의 영을 살려냅니다. 성령에 의해 살아난 당신의 영은 이제 살아났으니 비로소 성령의 뜻이나 음성을 들을 수가 있습니다. 성령은 예수님이 주님이시라는 것을 너무나 잘 알고 계십니다. 왜냐하면 예수님이 영으로는 성령이시니까요.

그래서 당신 안에 들어오신 성령께서 예수님이 주님이시라고 살아난 당신의 영에게 말하면 당신의 영은 그것을 깨닫고 '그렇구나'라고 인정을 하게 되는 것입니다. 그렇게 인정하는 사실을 당신의 영은 당신의 혼에 전달을 하게 됩니다. 그러면 당신은 당신의 육체인 입술을 통하여 예수님을 '주님'이라고 고백하게 되는 겁니다. 현상적으로는 당신이 그냥 당신의 생각으로 주님이라고 불렀을지 모르지만, 영적으로는 이러한 원리 때문에 부를 수 있었던 것입니다. 예수님을 주님이라 고백할 수 있는 것은 분명 나의 아버지 곧 성령께서 허락하신 은혜입니다. 그러므로 나는 분명 거듭난 사람입니다.

⑤ 나는 말씀에 아멘으로 화답하는가?

'아멘'이라는 말은 상대의 말에 대해 동의를 한다는 의미입니다. '그렇습니다. 그렇게 되기를 원합니다. 그렇게 살기를 원합니다.' 이런 뜻을 담은 화답입니다. 여러분은 하나님의 말씀을 읽거나 또는 설교를 들을 때 '아멘' 이라고 화답하는 것에 자연스럽습니까? 그렇다면 여러분 안에 계신 성령님께서 '그 말이 맞다' 라고 동의해주셨다는 증거입니다. 단지 아멘이라고 대답하는 것 역시 나의 자의적인 생각으로 일어날 수 있는 일이 결코 아니기 때문입니다.

> • 신27:15　장색의 손으로 조각하였거나 부어 만든 우상은 여호와께 가증하니 그것을 만들어 은밀히 세우는 자는 저주를 받을 것이라 할 것이요 모든 백성은 응답하여 말하되 아멘 할지니라

아멘이라는 화답은 하나님께서 하신 말씀에 대해 하나님의 사람들이 하는 응답입니다. 내가 원하던지 원하지 않던지 하나님께서 하신 말씀은 반드시 이루어지게 되어 있습니다. 그렇기 때문에 하나님께서 하신 말씀에 대해, 내가 그 말씀대로 이루어질 것을 믿는다는 응답으로 아멘을 했으면, 아멘을 한 나의 믿음 때문에, 그 말씀은 반드시 이루어지는 것입니다. • 고후 1:20은 이것을 말씀하고 있습니다.

> • 고후1:20　하나님의 약속은 얼마든지 그리스도 안에서 예가 되니 그런즉 그로 말미암아 우리가 아멘 하여 하나님께 영광을 돌리게 되느니라

하나님의 약속은 그리스도 안에서 분명히 이루어지는 정확한 말씀입니다. 왜냐하면 그리스도가 우리의 죄를 다 담당하셨으므로, 이미 응답의

장애물이 그리스도 안에서 없어졌기 때문입니다. 그러므로 죄의 모든 것을 담당하신 예수 그리스도로 말미암아 우리가 '하나님의 약속은 이루어질 수밖에 없는 맞는 말씀입니다.' 라고 하여 '아멘' 하면, 하나님께 영광을 돌릴 수 있는 말씀의 성취가 일어나는 것이지요. 그러므로 아멘은 하나님의 말씀이 맞다고 인정하는 하나님의 사람만이 할 수 있는 화답입니다. 오직 '그리스도로 말미암아서만 아멘' 을 할 수 있고 불신자들은 더러 공감은 하더라도, 믿음으로 아멘은 할 수가 없는 것입니다.

우리는 성경의 저자는 성령이라고 믿고 알고 있습니다. 우리가 말씀을 읽고 설교를 들을 때 아멘으로 응답할 수 있는 것은, 내 안에 성경의 저자이신 성령님이 우리가 읽고 듣는 말씀에 대하여 그 말이 맞다라고 인정하시기 때문입니다. 그렇기 때문에 목사가 설교할 때 아멘하게 하심도, 성령께서 자신이 쓰신 내용에 대해 '맞게 말하였다, 옳다' 라고 인정하게 하신 것이고, 말씀을 읽고 묵상하며 내 삶에 적용하려할 때도 성경을 근거로 '맞다' 라고 인정하셔서 아멘하게 하시는 것입니다. 그러므로 내가 말씀 앞에서 아멘을 하고 있다면 그것은 분명 내가 거듭났다는 증거입니다.

⑥ 내 안에 계신 성령님을 구원에 대한 보증인으로 믿는가?

이제까지 설명한 5가지 중에 나에게 해당되는 사항은 몇 가지나 있었습니까? 최소한 하나라도 있었다면, 그건 내 안에 성령님이 계시다는 증거이며 그 성령님의 보증으로 나는 분명 거듭난 사람입니다. 그동안 실감하지 못하였다면 그것은 단지 잘 몰랐거나 흔들리고 있었을 뿐이요, 몰랐다 할지라도 또한 흔들린다 할지라도 내가 구원 받은 사실에는 전혀 영향이 없습니다. 혹시 그동안 잘 몰랐다면 그것은 잃어버린 자식이요, 행여 흔들렸다면 그것은 어린 자식일 뿐입니다. 잃어버린 자식은 찾아내면 되는 것이고, 어린 자식은 키워 가면 되는 것이지요.

아브라함의 자손이라 함은 믿음으로 말미암은 자들을 말합니다. 즉 믿음으로 말미암아 하나님의 자녀가 되는 자들은 다 믿음의 시조인 아브라함의 후손이라는 말입니다. 이러한 표현은 현상적인 것이고, 본질적인 표현으로 바꾸어 말하자면, 아브라함의 후손은 다 예수님을 믿어 하나님의 자녀가 되게 되어 있다는 것이지요. 다만 삭개오처럼 자신만이 자기가 누구인지를 모르고 있었을 뿐입니다. 그래서 예수님은 삭개오의 구원을 선포하신 후에 "인자(예수)가 온 것은 잃어버린 자를 찾아 구원하려 함이니라"고 말씀하셨던 겁니다.

하나님은 지금도 잃어버린 자들을 찾고 계십니다. 예수님이 오셨을 때에는 인자로 오신 예수님을 통하여, 인자로 오셨던 예수님께서 가시고 난 다음에는, 우리 속에 계신 성령님께서, 또한 먼저 구원받은 우리들의 전도를 통하여 찾아내고 계십니다. 나는 그동안 얼마나 전도를 하였는가? 잃어버린 자식을 찾는 아버지의 마음이, 잃어버린 자식을 찾고 계시는 아버지의 눈물이 나에게도 있다면, 나는 정말 엄청난 하나님의 사랑을 품고 있는 사람입니다. 그 마음을 품은 사람은 전도하지 않고는 견딜 수가 없게 됩니다.

아직도 내가 구원 받았다는 사실에 대하여 흔들립니까? 그렇더라도 염려하지 마십시오. 모든 신앙은 다 자라게 되어 있습니다. 말씀을 먹고, 말씀을 의지하면, 나도 모르는 사이 장성한 그리스도의 분량까지 자라게 됩니다. 그래서 신앙의 연조를 귀하게 여기는 것입니다.

• 엡4:13~15 우리가 다 하나님의 아들을 믿는 것과 아는 일에 하나가 되어 온전한 사람을 이루어 그리스도의 장성한 분량이 충만한 데까지 이르리니, 이는 우리가 이제부터 **어린 아이**가 되지 아니하여 사람의 속임수와 간사한 유혹에 빠져 온갖 교훈의 풍조에 밀려 **요동**하지 않게 하려 함이라. 오직 사랑 안에서 참된 것을 하여 범사에 **그에게까지 자랄지라** 그는 머리니 곧 **그리스도라**

우리의 신앙이 왜 그리스도의 장성한 분량이 충만한 데까지 이르러야 하는가?

그렇지 않으면 어린아이와 같아 세상의 풍조에 밀려 요동할 수밖에 없기 때문입니다. 어린아이들을 보십시오. 사탕 하나에도 속아 넘어가고, 아이스크림 하나에도 넘어가지 않습니까? 우리가 이처럼 세상 사람의 속임수나, 간사한 유혹과 온갖 교훈의 풍조에 휘둘리지 않는 길은, 오직 말씀을 먹고 입어 신앙의 성장과 진보를 이루는 길 밖에 없습니다.

나는 지금까지 내가 거듭난 하나님의 자녀라는 사실에 대하여 잘 모르고 살아왔는가? 아니면 확신이 없어서 흔들리며 살아왔는가? 아무래도 괜찮습니다. 누구나 신앙의 초보단계를 겪어내고, 그러면서 성장합니다. 믿음은 들음에서 나고 들음은 말씀으로 말미암습니다.

이제부터 말씀을 들을 때마다, 성령님께서 가르쳐 주시는 영을 통하여 깨달아 알게 해주실 것입니다. 지금까지 말한 다섯 가지 중 어느 하나라도, 하나님이 허락하지 않으면 일어날 수 없다는 사실을 우리는 배웠습니다. 하나씩 깨달아지면서 하나님께 발견되어지고, 하나씩 깨달아진 대로 실천하면서, 우리는 차차 장성한 자가 될 것입니다.

하나님은 보증인으로 성령을 내게 보내주셨습니다. 그리고 이와 같은 사실을 증언하며 우리의 마음에 도장을 찍어 인(印)쳐주셨습니다. 그동안 구원의 확신이 있었다면 더 깊은 감사를, 확신 없이 흔들렸다면 정확한 확신을, 믿음이 없었다면 분명한 믿음을 주시기를 구하면 됩니다.

• 고후1:21~22 우리를 너희와 함께 그리스도 안에서 굳건하게 하시고 우리에게 기름을 부으신 이는 하나님이시니, 그가 또한 우리에게 인치시고 보증으로 우리 마음에 성령을 주셨느니라

세상에서도 나를 보증서 주는 사람이 한 명만 있어도 든든한데, 하물며 모든 인생들을 계획하시며 인도하시는 하나님께서 나의 인생에 직접 개입하시고 '너는 나의 자녀다.'라는 사실에 대해 도장을 찍으시고, 또한 보증으로 성령까지 보내 주셨으니, 이 얼마나 감사한 일입니까!

물론 위에서 증거로 제시한 다섯 가지 외에도, 내가 하나님의 자녀로 구원받은 증거는 수도 없고 끝도 없습니다. 여러분, 거듭난 사람은 지옥에 갈까봐 두려워 선행을 하는 자가 아니라, 하나님의 자녀라는 가치 때문에 선행을 하며 사는 자입니다. 때문에 거듭난 사람은, 비록 겉 사람은 날로날로 후패할지라도, 속사람은 날마다 새롭게 태어나는 하늘의 사람입니다. 그러므로 사도바울은 거듭난 자가 어떻게 살아야할 것인가를 이렇게 가르치고 있습니다.

• 고전10:23~4 모든 것이 가하나 모든 것이 유익한 것이 아니요 모든 것이 가하나 모든 것이 덕을 세우는 것은 아니니 누구든지 자기의 유익을 구하

지 말고 남의 유익을 구하라

• 고전10:31   그런즉 너희가 먹든지 마시든지 무엇을 하든지 다 하나님의
영광을 위하여 하라

KEY 아버지, 주님, 아멘 등과 같은 고백은 성령이 우리 안에 계시다는
객관적인 증거이다.

적용 :: 거듭남의 사건은 느낌이 아니라 사실입니다. 그러므로 느낌으로
말하지 말고 사실로 말하십시오. 당신의 마음이 울적할 때는 거
듭남의 사건이 흔들릴 수도 있을 것입니다. 그러나 거듭남은 분
명한 사실입니다. 내 의지가 아닌 하나님의 계획이니까요. 하나
님에게는 실수나 오차나 우연은 결코 없습니다.

기도 § 하나님, 이제 저는 감정의 요동침에 속지 않겠습니다. 하나님을
아버지라고 부르는 제가 거듭난 사람임을 성경을 통하여 분명히
말씀해 주시니 감사합니다. 저를 아버지께로 나갈 수 있도록 해
주신 예수님의 이름으로 기도합니다. 아멘

4 부

거듭난 나는 어떻게 살아야 합니까

2차 구원(얻는 구원)

예수님을 믿으면서 가장 많이 쓰는 용어는 아마 구원일 것입니다. 그만큼 구원은 믿는 자들에게 있어서 중요한 사안이요 궁극적 목표이기 때문입니다. 우리는 바로 앞 단원에서 처음 예수님을 구주로 영접함으로서 얻게 된 1차 구원에 대하여 배웠습니다. 성경도 분명히 이미 이루어진 '얻은 구원' 즉 거듭남의 사건에 대하여 말씀하고 있습니다. 이렇게 얻은 구원은 이미 과거에 되어 진 사건이므로 과거 시제를 사용하고 있습니다.

이제 우리는 이미 구원받고 거듭난 사람들은 어떻게 살아야 하는가를 고민하지 않을 수 없습니다. 성경도 이 문제를 놓고 2차 구원 즉 얻는 구원이라는 현재 시제를 사용하여 구분하고 있습니다. 앞으로 성경을 보실 때 구원이라는 용어가 나오면 먼저 성경이 말씀하는 구원이 어떤 시제를 사용하고 있는 지를 파악하시면 문맥을 잡고 이해하는데 큰 도움이 될 것입니다.

하나님은 당신이 하나님의 자녀이기 때문에 구원하시기도 하지만, 그에 앞서 당신을 향한 하나님의 의도 즉 거룩한 뜻이 있기 때문에 당신을 구원하시는 것입니다. 2차 구원은 거듭난 당신이 하나님의 분명한 뜻을 이루어가며 사는 단계를 말합니다. 물론 예수님을 믿어 천국에 가게 되어있는 당신은 거듭난 사람입니다. 당신이 천국에 가게 되어 있다는 사실은 흔들리거나 취소되는 것이 아닌 확정적인 하나님의 선언이며 사건입니다.

그럼에도 이스라엘 백성들이 애굽에서 빠져나와 광야의 길을 걸어갔듯이, 당신도 광야와 같은 세상에서 수없이 많은 뱀과 전갈을 만나게 될 것입니다. 이때 당신 앞에 닥친 뱀과 전갈을 어떻게 밟고 지나갈 것인가를 선택하며 살아가는 것, 이것이 곧 2차 구원을 이루어가는 단계라고 할 수 있습니다.

1. 가치 때문에 사는 인생

"죄의 문제에서 그토록 자유해도 된다면 자칫 성도들이 방종하며 문란한 생활을 하지 않겠습니까?"

죄의식의 문제, 죄에서의 자유를 이야기하면 곧장 받는 질문입니다. 글쎄요, 이해는 하지만 꼭 그렇다고 동의하지는 않습니다. 여러분은 자신이 지옥에만 가지 않는다면 아무렇게나 살겠다는 생각이 드십니까? 그렇지는 않지요? 만약 아버지가 야단만 치지 않는다면 아버지의 돈을 훔쳐서 흥청망청 마음대로 탕진하겠습니까? 그렇지 않습니다. 왜냐면 우리는 쾌락보다는 보다 나은 가치를 추구하며 사는 사람들이기 때문입니다. 2차 구원은 이렇게 거룩한 가치를 추구하며 사는 삶, 다시 말해 상을 얻기 위해 사는 삶을 말합니다. 사도 바울은 이렇게 말씀합니다.

- 고전10:23 모든 것이 가하나 모든 것이 유익한 것은 아니요 모든 것이 가하나 모든 것이 덕을 세우는 것은 아니니

이것은 고린도 지역에서 우상에게 바쳤던 음식을 먹어도 되느냐 안 되느냐, 왈가왈부했던 이야기에 대한 말씀입니다. 고린도 시장에 내어놓고

파는 고기는, 대부분 고린도에서 성행하던 우상에게 제물로 바쳤던 고기였습니다. 그래서 성도들이 우상에게 바쳤던 고기를 피하려고 해도, 어느 것이 우상의 제단에 바쳤던 고기인지, 구분하기가 어려웠던 모양입니다. 그래서 바울은 시장에서 파는 고기를 양심을 위하여 묻지 말고 먹으라는 훈계를 합니다. 왜냐면 믿음을 가지고 보면, 모든 것이 가능하다는 겁니다. 그러나 믿음이 약한 자가, 즉 어떤 자가 당신이 제물을 먹는 것을 보고 시험에 들어, 그의 믿음이 흔들릴 경우가 있다면, 이때는 믿음이 약한 자를 위해서 먹지 말라는 거지요.

거듭난 우리도 마찬가지입니다. 아무리 지옥에 가지 않도록 결정되어 있다할지라도, 자신의 마음대로 막 살아가는 것이 아니라, 세상의 믿지 않는 자들이 우리의 착한 행실을 보고 하나님께 영광을 돌리도록 살아야 하는 겁니다. 우리는 선한 일을 위하여 지으심을 받은 자로서, 그 목적에 맞도록 나 자신을 위하여서도, 나를 지켜보는 믿지 않는 자들을 위해서라도 선하게 살아야 합니다.

• 엡2:8~10 너희는 그 은혜에 의하여 믿음으로 말미암아 **구원을 받았으니** 이것은 너희에게서 난 것이 아니요 하나님의 선물이라, 행위에서 난 것이 아니니 이는 누구든지 자랑하지 못하게 함이라, 우리는 그가 만드신 바라 그리스도 예수 안에서 **선한 일을 위하여 지으심을 받은 자**니 이 일은 하나님이 전에 예비하사 **우리로 그 가운데서 행하게 하려 하심이니라**

대학 동기 가운데 강원도 원주에 사는 친구가 한 명 있습니다. 여름이면 저는 친구를 따라 그 댁에 놀러가서 며칠씩 묵다오곤 했습니다. 그 친구의 부모님은 저를 친아들처럼 허물없이 대해주셨습니다. 어느 여름엔가 그 친구의 집에 놀러갔을 때, 친구의 아버님이 저녁을 잡수시고 난 후, 반듯하게 눕지를 못하고 방바닥에 엎드려 계신 것을 보았습니다. 자세히 보니 친구 아버님의 등에는 군데군데 시뻘겋게 부풀어 오른 화상자국이 보였습니다. 좀 있더니 친구가 화상 약을 가져다가 아버님의 등에 발라드리는 거였습니다. 보아하니 친구 아버님께서는 여기저기 구멍이 난 헌 런닝셔츠를 입고, 하루 종일 땡볕에 나가 일을 하시다가 화상을 입으셨던 모양입니다. 구멍이 뻥뻥 나있어 햇빛에 직접 노출된 곳에 심한 화상을 입으셨던 거지요. 그때 저와 친구는 서울에서 자취를 하며 공부를 하고 있었습니다. 말씀은 안하셔도 아들 녀석 공부시키시느라, 한 푼이라도 아끼신다고 다 떨어진 런닝셔츠를 입고 일을 하셨던 거지요.

'세상에, 런닝셔츠 한 장 값이 얼마나 한다고!' 그러나 우리 부모님의 마음이 다 그렇지 않습니까? 당신들이 하고 싶은 것 다 하시고는 도저히 아들 뒷바라지를 해 줄 수가 없으셨을 겁니다. 저는 그 광경을 평생 잊을 수가 없습니다. 지금도 친구 아버님이 등이 쓰라려 반듯이 눕지를 못하시고 엎드려 주무시던 모습이 떠오르곤 합니다. 아버지의 고생을 훤히 아는 아들이, 아버지가 안 보신다고 객지에서 어슬렁어슬렁 거리며 함부로 돈을 쓰고, 공부를 게을리 하겠습니까? 아버지와 아들이라는 생명의 관계에서는 상상도 할 수 없는 일이지요.

그런데 하나님은 나를 위하여, 그 친구의 아버지가 치르신 대가와는 비교도 되지 않는 대가를 치르셨습니다. 더구나 그 친구의 아버지는 당신아들이 공부를 하겠다는 의지를 보이니까 더 힘써 헌신을 하셨겠지만, 우리 하나님이 보실 때, 우리는 정말 버러지와도 같은 존재들이 아닙니까!

- 사41:14 **버러지 같은 너 야곱아**, 너희 이스라엘 사람들아 두려워하지 말
라 나 여호와가 말하노니 내가 너를 도울 것이라 네 구속자는 이스라엘의 거
룩한 이이니라

하나님이 보실 때에는 이스라엘이 버러지 같다는 겁니다. 그런 벌레 같
은 우리를 구원하시려고 하나님은 이 세상에 육체로 오셔서 십자가에서
자신의 몸을 무참하게 찢어 버리셨던 겁니다.

- 롬5:6~8 우리가 아직 연약할 때에 기약대로 그리스도께서 경건하지 않
은 자를 위하여 죽으셨도다, **의인을 위하여 죽는 자가 쉽지 않고 선인을 위하
여 용감히 죽는 자가 혹 있거니와, 우리가 아직 죄인 되었을 때에 그리스도께
서 우리를 위하여 죽으심으로** 하나님께서 **우리에 대한 자기의 사랑을 확증하**
셨느니라

하나님께서 우리를 얼마나 사랑하셨는가에 대한 설명입니다. 우리 중
에는 죄가 없는 의인을 위하여서는 죽을 수 있는 사람이 없다는 겁니다.
그러나 간혹 의인의 경지를 넘어선 선인을 위하여서는 죽을 수가 있거니
와, 의인도 선인도 아닌 죄인인 나를 위해서 죽어줄 사람이 어디에 있겠
습니까? 석가가 아무리 인류에 공헌했다 하더라도 그는 사람들을 위해서
자신의 목숨을 준 사람은 아닙니다. 공자나 맹자나 소크라테스도, 모슬렘
교의 마호메트도 마찬가지입니다. 그들은 자기 몫의 인생을, 살 것 다 살
고 죽은 사람들입니다.

그러나 우리 예수 그리스도가 어떤 분이십니까? 그 분 입장에서 볼 때

는 정말 버러지와도 같은 나를 위해서 당신의 생명까지 아낌없이 주신 분이 아닙니까! 그렇게 함으로서 나를 얼마나 사랑하시는지, 당신의 사랑을 확증하셨다는 것 아닙니까!

그분께서 왜 그렇게 하셨습니까? 내가 예수님으로 말미암아 죄의 소굴에서 벗어나기만 하면, 하나님께서 거룩한 영으로 내 속에 들어오시기만 하면, 나는 선하신 그분의 뜻을 따라, 선한 일을 할 수 있는 자이기 때문에 그렇게 하신 겁니다.

하나님은 나를 통하여 이루시기 원하시는 분명한 목적과 뜻이 있으십니다. 그런데 단지 지옥에 가지 않는다는 이유만으로, 나를 통하여 이루기를 원하시는 하나님의 거룩한 뜻을 외면하고, 과거에 살던 대로, 마치 개가 토한 것을 도로 먹는 것처럼 그렇게 사는 사람이 어디 있겠습니까? 이제 우리는 하나님이 원하시는 선한 일을 하며 살아야 할 존재입니다.

• 벧전2:9 그러나 너희는 택하신 족속이요 왕 같은 제사장들이요 거룩한 나라요 그의 소유가 된 백성이니 이는 너희를 어두운 데서 불러내어 그의 기이한 빛에 들어가게 하신 이의 아름다운 덕을 선포하게 하려 하심이라

하나님께서 우리를 구원하신 목적은, 우리를 어두운 데서 불러내신 이, 즉 하나님의 아름다운 덕을 선포하게 하려 하심입니다. 전도하게 하시려고 우리를 구원하셨습니다. 우리를 어두운 죄 가운데서 불러내어, 기이한 빛에 들어가게 하신 사실, 이 아름다운 덕을 마음껏 자랑하고 선포하게 하려고 우리를 구원하셨습니다. 이것이 하나님께서 원하시는 선한 일입니다.

 2차 구원은 1차 구원을 얻은 거듭난 자가 어떻게 살아야 할 것인가를 순간순간 결정하며 이루어가는 구원이다.

적용 :: 구원받은 당신의 정체성을 기억하십시오. 당신은 '나는 예수님으로 말미암아 구원을 받았다' 라고 말할 사람이 아니라, 나는 '예수의 이름으로 승리를 해야 한다' 라고 말할 사람입니다. 1차 구원을 받은 당신은 지금 2차 구원을 이루어 가야 할 현장에 서 있습니다. 당신이 선한 일을 하는 것은 당신을 구원하신 하나님의 목적입니다. 그러므로 당신을 통한 선한 일은 이루어질 수밖에 없습니다.

기도 § 하나님, 저는 하나님 앞과 세상에서 목적이 있는 존재임을 알았습니다. 저에 대해 선한 일을 기대하시는 하나님은 전능하시기에, 그 선한 일 또한 이루어질 수밖에 없는 것임을 깨닫습니다. 이러한 일들을 이루도록 도우시는 예수님의 이름으로 기도합니다. 아멘

2. 성도는 무엇으로 사는가?

사람들이 사는 모습은 크게 세 가지 유형으로 나눌 수가 있습니다. 능

동적인 삶, 수동적인 삶, 피동적인 삶입니다. 세 가지 모두 움직일 동(動) 자를 써서 움직인다는 의미는 같습니다. 때문에 이렇게 사나 저렇게 사나 마찬가지라고 할지 모르나, 그 결과는 판이하게 다릅니다.

■ 능동적인 삶 / doing / 가인의 이야기

• 창4:16~24 **가인이 여호와 앞을 떠나서** 에덴 동쪽 놋 땅에 거주하더니, 아내와 동침하매 그가 임신하여 에녹을 낳은지라 가인이 성을 쌓고 그의 아들의 이름으로 **성을 이름하여 에녹이라 하니라,** 에녹이 이랏을 낳고 이랏은 므후야엘을 낳고 므후야엘은 므드사엘을 낳고 므드사엘은 라멕을 낳았더라, 라멕이 두 아내를 맞이하였으니 하나의 이름은 아다요 하나의 이름은 씰라였더라, 아다는 야발을 낳았으니 그는 장막에 거주하며 **가축을 치는 자의 조상** 이 되었고, 그의 아우의 이름은 유발이니 그는 **수금과 퉁소를 잡는 모든 자의 조상**이 되었으며, 씰라는 두발가인을 낳았으니 그는 **구리와 쇠로 여러 가지 기구를 만드는 자**요 두발가인의 누이는 나아마였더라, 라멕이 아내들에게 이르되 아다와 씰라여 내 목소리를 들으라 라멕의 아내들이여 내 말을 들으라 **나의 상처로 말미암아 내가 사람을 죽였고 나의 상함으로 말미암아 소년을 죽였도다,** 가인을 위하여는 벌이 칠 배일진대 **라멕을 위하여는 벌이 칠십칠 배이리로다** 하였더라

가인의 가계에 대한 기사는 잘 읽어 보아야 할 필요가 있습니다. 동생 아벨을 죽인 후, 가인은 하나님 앞을 떠나, 하나님과 관계없이 자신의 힘으로 살아가게 됩니다. 이렇게 살아가는 이들의 삶의 유형은 어떠한가? 철저하게 능동적인 삶을 삽니다. 그래서 겉보기에는 매우 화려하고 매력

적이지만 하나님께는 철저하게 버림받는 삶이지요. 그들의 인생의 가치
는 성취욕과 소유욕에 사로잡혀 있으며, 삶 속에서 얻어진 그들의 심성은
잔인할 정도로 피폐해져 있습니다.

가인은 웅장하고 화려한 성을 쌓은 사람입니다. 그의 재력이 얼마나 대
단했던지 그는 성의 이름에 자기 아들의 이름을 붙여줄 정도였습니다. 세
월이 흘러 가인의 6대손 야발은 가축을 치는 자의 조상이 되었습니다. 오
늘날 농림부장관쯤 되는 자리입니다. 유발은 수금과 퉁소를 잡는 자의 조
상이 되었고, 오늘날 문화부장관쯤의 자리에 앉았습니다. 두발가인은 구
리와 쇠로 여러 가지 기구를 만드는 자가 되었고, 오늘날 국방부장관쯤의
자리에 앉았습니다. 그런데 가인의 5대손인 라멕의 노래를 들어 보면, 자
신이 입은 상처로 말미암아 상대를 죽였으며, 앞으로 누구든지 자신을 해
치기만 하면 77배로 보복을 하겠다고 합니다.

인간의 보복성이 얼마나 잔인합니까? 이것이 하나님 없이 자기가 주인
되어 사는 사람의 실례입니다. 그들의 관심사는 오직, 보다 많은 것을 소
유하고, 보다 높은 자리까지 출세하고, 보다 더 이름을 내는 것이 목적입
니다. 즉 무엇을 했느냐에 관심이 있는 사람들이지요. 그들 인생의 가치
는 무엇을 얼마만큼 성취했고, 얼마나 소유했으며, 어느 정도에까지 자신
의 이름을 냈는가로 성공 여부를 점칩니다. 영어로 말하자면 doing 이지
요. 그렇게 많은 것을 이루어냈음에도 성경은 이들의 족보만을 딱 한 번
씩 언급하고는 끝내버립니다. 물론 이들도 분명히 자자손손 혈통을 이어
갔겠지만, 이스라엘의 집단을 이루어내는 것과는 전혀 관계가 없다는 거
지요, 완전히 열외당한 겁니다. 육체를 따라 난 사람들의 말로는 이렇게
허무합니다.

■ 수동(受動)적인 삶

수동(受動)역시 마귀의 영에 잡혀 움직이는 행동 유형으로 마귀가 사람의 인격을 무시하고 전면에 나서서 활동하는 경우를 말합니다. 이런 경우를 성경은 "귀신에게 잡혔다, 귀신이 들렸다."라고 표현하고 있습니다. 마귀와 귀신은 다른 영적인 존재이지만 하나님의 영생에서 떠난 영들이기 때문에 같은 일을 하는 존재들이기도 합니다. 그들에게 잡히면 사람은 자신의 의사와는 관계없이 행동을 하게 되어 있습니다.

• 마12:22 그 때에 **귀신 들려 눈멀고 말 못하는 사람**을 데리고 왔거늘 예수께서 고쳐 주시매 그 말 못하는 사람이 말하며 보게 된지라

귀신이 들리면 눈도 멀 수 있고, 말도 못할 수가 있습니다. 보고 말하는 육체의 기능이 자신의 마음대로 통제가 되지 않기 때문에 그렇습니다.

• 마17:15, 18 주여 내 아들을 불쌍히 여기소서 그가 간질로 심히 고생하여 자주 **불에도 넘어지며 물에도 넘어지는지라**, 이에 예수께서 **꾸짖으시니 귀신이 나가고** 아이가 그 때부터 나으니라

귀신에게 잡혔을 때는 이 아이가 불에도 뛰어들고 물에도 뛰어들고 있습니다. 물론 제 정신을 가지고서야 자기 몸을 그렇게 굴리지는 않겠지요. 그러나 일단 귀신에게 잡히면 자기 몸을 스스로 통제할 힘이 없습니다.

• 고전12:1~2 형제들아 **신령한 것에 대하여** 나는 너희가 알지 못하기를 원하지 아니하노니, 너희도 알거니와 너희가 이방인으로 있을 때에 말 못하는 우상에게로 끄는 그대로 끌려 갔느니라

마귀에게 잡혀 살지 않으려면 우리는 먼저 영적 세계에 대한 정확한 정보를 알고 있어야 합니다. 마귀는 하나님을 모르는 사람들의 인격을 무시합니다. 그래서 함부로 자신의 힘을 발휘하여 우상에게로 끌고 가는 것입니다. 마귀가 사람의 생각을 전면에 내세워 끌고 갈 때에는 그에게 능동적인 태도의 유형을 가장하여서 끌고 갑니다. 또한 마귀가 귀신을 부려서 사람을 잡을 때는 그 사람을 제압하여 힘을 못 쓰게 만들어 가지고 수동적인 태도의 유형으로 끌고 가는 것입니다. 자신의 인생을 귀신에게 **빼앗**겨 인격도 존재도 무시당한 채 살아가는 인생이란 얼마나 비참하고 처참하겠습니까?

능동이나 수동, 모두 마귀에게 잡혀 사는 인생입니다. 능동적 삶은 마귀가 자신의 정체를 감추고 배후 조종하는 형태이며, 수동적 삶은 마귀가 인격을 무시하고 전면에 나서서 주도적으로 끌고 가는 형태입니다.

■ 피동적인 삶 / being / 셋의 이야기

• 창5:3~8 **아담은** 백삼십 세에 자기의 모양 곧 자기의 형상과 같은 아들을 낳아 이름을 셋이라 하였고, 아담은 셋을 낳은 후 팔백 년을 지내며 자녀들을 낳았으며, 그는 구백삼십 세를 살고 죽었더라, **셋은 백오 세에 에노스를 낳았**고, 에노스를 낳은 후 **팔백칠 년을 지내며 자녀들을 낳았으며, 그는 구백십이** 세를 살고 죽었더라

이번에는 하나님 앞에서 살아가는 이들의 삶의 유형을 보겠습니다.

• 창 5장에 나오는 에녹에 관한 기사 역시 우리가 눈여겨보아야 할 부분입니다. 아담의 아들 가운데 아벨은 가인이 죽였고, 가인은 하나님 앞을 떠나갔기에 하나님은 아담에게 그의 형상을 닮은 셋이라 이름 지은 아들을 주셨습니다. 하나님 중심으로 사는 사람의 삶은 철저하게 피동적입니다. 본문에서도 그들의 직업이 무엇이었는지, 무엇을 얼마나 이루고 소유했는지 전혀 나타나지 않습니다. 오로지 그들에 대한 기록은 '몇 세에 누구를 낳았고, 누구를 낳은 후 몇 년을 지내다가 또 몇 명의 자녀들을 더 낳았으며, 몇 살을 살고 죽었더라.' 라는 표현으로 일관되고 있습니다.

이것은 무엇을 뜻하는 걸까요? 그들이 얼마나 철저하게 하나님과 동행하며 살았는가를 보여주는 겁니다. 영어로 말하자면 being입니다. 그들이 보는 인생의 가치는 성공여부가 아니라, 오직 하나님과 몇 년 동안을 동행하며 살았는가에 걸었습니다.

피동은 '입을 피(被)' 자를 써서 '누군가의 힘을 덧입어 활동하는 것'을 말합니다. 물론 능동이나 수동도 자기의 힘이 아닌 마귀의 힘에 의해 움직여지는 것이지만, 피동은 철저하게 상대의 인격과 의사를 존중하여 동의할 때에 일어나는 사건입니다. 하나님은 모세를 애굽에 보내시기 위해 적어도 5번이나 설득을 하십니다. 하나님의 설득 끝에 모세가 합의하자 하나님은 그와 함께 동행하며 애굽의 바로에 대해 능력으로 역사하십니다.

• 출7:1 여호와께서 모세에게 이르시되 볼지어다 내가 너를 바로에게 신 같이 되게 하였은즉 네 형 아론은 네 대언자가 되리니

하나님은 모세를 바로 앞에서 신(神)과 같이 만들어 주셨습니다. 하나님께서 모세를 신과 같이 세워주시니 그렇게 막강한 바로를 이길 수 있었습니다. 이것이 피동적인 삶을 사는 사람의 유형입니다. 그렇다고 그들의 인생이 보잘 것 없었는가? 그렇지 않습니다 셋 이후에 성경 속에 등장하는 모든 역사의 주인공들은 모두 셋의 계보에서 배출된 사람들이기 때문입니다. 출애굽을 주도했던 모세, 이스라엘 역사의 전무후무한 성군 다윗, 지혜의 대명사 솔로몬, 영적 암흑기를 깨고 광야에서 복음을 외쳤던 세례 요한 등 모든 인물들이 이 계보에서 나왔습니다.

그럼에도 그들의 인생이 얼마나 화려하고 융성했는지에 대하여는 전혀 언급되고 있지 않은 까닭은, 그들에게 되어 진 모든 일이, 전적으로 하나님께서 하신 일이기 때문입니다. 모든 것이 일방적으로 주신 하나님의 은총이라는 의미이지요.

그 중 한 사람 에녹을 소개합니다.

• 창5:21~31 에녹은 육십오 세에 므두셀라를 낳았고, 므두셀라를 낳은 후 삼백 년을 하나님과 동행하며 자녀들을 낳았으며, 그는 삼백육십오 세를 살았더라, 에녹이 하나님과 동행하더니 하나님이 그를 데려가시므로 세상에 있지 아니하였더라, 므두셀라는 백팔십칠 세에 라멕을 낳았고, 라멕을 낳은 후 칠백팔십이 년을 지내며 자녀를 낳았으며, 그는 구백육십구 세를 살고 죽었더라, 라멕은 백팔십이 세에 아들을 낳고, 이름을 노아라 하여 이르되 여호와께서 땅을 저주하시므로 수고롭게 일하는 우리를 이 아들이 안위하리라 하였더라, 라멕은 노아를 낳은 후 오백구십오 년을 지내며 자녀들을 낳았으며, 그는 칠백칠십칠 세를 살고 죽었더라

에녹은 65세가 될 때까지는 그저 평범하게 살았던 모양입니다. 그러다가 그의 나이 65세에 므두셀라를 낳고부터 그의 인생은 일대 전환을 가져옵니다. 무슨 까닭인가? 그가 하나님의 메시지를 들은 것입니다. 성경의 모든 인명이나 지명에는 메시지가 담겨 있습니다. 우리가 잘 아는 대로 '아브람'이란 이름은 집안에서만 큰 아버지인데, 하나님께서 그의 이름을 열국의 아버지라는 의미로 '아브라함'으로 바꾸어 주셨습니다.

그렇다면 므두셀라라는 이름의 의미는 무엇일까요? '창을 던져 심판하는 자'입니다. 에녹은 므두셀라를 낳으면서 이 세상에 대한 하나님의 심판의 메시지를 들은 겁니다. 정확하게 말하자면 당시의 사람들은 자녀를 낳으면, 자기마음대로 이름을 짓지 않고, 하나님께서 주시는 메시지를 듣고 그대로 불렀습니다. 므두셀라를 낳기 전까지는 그저 그렇게 살아왔던 에녹이지만, 하나님의 경고를 들은 이후 그의 삶은 완전히 바뀌었습니다. 그리고 그로부터 300년 동안을 오직 하나님과 동행하며 살았습니다. 그리고 그의 나이 365세가 되었을 때, 하나님은 그를 산 채로 데려가셨습니다. 인류역사의 마지막에 있을 휴거의 표상을 미리 보여준 것입니다.

적어도 하나님과 동행하는 사람의 마지막은 이래야 합니다. 죽으면 가지고 갈 수도 없는 땅의 것들로 인생을 채우거나 치장할 것이 아니라, 하나님과 동행하는 피동적인 삶을 살다, 하나님께 부름을 받아야 합니다. 과연 에녹의 나이는 하나님 앞에서 얼마로 기억될까요? 물론 300살입니다. 왜냐고요? 하나님의 계수는 하나님과 동행하면서부터 시작되기 때문입니다.

에녹이 65세가 되었을 때, 하나님은 에녹에게 언젠가 하나님께서 세상을 심판하시겠다는 메시지로 므두셀라를 주셨습니다. 그래서 에녹은 영적인 경각심을 갖고 살았습니다. 므두셀라를 부를 때마다 하나님의 심판의 때가 가까웠음을 깨달은 것입니다. 므두셀라는 우리가 아는 바대로 969세를 살았습니다.

- 창5:27 그(므두셀라)는 969세를 살고 죽었더라

- 창5:25 므두셀라는 187세에 라멕을 낳았고

- 창5:28 라멕은 182세에 아들을 낳고, 이름을 노아라 하여....

노아가 600세 될 때에 이 땅에 하나님의 홍수심판이 있게 됩니다.

- 창7:6 홍수가 땅에 있을 때에 노아가 육백 세라

우리 재미삼아 계산 한 번 해볼까요? 무드셀라는 969년을 살고 죽었는데, 그가 969년을 살고 죽던 해에 홍수가 시작됐습니다. 그는 사는 동안에 자신의 이름을 가지고 항상 '하나님이 이 세상을 심판하실 때가 온다.'는 메시지를 외쳤던 것입니다. 그리고 노아의 홍수가 이르자 그의 사명이 다하였으므로 죽은 셈이지요.

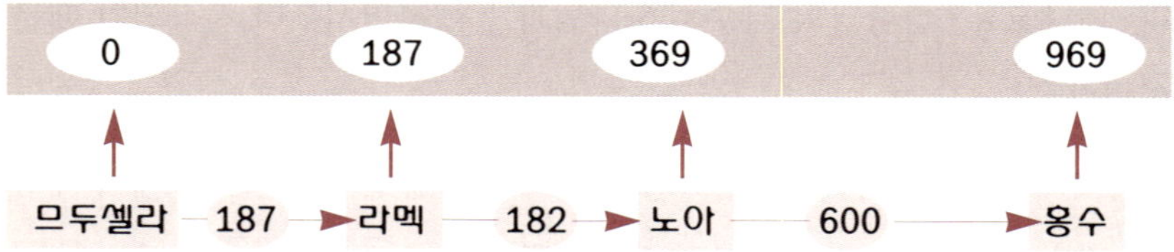

과연 하나님 앞에서 내 나이는 얼마로 기억될까요? 하나님 앞에서는 하나님과 동행했던 시간만이 인정됩니다. 시편 기자도 하나님께 대하여 자신의 나이를 묻는 장면이 나옵니다.

> • 시90:8~12 주께서 우리의 죄악을 주의 앞에 놓으시며 우리의 은밀한 죄를 주의 얼굴 빛 가운데에 두셨사오니, **우리의 모든 날이 주의 분노 중에 지나가며 우리의 평생이 순식간에 다하였나이다**, 우리의 연수가 칠십이요 강건하면 팔십이라도 그 연수의 자랑은 수고와 슬픔뿐이요 신속히 가니 우리가 날아가나이다, 누가 주의 노여움의 능력을 알며 누가 주의 진노의 두려움을 알리이까, 우리에게 **우리 날 계수함을 가르치사 지혜로운 마음을 얻게 하소서**

어느덧 나이를 먹은 자신을 보며 다윗이 살아온 세월을 되돌아보니, 하나님 앞에서 인정받을 만한 시간은 별로 없었습니다. 그는 이 사실이 안타까워 하나님께 우리 날을 계수함을 가르쳐 주시길 구합니다. 신속히 지나가는 시간 중, 과연 하나님 앞에서 인정받을 만한 시간은 얼마나 될까를 생각하며, 심판의 날을 준비하며 지낼 수 있는 지혜를 주시라는 것이지요. 창세기에 나오는 아브라함의 얘기를 잠깐 보십시다.

> • 창11:26 데라는 70세에 아브람과 나홀과 하란을 낳았더라

데라는 아브람의 아버지입니다. 그는 70세에 첫 아들 아브람을 낳기 시작하여 나홀과 하란을 낳았습니다. 그는 아브람과 함께 하나님께서 지시하실 땅으로 가고자 갈대아 우르를 떠났습니다. 가나안을 향해 가는 도중

하란 땅에 머물렀을 때 데라는 인생을 마치게 되는데 그 때 그의 나이 205세였습니다.

- 창11:32 데라는 나이가 205세가 되어 하란에서 죽었더라

데라가 하란에서 죽을 때 나이가 205세였다면 그가 70세에 아브람을 낳았으니 아브람의 나이는 135세입니다. 그런데 • 창12:4에서는 아브람의 나이가 75세로 나옵니다. 이게 무얼 뜻하는 거지요? 그렇습니다. 바로 하나님과 동행하면서부터 인정받고 계수되어진 나이입니다.

- 창12:4 이에 아브람이 여호와의 말씀을 따라갔고 롯도 그와 함께 갔으며 아브람이 하란을 떠날 때에 **칠십오 세**였더라

하란에서 아버지 데라를 장사지낼 때 아브람의 나이는 계산상 135세가 되어야 하나 • 창12:4에서 말씀을 따라가는 아브람의 나이는 75세라고 합니다. 아브람의 나이에 60세의 차이가 난 이유는 아브람이 갈대아인의 땅 우르에 있었을 때, 그는 아버지 데라와 함께 우상을 섬기고 있었기 때문입니다. 하나님은 우상을 섬기며 살던 세월은 인정을 하시지 않으신 겁니다. 왜냐면 죽은 자의 상태로 있던 시간이기 때문입니다.

- 수24:2 여호수아가 모든 백성에게 이르되 이스라엘의 하나님 여호와께서 이같이 말씀하시기를 옛적에 너희의 조상들 곧 아브라함의 아버지, 나홀의 아버지 **데라가** 강 저쪽에 거주하여 **다른 신들을 섬겼으나**, 내가 너희의 조

그렇다면 하나님은 나를 몇 살이라고 하실까요? 예수님을 영접하고도
하나님과 관계없는 일로 시간을 보낸다면, 그것은 깨어있는 시간이 아니
므로, 하나님 앞에서 산입이 되지 않는 시간일 것입니다. 혹자는 사람이
부활하면 몇 살 때의 모습으로 부활할 것이냐고 묻곤 하는데, 그냥 성경
의 이 사실을 근거로 추측해 보건데, 하나님과 동행한 시간만큼의 성장한
모습으로 부활하지 않을까요? 그냥 혼자서 해본 추측입니다.

여러분은 어떻게 생각하십니까? 물론 그때의 감각은 육신으로 살면서
형성된 감각적 느낌과는 전혀 다를 것입니다. 어쨌든 훗날에 내가 하나님
앞에서 어린 아이로 발견된다는 것은 부끄러운 일일 것입니다. 이러한 것
들이 상급의 요소 가운데 하나가 아니겠습니까?

KEY 능동적인 삶은 마귀가 배후 조종하는 삶이며, 수동적인 삶은 마귀
가 주도적으로 끌고 가는 삶이며, 피동적인 삶은 하나님의 능력을
덧입어 사는 삶이다.

적용 :: 지금 당신이 하고자 하는 일이 과연 하나님께서 원하시는 일인
가에 대해 궁금하십니까? 당신이 하고자 하는 일을 당신 안에
계신 성령님도 알고 계실 것입니다. 그 성령님은 근심도 하시며
평강도 누리십니다. 그러므로 당신이 하고자 하는 일이 하나님
의 뜻이 아니면 성령님은 근심하실 것이며, 하나님의 뜻이라면

평강으로 당신을 감지시키실 것입니다. 하고자 하는 일이 있을 때 당신의 마음에 평강이 임하면 믿음으로 진행하십시오. 그렇지 않으면 중단하십시오. 대부분의 문제는 몰라서가 아니라 느껴지는 감각에 대해 순종하지 않아서 일어납니다.

기도 § 하나님, 제 속에서 제가 느낄 수 있는 감각으로 함께 하시니 감사합니다. 세상의 호불호에 울고 웃지 않고, 하나님께서 알려주심을 따라 가겠습니다. 하나님을 만날 수 있도록 해 주신 예수님의 이름으로 기도합니다. 아멘

3. 그 날을 대비하라

여러분, 모로 가도 서울만 가면 된다는 말이 옳은 말일까요?

태평양 한 가운데 멋진 요트 한 척이 있습니다. 요트 주인은 면허증도 있습니다. 요트는 새것이며 엔진도 튼튼합니다. 뿐만 아니라 기름도 넉넉합니다. 요트 주인은 이 멋진 요트를 타고 앞을 향하여 질주했습니다. 그런데 아무리 가도 망망대해일 뿐 자기가 가고자 하는 목적지가 안 보입니다. 다시 방향을 바꾸어 이번엔 옆으로 질주했습니다. 그래도 아닌가 싶어, 이제는 반대방향으로 갔습니다. 수차례 방향을 바꾸어 달렸지만 도로 제 자리로 되돌아오고 말았습니다. 무엇이 문제였을까요? 그 요트에 나

침반이 없었던 것입니다. 차라리 요트의 엔진이 고물이었다면, 기름이 없었다면, 요트 주인이 운전을 할 줄 몰랐다면, 헛고생은 하지 않았을 것입니다. 이렇게 목표지점을 모르고 가는 인생은, 많이 가면 간만큼 고생만 하고 진보도 없는 삶을 살게 됩니다.

우리 성도들에게는 천국이라는 분명한 목표지점이 설정되어 있습니다. 이미 갈 곳이 정해진 사람은 주저함 없이 지름길을 찾아 달려갈 수 있습니다. 내가 살아 생전에 마지막 날이 오면 나는 신령한 몸으로 변화되어 천국에 들어가게 것이고, 마지막 날이 오기 전에 나의 인생이 끝나면 하나님은 그때에 나를 부활시킨 후, 신령한 몸으로 변화시켜 천국으로 인도하실 것입니다.

나는 마지막 날이 될 때까지 어떻게 살 것인가? 물론 그 마지막 날은 내 인생이 끝나는 날이 될 수도 있고, 우주의 마지막 날이 될 수도 있겠지만, 어찌하던 우리는 그 날을 향해 가고 있는 사람들임에 틀림이 없습니다. 그리고 그 날을 준비해야 하는 사람임도 분명합니다. 예수님을 만난 뒤에 그 날을 바라보았던 바울의 고백을 들어보십시오.

• 딤후4:6~8 전제와 같이 내가 벌써 부어지고 **나의 떠날 시각이 가까웠도다**, 나는 **선한 싸움**을 싸우고 나의 **달려갈 길**을 마치고 **믿음을 지켰으니**, 이제 후로는 나를 위하여 **의의 면류관**이 예비되었으므로 주 곧 의로우신 재판장이 **그 날에** 내게 주실 것이며 내게만 아니라 주의 나타나심을 사모하는 모든 자에게도니라

제사가 끝날 때에 포도주를 부음으로써 제사의 종료를 알립니다. 그때

포도주를 부어 드리는 제사의 방법을 전제라고 하지요. 제사가 끝났음을 알리는 전제와 같이, 산 제물로 살았던 바울의 인생이 끝날 때가 되었음을 말하고 있습니다. 그는 순교를 당한 것으로 알려지고 있습니다. 바울은 자기 인생의 마지막을 미리 내다보고 있었습니다. 죽음을 앞둔 환경에서 그는 자신이 선한 싸움을 싸웠고, 달려가야 할 길을 다 마쳤으며 믿음을 지켰다고 말합니다.

거듭난 우리 또한 광야에서 선한 싸움을 싸워야 하는 사람들입니다. 선한 싸움이란 선하신 하나님의 말씀을 가지고 싸우는 싸움을 말합니다. 즉 말씀대로 살아가는 삶을 말하는 것이지요. 음란하고 패역한 세대에서 하나님의 말씀대로 살아간다는 것 자체가 싸움이니까요. 그러나 우리는 달려가야 할 길을 끝까지 완주해야 합니다. 그 후엔 완주하는 자만이 느끼고 누릴 수 있는 희열이 있습니다. 이 또한 상급의 요소 중 하나입니다.

저자는 고등학교 때 10km 마라톤에 참여한 적이 있었습니다. 자발적인 참여가 아니라 체력 테스트를 위한 단체 게임이었는데, 그전까지는 마라톤이 그렇게까지 힘든 줄 모르고 있었습니다. 반환점을 돌지도 못했는데 벌써 포기하고 돌아가는 사람들이 꽤 많았습니다. 나도 결국 도중에 포기하고 말았지만, 나는 그때 완주한 사람들이 그렇게 부러울 수가 없었습니다. 도중에 포기했다는 패배감이 한동안 나를 주눅 들게 하였던 기억이 납니다. 이런 경험으로 미루어 짐작컨대, 주자에게는 달려갈 길을 다 마쳤다는 그 자체가 상급이 될 것입니다.

믿음에는 두 종류의 믿음이 있습니다. 예수님을 영접하게 하는 믿음은, 하나님께서 주시는 것이지만, 예수님을 영접한 우리가, 우리와 함께 계신 예수님의 말씀을 믿으며 살아가는 것은, 우리의 선택으로 남아 있습니다.

믿음을 지킨다는 것은 그런 의미이지요.

믿음은 들음에서 나며, 들음은 그리스도의 말씀으로 말미암는 것이기 때문에, 말씀을 듣고 말씀에서 나오는 믿음을 지킨다는 것은, 불 뱀과 전갈이 있는 광야에서, 말씀을 가지고 불 뱀과 전갈을 밟으며 살아가는 것을 말합니다. 왜냐하면 하나님은 우리에게 불 뱀과 전갈을 밟을 권세를 주셨다고 말씀하셨기 때문입니다.

이러한 광야의 길을 여한 없이 걸어간 바울은 인생의 종착역에서 "이제 나에게는 의의 면류관이 예비되어 있을 것"이라고 확신했습니다. 바울은 3층천 즉 haven 까지 갔다 온 사람입니다. 그는 낙원에서 가히 말로 표현할 수 없는 말을 들었던 사람입니다. 그런 바울이 자신의 인생을 마무리하며, 나에게는 의의 면류관이 예비 되어 있으며, 의로운 재판장이 그 날에 상급으로 주실 것인데, 이러한 상급은 나만 받는 것이 아니라, 주의 나타나심을 사모하는 모든 자들에게도 주어진다고 말씀합니다.

의의 면류관이 무엇인지 구체적으로는 알 수가 없지만, 그건 지금 우리가 이 땅에서 경험한 감각이나 정보로는 짐작조차 할 수 없는 놀라운 상급임에 틀림이 없습니다. 우리가 지금 선한 싸움을 멋지게 싸우며, 믿음을 지켜내는 삶을 살고 있지 못한다면, 아마도 주의 나타나심에 대해서 주저하는 태도를 보이게 될 것입니다. 주의 나타나심을 사모하는 자들은 항상 주님의 재림을 준비하며 기다리는 자들입니다.

적용 :: 골프하러 가는 사람들은 아무 때나 가는 것이 아니라 적어도 1~2주일 전에 부킹을 해야만 합니다. 그리고 골프하는 그 날을 기다리는 1~2주일을 행복감에 젖어 삽니다. 골프하는 그 날을 생각하기 때문입니다. 거듭난 자가 육체를 가지고 사는 인생에 항상 좋은 일만 있겠습니까? 그러나 우리에게는 '그 날'이 있습니다. 그래서 그 날이 올 때까지, 그 날에 되어 질 일들을 생각하며, 기대와 소망을 가지고 삽니다. 그 날 때문에 거듭난 성도들은 오늘도 행복하게 살아갈 수가 있습니다.

기도 § 하나님, 저에게 막연한 인생을 사는 것이 아니라 구체적으로 그 날을 기다리며 살 수 있게 하시니 감사합니다. 항상 그 날을 생각하며 기다리는 마음으로 오늘에 충실하고 행복하겠습니다. 인생의 꿈을 꾸게 해주신 예수님의 이름으로 기도합니다. 아멘

4. 성도(聖徒)와 신자(信者)의 차이

• 살후1:10　그 날에 그가 강림하사 그의 **성도들에게서 영광**을 받으시고 모든 **믿는 자들에게서 놀랍게 여김**을 얻으시리니 이는 (우리의 증거가 너희에게 믿어졌음이라)

김연아는 자랑스러운 대한의 딸입니다. 그녀가 빙판 위에서 춤을 출 때 수많은 관객이 함께 있었습니다. 피겨 선수도 관객도 같은 공간에 있었습니다. 그러나 영광을 차지하는 자는 관객이 아니라 선수였습니다. 이와같이 그 날에도 재미있는 두 가지의 현상이 일어나게 될 것입니다.

성경은 왜 성도(聖徒)와 믿는 자(信者)를 구별하고 있을까요? 요즘은 성도라는 호칭에 대하여 너무 관대하지 않나 싶은 감이 있습니다. 사실 성도란, 구별된 무리로서 거룩한 사람들을 말합니다. 다시 말해 주의 말씀으로 세상과 타협하지 않고 살아가는 거룩한 무리라는 뜻입니다. 그러한 성도들을 통하여 재림하시는 주님은 영광을 얻게 되실 겁니다. 이날에 주님이 받으실 영광이란, 주의 말씀대로 살았던 자들이, 주의 말씀대로 되어 진 사실을 가지고, 주님을 맞이하게 되는 것을 말합니다.

그럼 신자는 누구일까요? 신자란, 주님을 믿는다고 말은 하지만, 정작 그 말씀대로 살아가지 못하고, 하나님의 말씀을 세상의 지식으로 이해하고, 세상에 대한 미련을 끊지 못하여 기웃거리며 살아가는 사람들을 말합니다. 즉 영적 어린 아이를 가리키는 말입니다. 그러므로 신자들은 자기가 주님을 믿고는 있었지만 말씀대로 살아 본 경험이 별로 없기 때문에, 재림하신 주님에 대해 놀랍게 여기는 일이 일어나게 된다는 말씀이지요. 그 날에 이렇게 두 가지 현상이 밝히 드러날 것입니다. 모쪼록 사도 바울과 같이 눈에 비늘 같은 것이 벗어져 하나님의 일들이 실제 일어나는 사실임을 보게 되시기 바랍니다.

* 행9:18 즉시 사울(바울)의 눈에서 비늘 같은 것이 벗어져 다시 보게 된지라 일어나 세례를 받고

바울은 유대교인으로서 예수 그리스도를 핍박하는데 일등 공신이었던 사람입니다. 그날도 바울은 예수 그리스도를 믿는 기독교인을 결박하기 위해 체포영장을 가지고 다메섹을 향하여 가다가 부활하신 주님을 만나게 되었습니다. 예수님을 만나는 순간 그는 장님이 되었습니다. 자기 눈으로 본다고 하는 자는 오히려 영적 소경임을 알려주시는 메시지라고 생각합니다. 주님을 만나 장님이 된 바울은, 사람의 손에 이끌려 다메섹으로 가서 아나니아로부터 안수기도를 받게 되는데, 그때에 바울의 눈에서 비늘 같은 것이 벗어졌습니다. 우리도 세상 지식과 경험과 선지식으로 눈멀었던 비늘이 벗어져야 합니다. 그래야 제대로 하나님의 나라를 볼 수 있게 됩니다. 비늘이 벗어져야 제대로 볼 것을 볼 수 있는 영안이 열립니다. 그 시로 바울은 세례를 받고 죽는 날까지 오직 예수 그리스도의 복음만을 증거하며 그 날을 준비하고 살았습니다. 그는 자신의 과거를 이렇게 고백합니다.

- 빌3:4 그러나 나도 육체를 신뢰할 만하며 만일 누구든지 다른 이가 육체를 신뢰할 것이 있는 줄로 생각하면 **나는 더욱 그러하니**

- 빌3:7~8 그러나 무엇이든지 내게 유익하던 것을 내가 그리스도를 위하여 다 해로 여길뿐더러, 또한 모든 것을 해로 여김은 내 주 그리스도 예수를 아는 지식이 가장 고상하기 때문이라 내가 그를 위하여 모든 것을 잃어버리고 배설물로 여김은 **그리스도를 얻고**

어떤 누구보다도 세상적인 것에 꿇릴 것이 없다는 겁니다. 그랬던 바울이 눈에서 비늘이 벗어진 후 어떤 삶을 살았습니까? 바울은 예수님을 만난 이후로 세상에서 누렸던 모든 조건들을 배설물처럼 아낌없이 버렸다고 했습니다. 그 이유는 예수 그리스도를 아는 지식이 가장 고상하다는 사실을 알았기 때문이며, 가장 귀한 그리스도를 얻었기 때문이라고 말합니다. 그러므로 믿음을 지키는 선한 싸움을 싸울 수 있었고, 달려갈 길을 다 마칠 수 있었다고 고백합니다.

> • 고전9:24~25　운동장에서 달음질하는 자들이 다 달릴지라도 **오직 상을 받는 사람은 한 사람인 줄**을 너희가 알지 못하느냐 너희도 상을 받도록 이와 같이 달음질하라. 이기기를 다투는 자마다 모든 일에 절제하나니 그들은 썩을 승리자의 관을 얻고자 하되 우리는 썩지 아니할 것을 얻고자 하노라

바울은 광야 길을 걸어가는 것을 운동장에서 달음박질하는 것에 비유했습니다.

저에게는 아들이 하나 있습니다. 그 아이가 초등학교 3학년 때 운동회에 참석한 적이 있습니다. 그 날 3학년 학생들에게는 운동장 반 바퀴를 뛰는 게임이 있었습니다. 우리 부부는 출발선에 있는 아이에게 잘 뛰라고 응원을 해주고는 건너편 골인 지점에 가서 아이를 기다리고 있었습니다. 골인 지점에는 이미 다른 학부모들로 북적거리기도 했지만, 아무리 기다려도 아들 녀석이 보이지를 않는 겁니다. 집사람과 저는 아이를 찾아 사방을 헤맸습니다. 그런데 어이없게도 녀석은 운동장 강단 밑에 있는 계단에서 훌쩍거리며 울고 있었습니다. 이유인즉 달리기 종목은 3등까지만 상을 주는데 자기는 4등을 해서, 노트를 못 탄 것이 속상해 울고 있다는 거였습니다. 이것이 달리기를 하는 자의 마음입니다. 바울은 하나님 앞에

서 1등을 하기 위하여, 세상에서 유익하다고 여겼던 모든 것을 배설물처럼 버리고, 새로운 달리기를 시작한 겁니다. 그가 오직 그리스도를 푯대로 삼고 달려갈 길을 거의 달려갔을 때, 그때 그의 심경은 어떠했을까요?

> • 딤후4:9~16 너는 어서 속히 내게로 오라, **데마는 이 세상을 사랑하여 나를 버리고 데살로니가로 갔고** 그레스게는 갈라디아로, 디도는 달마디아로 갔고, 누가만 나와 함께 있느니라 네가 올 때에 마가를 데리고 오라 그가 나의 일에 유익하니라, 두기고는 에베소로 보내었노라, 네가 올 때에 내가 드로아 가보의 집에 둔 겉옷을 가지고 오고 또 책은 특별히 가죽 종이에 쓴 것을 가져오라, 구리 세공업자 알렉산더가 내게 해를 많이 입혔으매 주께서 그 행한 대로 그에게 갚으시리니, 너도 그를 주의하라 그가 우리말을 심히 대적하였느니라, **내가 처음 변명할 때에 나와 함께 한 자가 하나도 없고 다 나를 버렸으나** 그들에게 허물을 돌리지 않기를 원하노라

디모데후서는 바울이 로마 감옥에 2차로 투옥되었을 때에 기록된 옥중 서신으로, 그가 영적으로 낳았다던 아들 디모데에게 써 보낸 편지입니다. 내용 중에 언급된 데마는 바울과 함께 복음을 전파하던 동역자였습니다. 그런데 그가 세상을 사랑하여 도중에 바울을 배신하고 데살로니가로 갔다는 겁니다. 데마 뿐 아니라 의사였던 누가를 제외하고는 모두 바울을 떠났다고 기록하고 있습니다. 바울이 처음 변명할 때 바울과 함께 있었던 자들, 즉 바울이 재판받을 때에 함께 어려움을 나누었던 사람들조차도, 어려움이 닥쳐오자 모두 바울을 버리고 제 갈 길로 갔다는 거지요. 달려 갈 길을 끝까지 간다는 것은 이처럼 어렵습니다. 마치 광야 길을 가는 것처럼 어려움이 많습니다. 그러나 바울은 포기하지 않고 그 날을 예비하였

습니다. 주님이 복음서에서 누누이 강조하셨던 것처럼 하나님 앞에서 결산할 날에 대하여 철저히 준비하였던 것이지요.

• 마25:19 오랜 후에 그 종들이 주인이 돌아와 그들과 결산할 새

위의 말씀은 우리가 잘 아는 대로 5달란트, 2달란트, 1달란트를 종들에게 나누어 주고 주인이 먼 길을 떠났다가 돌아와서 결산을 하는 장면입니다. 이 말씀의 의미는 부지런히 일을 하여 많이 남긴 자에게는 남긴 만큼의 상을 주실 뿐만 아니라, 믿는 자들에게는 반드시 그 주인이 돌아와 결산할 날이 온다는 사실에 대한 경고가 담겨 있습니다.

• 고후5:10   이는 우리가 다 반드시 그리스도의 심판대 앞에 나타나게 되어 각각 선악 간에 그 몸으로 행한 것을 따라 받으려 함이라

물론 여기서의 심판은 천국이냐 지옥이냐의 심판은 아닙니다. 천국에 가게 되어 있는 자가, 그 날에 받을 상급을 결정하기 위한 심판을 뜻하는 것이지요. 고린도교회의 성도들에게 하신 말씀이니, 곧 우리 믿는 자들을 두고 하시는 말씀이기도 합니다. 우리가 '다' '반드시' 그리스도의 심판대 앞에서 선다, 그리고 선과 악에 따라서, 행한 것에 따라서 상을 받게 된다는 말씀입니다.

나는 지금 어느 것을 선택할 것인가? 내 머리에 있는 기억이라는 장치에는 세상지식으로 움직일 것을 명령하는 메시지가 있습니다. 반면 나의 영에는 하나님의 지식으로 움직일 것을 알려주는 메시지도 있습니다. 내

가 어떤 메시지를 택하여 행동하는가에 따라 그 날에 주실 주님의 상도 달라질 것입니다.

하늘의 원리를 이해하려면 먼저 세상의 원리를 이해하면 됩니다. 성막도 하늘에 있는 것을 본으로 보여 주시고 모세에게 지으라고 말씀하셨습니다. • 히8:5에서도 이 땅에서 섬기는 것들은 하늘에 있는 것의 모형이요 그림자라고 말씀하셨습니다. 그동안 우리는 죄악 속에서 형성된 감정으로만 살아왔습니다. 때문에 장차 천국에서 느끼게 될 아쉬움에 대해서는 생생한 느낌이나 감도가 없습니다. 물론 충분한 예비지식이 없어서일 수도 있습니다. 그러나 원리는 똑같습니다. 이 세상에서도 이긴 자들만이 누릴 수 있는 특권이 있듯, 천국에서도 믿음을 지키고 이겨낸 자에게 주어지는 특권이 있습니다. 그래서 • 계2장부터 나오는 아시아 7교회에 상을 주실 때에는 꼭 '이기는 자'에게 주신다고 하는 조건이 따라 나오는 것입니다.

광야와 같은 이 땅에서 멋지게 승리하기를 원하십니까? 그렇다면 이 개념을 확실하게 다시 짚어보십시오. 그 비법은 '내가' 하려하지 말고, '하나님이' 하시도록 나를 내어드리면 됩니다.

의 의에 복종하지 아니하였느니라

- 고후11:2 내가 **하나님의 열심으로** 너희를 위하여 **열심을 내노니** 내가 너희를 정결한 처녀로 한 남편인 그리스도께 드리려고 중매함으로다

- 골1:29 이를 위하여 나도 **내 속에서 능력으로 역사하시는** 이의 역사를 **따라 힘을 다하여 수고하노라**

하나님은 광야 길을 가는 동안 이스라엘 백성들끼리 가도록 방치하지 않았습니다. 먼저 말씀을 주셨고, 그 말씀을 어깨에 메고 갈 때마다 구름 기둥과 불기둥으로 인도하셨습니다. 그리고 그 말씀을 신약성경에서는 우리들의 생각과 마음에 새겨놓으셨습니다.

- 히10:16 주께서 이르시되 그 날 후로는 그들과 맺을 언약이 이것이라 하시고 내 법을 그들의 마음에 두고 그들의 생각에 기록하리라

하나님이 나의 육비와 심비에 새겨 놓으신 하나님의 법, 즉 하나님의 말씀대로 사는 것, 이것이 달려갈 길을 마친 자에게 주어지는 상급임을 기억하시기 바랍니다.

> **KEY** 성도는 거룩한 무리로 주님께 목숨을 건 자며, 신자는 구원받은 자로 말씀대로 살지 못하고 옛 습관을 따라 사는 자를 말한다. 이처럼 믿는 자 들에게도 차이가 있다. 이것이 이루어 가는 상급의 차이이다.

적용 :: 분명 말씀에 어긋나지 않았음에도 원치 않는 일들이 생겨 당신을 괴롭히고 있습니까? 문제가 해결되지 않습니까? 아무리 생각해도 하나님과의 관계가 올바른 데도 응답이 없습니까? 그렇다면 감사하십시오. 그러한 고통은 당신에게 주실 상과 연결되어 있는, 의미 있는 하나님의 사건입니다. 육체의 가시를 제해 주시기를 간구했던 바울에게 주님의 대답은 '그 약한 데서 주님의 능력이 온전하여진다'라는 것이었습니다.

기도 § 하나님, 고통 가운데서 함부로 원망하지 않겠습니다. 돌아보아 잘못된 부분이 있으면 고칠 것이며, 그렇지 않음에도 고통이 내게 머물 때는 그것으로 인해 감사하겠습니다. 고통을 통해 성도로 키워 가시는 예수님의 이름으로 기도합니다. 아멘

5. 어린 아이와 장성한 자

우리는 흔히 사람들의 믿음을 평가할 때, 그 열매를 보면 알 수 있다고 말합니다. 하나님의 성령이 거하는 사람은 반드시 성령의 열매를 맺기 때문입니다.

성도들에게 인생이 소중하고 가치가 있는 것은, 인생 자체가 소중하기 때문이 아니라, 영생을 준비할 수 있는 기간이 있기 때문입니다. 또한 성

도들에게 있어서 영생이 소중한 것은, 그냥 영원히 산다는 의미로 끝나는 것이 아니라, 인생에서 되어 진 일을 가지고, 천국에서 영원히 누리며 살 것이기 때문입니다. 그래서 성경은 사는 날 동안 선한 싸움을 싸우라고 말씀합니다. 또한 성경은 상 받도록 달음박질하라고 말씀합니다. 성경은 이처럼 성도들이 받을 상급에 대하여 강조하고 있습니다.

천국에서 누릴 상급이 있다고 말하면, 혹자는 이 땅에서도 차별대우를 받고 사는 것에 한이 맺혔는데, 천국에서도 차별이 있다면 그것도 천국이냐고 섭섭해 하실지 모르겠습니다. 그러나 분명한 것은 영적인 세계의 원리도 세상의 원리와 똑같다는 사실입니다. 세상의 원리는 모두 하늘의 모형입니다. 천국은 침노하는 자의 것이라는 말씀 또한, 하나님의 말씀에 대한 믿음을 가지고 침노하라는 뜻입니다.

이제부터 '상'이라는 관점을 염두에 두고 성경을 읽어보십시오. 그러면 '성경은 상을 말씀하시기 위하여 씌어졌는가?' 라고 느껴질 정도로 상에 대하여 강조하고 계심을 알게 될 것입니다. 광야 길을 가는 과정에는 이런 영적 사실을 깨닫지 못하고 가는 어린아이와 같은 사람도 있고, 불뱀과 전갈을 밟으며 걸어가는 장성한 사람도 있습니다. 어린아이란 예수님으로 말미암아 구원은 받은 자이지만, 의의 말씀을 경험하지 못한 자를 말합니다.

• 히5:13 이는 젖을 먹는 자마다 어린 아이니 의의 말씀을 경험하지 못한 자요

하나님께서 믿는 자에게 말씀을 주셨을 때는 경험하라고 주신 것입니

다. 즉 하나님의 말씀은 살았고 운동력이 있기 때문에, 실제로 존재를 만들어 내는 원동력입니다. 따라서 말씀을 신뢰하고 믿음을 가지고 서 있으면, 그 말씀이 실제로 존재가 되어 나타납니다.

> • 히11:3 믿음으로 모든 세계가 하나님의 말씀으로 지어진 줄을 우리가 아나니 보이는 것은 나타난 것으로 말미암아 된 것이 아니니라

사람이 사는 환경 속에서 일어나는 모든 일은, 하나님의 말씀을 이루어 내는 천사나, 사망의 권세를 잡고 일하는 마귀와 같이, 보이지 않는 존재들의 움직임에 대한 결과입니다. 이러한 영적 존재들은, 하나님이 명령하신 말씀을 이루어내기 위해서 움직입니다. 광야 길도 그렇습니다. 이스라엘 백성들이 종살이 하던 애굽에는 사망의 말씀 밖에 없었습니다. 그래서 하나님은 이스라엘 백성들을 불러내셨습니다. 이것은 예수님을 믿기 전에, 세상 지식에 파묻혀 살았던 나를 불러내신 것과도 같습니다. 이 후 광야에는 오직 생명의 말씀인 하나님의 말씀만이 주어졌습니다.

그럼에도 내가 왜 마귀의 종노릇을 하며 살았는가? 그건 애굽의 지식이 내 기억 속에 생생히 남아 있었기 때문입니다. 이런 기억을 가지고 있는 나에게, 하나님은 새로운 진리지식을 주셨습니다. 지금 광야에 서 있는 나에게는, 하나님의 진리지식인 선(善)과, 세상지식인 악(惡)이 함께 공존하고 있는 것이지요. 하나님의 말씀인 진리 지식은 내 영에 들어와 계시고, 세상의 지식은 나의 기억 속에 있는 것입니다.

어린아이는 영적으로 어리다는 말입니다. 사람은 나이가 많아질수록 세상적인 경험이 많이 쌓이기 때문에, 그것들을 의지하려는 습성이 더욱

강해집니다. 때문에 영적으로는 더욱 더 어린아이가 될 확률이 높습니다. 하나님의 말씀을 듣기는 들었어도 믿음으로 행할 생각을 하지 않고, 관념으로만 간직하고 있기 때문입니다. 그래서 '나는 예수님을 믿고 구원받았다, 그러니 나중에 천국에 갈 것이다.'라고 하는 초보적인 수준에 머물러 있게 됩니다. 이런 사람을 초등학문을 지닌 자라고 말합니다.

> • 히5:12 때가 오래되었으므로 너희가 마땅히 선생이 되었을 터인데 너희가 다시 하나님의 말씀의 초보에 대하여 누구에게 가르침을 받아야할 처지이니 단단한 음식은 못 먹고 젖이나 먹어야 할 자가 되었도다

> • 갈4:9 이제는 너희가 하나님을 알 뿐 아니라 더욱이 하나님이 아신 바 되었거늘 어찌하여 다시 약하고 천박한 초등학문으로 돌아가서 다시 그들에게 종노릇 하려 하느냐

우리는 하나님을 알았습니다. 더욱이 하나님이 우리를 알고 계십니다. 아시되 어디까지 아시는가? 우리의 모든 형편과 능력과 믿음의 상태까지 아십니다. 우리가 사는 광야는 불 뱀과 전갈이 득실거리고, 물이 없는 간조한 땅입니다. 광야를 통과하는 사람에게 이 모든 것은 영적 장애요인이 됩니다. 그래서 그 때마다 믿음으로 불 뱀과 전갈을 밟고 넘어가라고 주신 것이 바로 하나님의 말씀입니다. 이 말씀을 매번 삶속에서 적용하며 사는 사람이 장성한 사람입니다. 장성한 자란 하나님의 말씀을 적용하여 말씀을 존재로 만들어 내는 사람입니다.

· 히5:14 단단한 음식은 장성한 자의 것이니 그들은 지각을 사용함으로
연단을 받아 선악을 분별하는 자들이니라

　하나님은 광야에 나온 사람들에게 하나님의 말씀을 주셨습니다. 하나님은 항상 하나님의 사람들에게 하나님의 것을 공급하십니다. 모세를 애굽에 보내셔서 출애굽을 주도하게 하실 때도 하나님은 모세에게 "내가 너와 함께 하겠다."라고 말씀하셨습니다. 이 말씀이 모세를 출애굽이라고 하는 대장정을 이끌어가도록 변화시켰습니다. "내가 너와 항상 함께 하겠다."고 하신 말씀 외에는 사실 환경적으로 볼 때 아무것도 달라진 게 없었습니다. 그러나 모세가 하나님의 약속을 확실하게 붙잡는 순간, 위대한 역사적 인물로 살게 되었던 것입니다. 항상 함께 하겠다는 약속은 예수님께서도 하셨던 말씀입니다. 예수님께서 승천하실 때 11명의 제자들을 향하여 "내가 세상 끝 날까지 너희와 함께 있으리라"고 말씀하셨습니다. 이 말씀은 예수 믿는 모든 사람들 안에서 영원히 함께 거하고 계시며, 필요한 때에는 존재가 되어 나타나는 것입니다.

· 요1:14 말씀이 육신이 되어 우리 가운데 거하시매 우리가 그의 영광을
보니 아버지의 독생자의 영광이요 은혜와 진리가 충만하더라

　예수님을 보고 말씀이 육신이 되어 오신 분이라고 했습니다. 그리고 이제는 사람들의 눈으로 아버지의 영광을 보게 되었다고 합니다. 영광이란 하나님의 영화로운 빛이라고 했고, 어떤 사건을 일으킬 수 있는 '하나님 자신'이라고 했습니다. 그리고 눈으로 볼 수 없는 영광을 지금 눈으로 볼

수 있도록, 육체를 입고 오신 분이 곧 예수 그리스도라고 했습니다.

'말씀이 육신이 되어' 란 말이 무슨 뜻일까요? 이는 하나님의 말씀 가운데는 인생에서 해결되어져야 할 모든 문제에 대한 해답이 있다는 뜻입니다. 곧 말씀은 실재로 이루어지는 존재가 되어, 우리의 육적인 삶 가운데 드러날 결과라는 뜻입니다.

예를 들어 내가 물질에 관한 문제를 가지고 있다면 • 고후8:9 말씀에서 이미 우리를 부요하게 하시려고 예수님께서 친히 가난하게 되셨으므로, 이제 이 말씀을 믿고 선포하십시오. 그러면 그분의 부요를 누리는 결과가 나타나, 실제 가난으로부터 벗어나게 될 것입니다.

만일 우리가 질병의 문제를 가지고 있다면 • 벧전2:24에서 예수님께서 우리를 낫게 하시려고 이미 채찍에 맞아 놓으셨기 때문에, 그 결과 우리는 육체의 질병으로부터 깨끗이 나음을 입었다고 선포하면, 그 말씀이 존재가 되어, 실제 내가 질병에서 깨끗하게 치유될 것입니다.

혹시 자녀들이 공부를 못해서 문제가 됩니까? 지혜에 관한 문제도 마찬가지입니다. • 약1:5에서 누구든지 지혜가 부족하거든 모든 사람에게 후히 주시고 꾸짖지 아니하시는 하나님께 구하라 그리하면 주시겠다고 약속하셨기 때문에, 우리는 이 말씀을 붙잡고, 액면 그대로 구하면 실제 하나님의 지혜가 임하여 공부도 잘하게 되는 것입니다. 이처럼 성경은 신구약을 통틀어 하나님의 약속과 그 약속이 이행되는 정확한 사실들을 나열하고 있습니다. 이 사실을 • 고후1:20은 이렇게 증언합니다.

• 고후1:20 하나님의 약속은 얼마든지 그리스도 안에서 예가 되니 그런즉 그로 말미암아 우리가 **아멘** 하여 하나님께 **영광을** 돌리게 되느니라

하나님의 말씀은 우리의 상식선에서 이해되는 것은 이루어지고, 우리의 상식을 벗어난 문제는 이루어 내지 못하는 한계상황이 아닙니다. '아멘' 하고 인정하기만 하면, 그 믿음 위에 실질적인 역사가 일어나, 그로 인하여 하나님께 영광을 돌려드리게 되는 것입니다.

말씀이 육신, 즉 육체가 되었다는 것은, 실제 우리가 육체를 보듯이 그 결과를 바라볼 수 있다는 말입니다. 말씀은 눈에 보이지 않는 약속이고, 육신은 눈에 보이고 손에 잡히는 구체적인 실상입니다. 이렇게 눈에 보이지 않는 약속의 말씀이, 구체적으로 눈에 보이고, 손으로 잡히는 실상이 되어 오신 분이 곧 예수 그리스도입니다.

이 사실을 믿는 것을, 우리는 예수님을 영접하였다고 말합니다. 이 사실을 믿음으로 실제로 손에 잡히고, 실제로 손에 만져지는 예수님이 내 안에 함께 사는 겁니다. 내 안에 사시는 예수님의 능력이, 내 모든 환경을 장악하고 다스리시므로, 나는 내가 믿는 모든 것을 실제 삶속에서 이루어 낼 수 있는 능력자로 살게 되는 겁니다.

- 히11:1 **믿음**은 바라는 것들의 **실상**이요 보이지 않는 것들의 **증거니**

- 롬10:17 그러므로 **믿음**은 들음에서 나며 **들음**은 그리스도의 **말씀**으로 말미암았느니라

위의 두 구절의 말씀 가운데서 불필요한 단어들을 제거해 버리면 다음과 같이 정리됩니다.

'믿음은 실상이고 증거인데, 이러한 것들은 말씀을 들을 때 생겨난다.' 즉 말씀을 제대로 듣고 깨닫게 되면, 그 말씀이 그대로 존재가 되어 나타납니다.

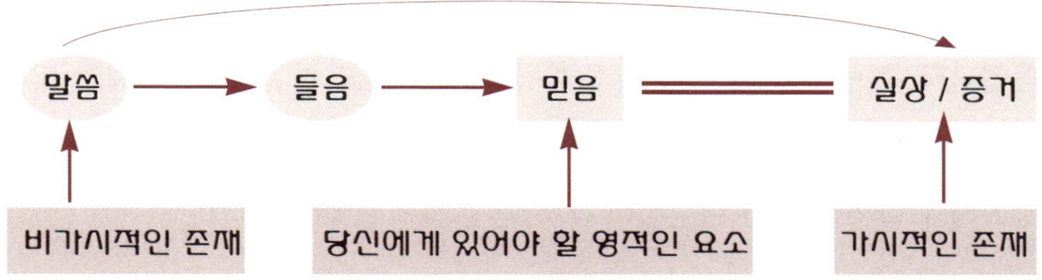

믿음은 실상입니다. 내가 간절히 이루어지기를 원하는 모든 것들은, 실제로 이루어집니다. 또한 믿음은 증거입니다. 결코 막연한 것이 아닙니다. 지금 내 육안으로 볼 수는 없지만, 내가 믿음을 가지고 보면, 그것은 분명히 실제 시간 속에서, 실제 삶의 현장 한 가운데서 증거로 나타납니다.

• 신8:15~16 너를 인도하여 그 광대하고 **위험한 광야** 곧 불 뱀과 전갈이 있고 물이 없는 **간조한 땅**을 지나게 하셨으며 또 너를 위하여 단단한 반석에서 물을 내셨으며, 네 조상들도 알지 못하던 만나를 광야에서 네게 먹이셨나니 이는 다 너를 낮추시며 너를 시험하사 **마침내** 네게 복을 주려 하심이었느니라

하나님은 이스라엘 백성을 광야로 인도하셨다고 했습니다. '인도' 라는 말과 '위험', '불 뱀', '전갈', '물이 없는 간조한 땅' 등의 개념은 서로 맞지 않습니다. 어떻게 불 뱀과 전갈이 있고 물이 없는 건조한 땅으로 이끌어 오시고, 그것을 인도라고 할 수가 있습니까? 더구나 그렇게 말씀하

시며 하나님 스스로도 그곳을 '위험한 광야'라고 말씀하시는 것은 또 무슨 이유입니까?

그 말씀은 내가 너희를 인도해낸 광야에는 불 뱀과 전갈도 있지만, 내가 너희에게 불 뱀과 전갈을 밟고 이길 수 있는 권세를 이미 주셨다는 말씀입니다. 눈에 보이지 않는 이 말씀을 믿어, 믿음으로 불 뱀과 전갈을 밟아 뭉개는 실상과 증거를 광야에서 만들어내라는 것, 이것이 하나님께서 우리에게 말씀을 주신 의도이며, 광야로 인도하신 이유입니다.

• 빌2:12 그러므로 **나의 사랑하는 자들아** 너희가 나 있을 때뿐 아니라 더욱 지금 나 없을 때에도 항상 복종하여 두렵고 떨림으로 너희 **구원을 이루라**

바울은 우리에게 이렇게 말씀을 내 삶속에 적용시켜 항상 말씀에 복종하되, 두렵고 떨림으로 구원을 이루라고 권면하고 있습니다. 구원을 받은 사람은 또한 구원을 이루어가야 할 사람입니다. 이루어가는 구원, 이것은 장성한 자의 몫으로 바로 저와 여러분이 감당할 부분입니다.

KEY 거듭난 사람 가운데도 의의 말씀을 경험하지 못하는 어린아이가 있고, 의의 말씀을 경험하며 살아가는 장성한 자가 있다.

적용 :: 삶의 문제 앞에서 푸념하지 마시고 하나님의 뜻을 깨달으십시오. 하나님은 그 문제를 해결할 수 있도록 이미 만물들로 하여금 무릎을 꿇게 하신 예수의 이름을 우리에게 주셨습니다. 당신은 그 이름 때문에 거듭난 것입니다. 그 이름을 사용하는 자가 장성

한 자입니다. 하나님은 당신이 장성하기를 바라십니다. 삶의 문제는 푸념의 대상이 아니라, 성장의 도구입니다.

기도§ 하나님, 문제를 바라보는 시각을 바꾸겠습니다. 이제는 문제 앞에서 원망이나 푸념을 하지 않고, 예수님의 이름으로 해결하며 일하시는 하나님을 보겠습니다. 항상 일하시는 하나님을 볼 수 있도록 해 주신 예수님의 이름으로 기도합니다. 아멘

6. 불에 타는 공력, 불을 통과하는 공력

한 사람이 인생을 사는데 있어서 그의 부모와 당사자의 역할은 어떻게 구별됩니까?

부모의 역할은 그의 생명을 출생하게 하는 데까지입니다. 그리고 어떻게 살라고 충고는 해주어도 결국 어떻게 사는 것은 당사자의 몫입니다. 예수님은 우리를 거듭나게 해주셨습니다. 즉 영적인 일을 할 수 있도록 영적으로 다시 태어나게 해주신 것입니다. 이제 어떠한 삶을 사느냐는 구원받은 나의 몫입니다. 결국 나의 문제입니다.

누차에 걸쳐 말씀드렸듯이 구원받은 내가 공력을 쌓는다는 것은, 천국에 들어가기 위한 조건은 아닙니다. 그러나 분명한 것은 천국에 가서 누릴 나의 분깃이라는 사실입니다.

하나님이 일방적으로 찾아오셔서 죄 가운데서 나를 건져주신 것, 그 사실을 믿는 믿음으로 천국에 가게 되는 구원을 명칭상 1차 구원이라고 분류한다면, 광야를 걸어가면서 구원을 이루어가는 것, 즉 공력을 쌓는 것을 2차 구원이라고 할 수 있습니다.

> • 고전3:10~15 내게 주신 하나님의 은혜를 따라 내가 지혜로운 건축자와 같이 터를 닦아 두매 다른 이가 그 위에 세우나 그러나 **각각 어떻게 그 위에 세울까를 조심할지니라**, 이 닦아 둔 것 외에 능히 다른 터를 닦아 둘 자가 없으니 **이 터는 곧 예수 그리스도라**, 만일 누구든지 **금이나 은이나 보석이나 나무나 풀이나 짚으로** 이 터 위에 세우면, 각 사람의 공적이 나타날 터인데 그 **날이 공적을 밝히리니** 이는 불로 나타내고 그 **불이** 각 사람의 공적이 어떠한 것을 시험할 것임이라, 만일 누구든지 그 위에 세운 **공적이 그대로 있으면 상을 받고**, 누구든지 그 **공적이 불타면 해를** 받으리니 그러나 **자신은 구원을 받되 불 가운데서 받은 것 같으리라**

■ 터는 그리스도이다.

그러므로 우리가 구원을 이루어가는 과정, 곧 광야생활에서 쌓아야 할 공력이 부담으로 느껴질 수도 있겠지만, 염려하지 마십시오. 하나님은 이 모든 것을 행할 수 있는 능력을 이미 내 안에 주셨기 때문입니다. 우리는 단지 하나님으로 이 일들을 행하시도록 나를 비워 드리면 되는 것입니다. 하나님으로 행하시도록 한다는 말은 이와 같습니다. 예를 들어,

• 제가 당신에게 책상에 있는 볼펜을 집으라고 명령을 하겠습니다.

자, 이제 당신은 당신의 책상에 있는 볼펜을 집으세요. 당신은 당신의

손을 내밀어 볼펜을 집었습니다.

 • 어떠한 마음으로 집었습니까? 제가 집으라고 하니까, 또 당신은 당신의 손가락을 움직일 수 있으니까 그냥 덥석 집은 건가요? 그러면 그것은 당신의 의지로 집은 것입니다.

 • 혹시 당신은 제 말을 듣고 '주님, 제가 저 볼펜을 집기를 원하십니까?' 라고 잠깐 묵상을 하고 당신 마음에 저 볼펜을 집어도 괜찮겠다는, 즉 마음의 불편함이 없는 상태에서 집었습니까? 그렇다면 그것은 주님께서 집으신 것입니다. 즉 당신의 손을 통하여 주님께서 집으신 것입니다.

하나님으로 하시도록 하는 것은, 이렇게 매사에 하나님의 뜻을 묻고, 그 응답대로 행하는 것을 말합니다. 어렸을 적 우리는 아주 사소한 것까지도 부모님께 물어보고, 부모님의 뜻을 따라 행했습니다. 그러나 어른이 되어서는 부모님을 무시해서가 아니라, 이미 부모님의 마음을 알기 때문에, 일일이 묻지 않고도 처리할 수 있습니다. 설령, 대학에 다니는 자녀가 부모님께 묻지 않아도 된다고 해서 이부자리에 대소변을 보겠습니까? 그렇지 않지요? 묻지 않아도 화장실에서 처리하는 것이 장성한 자의 모습입니다.

여러분이 진정으로 주님의 음성을 듣고 행하기를 원하신다면, 볼펜 하나 집는 것에서부터 시작해보십시오. 그러다 보면 여러분의 믿음은 자연스럽게 성장하게 될 것이고, 그러면서 말씀대로 사는 것이 체질이 될 것이고, 결국 머지않아서 매사를 주님이 원하시는 대로 움직이고 있는 자신을 보게 될 것입니다. 우리가 이렇게 장성하도록 터가 되어주신 분이 주님이십니다. 다만 '그 터 위에 무엇을 세울까?' 는 내가 알아서 해야 할 몫이요, 이것이 광야에서 이루어가는 2차 구원입니다.

■ **각자가 쌓아야 한다.**

예수의 이름으로 한다 할지라도 헛된 것들이 있습니다. 자신의 명예나 이름을 위해서 주의 일을 하는 것이지요. 어찌 보면 이것조차도 논리적으론 모순입니다. 그렇게 하는 것은, 엄밀히 말해 주의 일을 하는 것이 아니기 때문입니다. 우리는 현장에서 주님의 일을 한다고 하면서, 주님의 '일'에만 분주하여, 정작 주님을 잊고 살 때가 더 많습니다. 이는 마치 아기 엄마가 바쁘다고 해서, 아기를 어디다 빠뜨린 줄도 모른 채, 빈 포대기만 들쳐 업고 뛰는 형상과 같습니다. 도처에서 그리스도의 이름으로 자행되는 추태와 난잡함은, 이미 세상 사람들에게조차 손가락질을 받는 지경에 이르렀습니다. 그러나 반드시 기억할 일은, 분명히 우리는 제 각각, 자신이 쌓은 공력으로 심판 받을 때가 온다는 사실입니다. 그 날에 짚이나 풀이나 나무처럼 불에 타고 없어질 것들을 위해 헛수고 하는 일이 없도록, 항상 말씀 앞에 조명 받아 보석이나 은이나 금과 같이 불을 통과하도록 살아야 합니다.

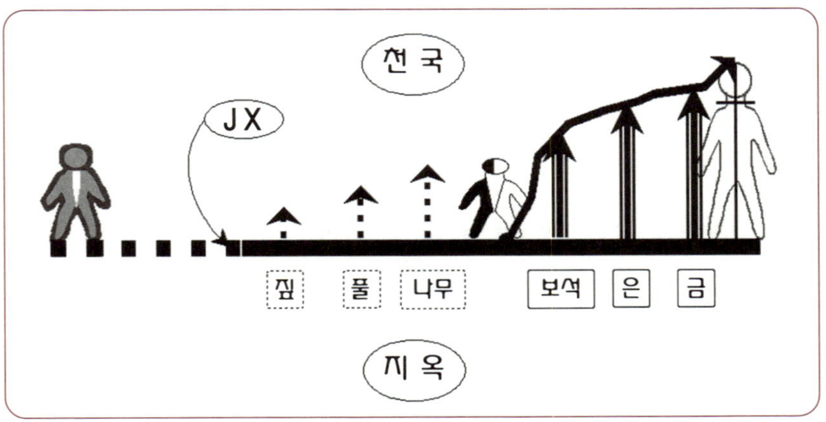

엄밀히 말해 예수님은 사람들로 하여금 지옥에 가지 않게만 해 주셨을 뿐입니다. 그렇다고 예수님께서 이루어 놓으신 십자가의 대속 사건을 과소평가하는 것이 아닙니다. 구원받은 자들의 행함을 강조하는 것뿐입니다. 그래서 이런 말을 합니다. '믿음으로 구원받고, 행함으로 상급받자!'

■ 그 날에 불로 밝히신다.

우리가 살고 있는 이 세상, 더 넓게는 우주 공간도 이대로 영원히 있을 공간이 아닙니다. 이러한 세상은 이미 노아 때에 홍수로 심판을 받은 적이 있습니다. 그것은 그렇게 하리라고 하시는 하나님의 말씀에 의해서 되어 진 사건이었습니다. 성경은 홍수를 있게 하신 그 말씀이, 다시 이 세상을 불로 심판하실 때가 있다고 경고하고 있습니다.

> • 벧후3:3~7 먼저 이것을 알지니 말세에 조롱하는 자들이 와서 자기의 정욕을 따라 행하며 조롱하여, 이르되 **주께서 강림**하신다는 약속이 어디 있느냐 조상들이 잔 후로부터 만물이 처음 창조될 때와 같이 그냥 있다 하니, 이는 하늘이 옛적부터 있는 것과 땅이 물에서 나와 물로 성립된 것도 하나님의 말씀으로 된 것을 그들이 일부러 잊으려 함이로다. 이로 말미암아 **그 때에 세상은 물이 넘침으로 멸망**하였으되, **이제 하늘과 땅은 그 동일한 말씀으로 불사르기 위하여 보호하신 바 되어** 경건하지 아니한 사람들의 **심판과 멸망의 날까지 보존하여 두신 것이니라**

불로 심판하시는 부분에 대해서 굳이 설명해보라면 이런 겁니다. 우리가 화산이 폭발하여 용암이 분출되는 것을 보면서, 땅 속에 불덩어리가 고여 있다는 사실을 짐작하게 되는 것처럼, 그 때가 되면 땅 아래 뿐 아니라, 하늘로서 내려오는 불덩어리가 이 세상을 태우게 된다는 사실입니다. 노아의 홍수 때에 하늘에서만 비가 내린 것이 아니라, 땅에서도 깊은 샘들이 터졌던 것처럼 말이지요. 지금 있는 땅과 하늘은 심판 때에 동일한 말씀으로 불사르기 위하여 보존하고 계신 것입니다. 이런 징조를 • 계 8:6 이하에 보면 하늘에서도 불이 쏟아진다고 말씀하고 있습니다.

• 벧후3:11~13   이 모든 것이 이렇게 풀어지리니 너희가 어떠한 사람이 되어야 마땅하냐 거룩한 행실과 경건함으로, 하나님의 날이 임하기를 바라보고 간절히 사모하라 그 날에 **하늘이 불에 타서 풀어지고 물질[지구]이 뜨거운 불에 녹아지려니와, 우리는 그의 약속대로 의가 있는 곳인 새 하늘과 새 땅**을 바라보도다

하늘도 불에 타고 땅도 불에 녹을 날이 옵니다. 왜냐면 하나님께서 분명히 말씀하셨기 때문입니다. 그 날에 거듭난 사람들은 의가 있는 곳인, 새 하늘과 새 땅을 바라본다고 말씀하셨습니다. 베드로후서에서 말하는 의가 있는 곳인 새 하늘과 새 땅은 어떤 곳인가요?

• 계4:6   보좌 앞에 **수정과 같은 유리 바다**가 있고 보좌 가운데와 보좌 주위에 네 생물이 있는데 앞뒤에 눈들이 가득하더라

• 계15:2~3   또 내가 보니 **불이 섞인 유리 바다** 같은 것이 있고 짐승과 그의 우상과 그의 이름의 수를 이기고 벗어난 자들이 유리 바다 가에 서서 하나님의 거문고를 가지고, 하나님의 종 모세의 노래, 어린 양의 노래를 불러 이

베드로가 보았던 불타는 하늘과 땅에 대해서 사도 요한도 이같이 말하고 있습니다. 하나님께서 사도 요한에게 하나님의 나라를 보여 주셨습니다. 하나님의 보좌 앞에서 바라볼 때, 우주공간은 마치 수정과도 같은 유리바다로 보이는 것입니다. 왜냐하면 궁창 위의 물이 우주의 경계를 이루고 있기 때문이지요. 그렇게 엄청나게 큰 우주라 할지라도 하나님의 나라에서 바라 볼 때에는 수정정도의 크기 밖에 되지 않는 것입니다.

이러한 유리 바다가 마지막 때에는 불이 섞인 유리바다가 될 것인데, 이 말씀은 곧 불로 하늘을 태우고, 땅을 녹여버리는 불 심판을 말하는 것입니다. 그러한 때, 짐승과, 짐승이 섬기던 우상과, 그 짐승의 수를 이기지 못하여 벗어나지 못한 자들은 우주공간에 남고, 그 이름의 수를 이기고 벗어난 자들은, 불이 섞인 유리바다를 건너, 그 가에 서게 됩니다. 유리바닷가란 무엇을 말하는가? 우주의 경계를 넘어선 영역을 말하는 것입니다.

마지막 날에 불타는 우주 공간에 남을 자는 짐승, 우상, 짐승의 수를 이기지 못하여 벗어나지 못한 자요, 우상은 짐승이 섬기는 우상으로 사탄을 말하며, 사탄은 짐승에게 권세를 주어 이 세상을 다스리는 것입니다. 그래서 온 땅은 짐승의 손아귀에서 벗어나지 못하고 묶여 있는 것이지요.

• 계13:3~4 그의 머리 하나가 상하여 죽게 된 것 같더니 그 죽게 되었던 상처가 나으매 온 땅이 놀랍게 여겨 짐승을 따르고, **용이 짐승에게 권세를 주므로 용에게 경배**하며 **짐승에게 경배**하여 이르되 누가 짐승과 같으냐 누가 능히 이와 더불어 싸우리요 하더라

용은 누구를 말하는가? 창세기 때에 에덴에서 아담을 넘어뜨렸던 뱀이며, 인류의 역사 속에서 사람을 잡고 일을 했던 마귀를 말합니다.

> • 계12:9 큰 **용**이 내쫓기니 **옛 뱀** 곧 **마귀**라고도 하고 **사탄**이라고도 하며 온 천하를 꾀는 자라 그가 땅으로 내쫓기니 그의 사자들도 그와 함께 내쫓기니라

짐승은 누구인가? 역사 속에서 각 시대마다 마귀로부터 권세를 받아 마귀의 일을 했던 나라 또는 그 나라의 왕을 말합니다.

> • 단8:20~24 네가 본 바 두 뿔 가진 **숫양**은 곧 **메대와 바사 왕들**이요, 털이 많은 **숫염소**는 곧 **헬라 왕**이요 그의 두 눈 사이에 있는 **큰 뿔**은 곧 그 **첫째 왕**이요, 이 뿔이 꺾이고 그 대신에 **네 뿔**이 났은즉 그 나라 가운데에서 **네 나라**가 일어나되 그의 권세만 못하리라, 이 네 나라 마지막 때에 반역자들이 가득할 즈음에 **한 왕**이 일어나리니 그 얼굴은 뻔뻔하며 속임수에 능하며, 그 권세가 강할 것이나 자기의 힘으로 말미암은 것이 아니며 그가 장차 놀랍게 파괴 행위를 하고 자의로 행하여 형통하며 강한 자들과 거룩한 백성을 멸하리라

이 말씀은 하나님께서 다니엘에게 짐승의 환상을 보여주시고 해석으로 풀어주시는 장면입니다. 용으로 비유되는 마귀는, 각 시대마다 짐승으로 비유되는 왕과 나라들을 잡고 그의 일을 하는 것입니다. 짐승 또한 그에게 권세를 주는 마귀를 우상으로 섬기고 있는 것이지요.

짐승의 수를 이기지 못하고 벗어나지 못한 자는 누구를 말하는가?

그 시대에 기독교를 탄압하는 자의 탄압에 자신의 신앙을 저버리는 자들을 말합니다.

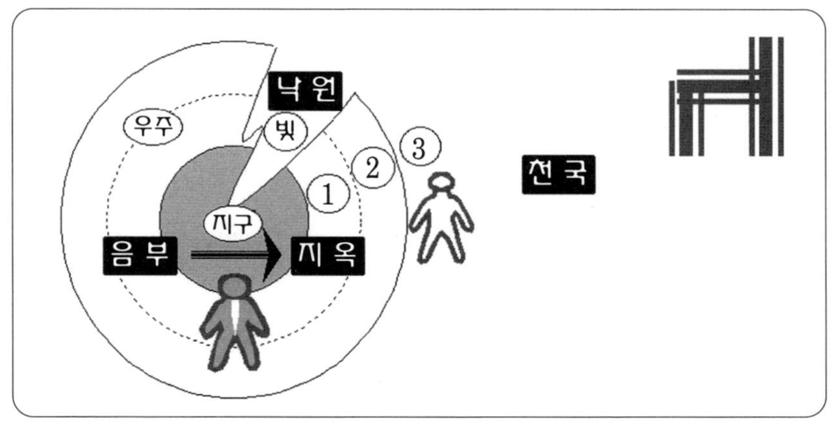

마지막 때에 불에 타서 없어질 하늘은 그림에서 ①과 ②의 하늘인데 이렇게 불타는 우주공간에서, 하나님은 거듭난 자들을 데리고, 예수 그리스도와 함께, 낙원이라는 공간을 그물로 삼아, 빼내어 가시는 것이지요. 그렇게 벗어나는 자들이 짐승의 수를 이기고 벗어난 자들로, 불 섞인 유리 바다 가에 서게 되는 겁니다.

이때 거듭난 자들은, 우주공간에 남아 불에 타면서 고통을 당하는 마귀와, 그의 사자들과, 거듭나지 못한 자들이 고통을 당하는 것을, 자기 눈으로 직접 보면서 빠져 나가는 것입니다. 이것은 마치 출애굽 백성들이 홍해에서, 물에 빠져 죽는 애굽의 군대를 보면서, 홍해를 빠져나가는 것과 똑같은 것입니다. 그래서 홍해를 빠져나오면서 불렀던 모세의 노래, 즉 구원의 노래, 어린양의 노래를 그때에도 똑같이 부르며, 구원의 감격을 찬양하게 되는 것이지요.

그렇게 해서 그들이 서는 곳이 ③으로 표시된 하늘인데 3층천이라고 하는 곳입니다. 3층천에 선 사람들은, 불이 섞인 유리 바다 가에 서게 되는 것인데, 이때 그들은 그런 공간에 처음으로 서보게 되는 것이므로, 그들이 서게 되는 우주의 경계선을, 새 땅이라고 하고, 그들이 처음으로 바라보는 3층천을, 새 하늘이라고 하는 것입니다.

여기는 • 벧후3:13에서처럼 의가 있는 곳으로 새 하늘이요, 새 땅이라고 하는 것이지요. 즉 죄가 없는 곳입니다. 이러한 곳이 신천지인데, 지금 엉뚱하게도 성경을 알고도 그러는 것인지, 몰라서 그러는 것인지, 이상한 집단이 자기들의 영역이 신천지라 하여, 그곳에 들어와야 한다고 하니 개탄할 노릇 아닙니까!

어쨌든 마지막 불타는 심판이 있을 때, 거듭난 자가 자신을 위해 나무나, 풀이나, 짚으로 쌓은 공력이 무슨 의미가 있겠습니까? 그러한 것들은 천국에 가지고 갈 수가 없는 것입니다. 남는 것은 금이나 은이나 보석으로 쌓은 공력, 즉 불에 태워도 타지 않는 것들로, 그것이 바로 우리가 장차 누리게 될 영원한 상급입니다.

KEY 영접하는 믿음으로 구원받고, 행하는 믿음으로 상급 받는다.

적용 :: 거듭난 자의 삶은 하나님의 뜻을 이루는 것이 목적이어야 합니다. 그래야 의미가 있습니다. 하나님의 뜻과 관계없는 삶을 살아가는 것은 그냥 시간을 보내는 것에 불과합니다. 그러므로 이제부터 당신은 당신이 해야 할 일에 대해 선택을 해야 합니다.

1차원적인 인격은 자신이 싫어하고 좋아하고에 의해 결정합니다. 2차원적인 인격은 옳고 그름에 의해 결정합니다.

3차원적인 인격은 가치가 있고 없고에 의해 결정합니다. 그러
나 하나님을 따라가는 4차원적인 인격은 하나님의 뜻인가 아
닌가에 의해 결정됩니다.

기도§ 하나님, 이제부터 저는 4차원적인 인격으로 살아가겠습니다. 하
나님의 기뻐하시는 길을 걷겠습니다. 제가 위대한 하나님의 뜻
을 따라 살아갈 수 있도록 해 주신 예수님의 이름으로 기도합니
다. 아멘

7. 못하는 것과 안 하는 것

예수님을 믿으면 천국에 갑니까? 그렇습니다. 왜냐하면 우리의 죄가
이미 사해졌기 때문입니다. 그렇다면 예수님을 믿고 기도생활을 하지 않
아도 천국에는 갑니까? 그렇습니다.

그럼 천국에서는 무엇을 누립니까? 자신이 구원받은 뒤 세상에서 해
놓은 것을 가지고 누립니다. 그렇다면 불 가운데서 받는 구원이 과연 어
떠한 것일까요?

저자가 고등학교 때 일입니다. 그날이 마침 크리스마스이브였는데, 그
날 충무로에 있는 대연각 호텔에서 엄청난 화재가 발생했습니다. 호텔에
투숙해 있던 사람들이 창문에 매달려, 살려달라고 아우성을 치고, 옥상으

로 올라가 손을 내저으며 구해달라고 외쳐댔습니다. 미처 속옷을 챙겨 입을 겨를도 없이, 벌거벗은 채로 1층까지 내려왔던 사람들은, 소방차와 구경꾼들로 북새통을 이루고 있는 틈에서, 벗은 몸을 가리기 위해, 양손으로 위를 가리다, 아래를 가리다, 차마 뒤돌아서서 얼굴을 가린 채 울고 있었습니다.

이것이 불 가운데서 구원 받은 자의 모습일 것입니다. 하나님은 나로 하여금, 선한 일을 하게 하기 위해서 구원하셨습니다. 그랬건만 구원받은 나는 선한 일을 하기는커녕, 수많은 시간을 나 자신만을 위해 살아오지는 않았습니까? 행여 마지막 날에, 벗은 몸이 부끄러워 얼굴을 가리고, 숨을 곳을 찾는 지경을 당하지는 않겠습니까? 구원을 이루어가라는 말씀은, 그렇게 되지 않도록 뛰어가라는 말씀입니다. 그래서 주의 일을 위하여 뛰는 사람들에게도 다 이유가 있는 것입니다.

우리는 지금까지 많은 얘기들을 해왔습니다. 그러나 이쯤에서 꼭 짚고 넘어갈 이야기가 있습니다. 거듭난 자가 추구해야 할 가치에 대한 이야기입니다. 거듭난 사람들이 구원받았다는 사실 하나만 믿고, 되나마나 막 살아도 과연 지옥에 가지 않는 걸까요?

그렇습니다. 구원받은 사람은 죄와 상관없이, 천국에 간다고 말씀하셨으므로, 설령 매번 반복하여 죄를 짓는다고 하여도, 지옥에는 가지 않습니다. 그렇다고 해서 우리는 막 살지는 않습니다. 그건 무의미한 일이기 때문입니다. 이런 무가치한 행동을, 당신은 안하는 것입니까? 못하는 것입니까? 물론 안하는 것이지요. 왜냐면 우리는 보다 나은 가치를 위해 사는 존재이기 때문입니다.

• 고전10:23 **모든 것이 가하나 모든 것이 유익한 것은 아니요 모든 것이 가하나 모든 것이 덕을 세우는 것은 아니니** •

예수님은 당신으로 하여금 선한 일을 할 수 있도록 해 놓으셨습니다. 그러나 당신이 안하고 있을 뿐입니다. 그러나 자기가 살아온 것으로 천국에서 영원히 상급을 누리며 산다고 하였으니, 받을 상이 없어 부끄럽겠지요. 만약 구원받은 내가 계속 의미 없는 삶, 즉 하나님과 관계없는 삶을 산다고 합시다. 그럼, 어떻게 될까요? 이 질문은 성도들이 추구해야 할 가치가 무엇인가에 대한 원론적인 질문입니다.

사실 구원받은 나는 모든 것을 할 수가 있습니다. 하나님은 이제 모든 죄 된 요소들을, 예수님을 통하여 이 세상에서 다 가져가시도록 하셨습니다. 이제 영적으로 마귀의 모든 일은 끝이 났습니다. 즉 마귀는 갇혀있는 존재이므로, 믿는 자들에게 아무 권리도 행사할 수 없습니다. 그런데 문제가 있습니다. 그럼에도 내가 하나님과는 관계없이, 나의 기억 속에 있는 과거의 경험과, 죄의 습관대로, 계속 죄 된 행동들을 하고 있다면, 그때는 어떻게 될까요?

예를 들어 내가 지금 도둑질을 하고 있다고 칩시다. 그것 때문에 내가 지옥에야 가지는 않겠지만, 도둑질을 하는 동안, 나는 하나님을 위하여 일하는 것이 아니므로, 상을 쌓는 일과는 무관한 사람으로 사는 겁니다. 이러한 일들이 계속하여 반복되어진다면, 하나님은 당신의 인생을 끝내버리실 것입니다. 인생을 끝내버린다는 말은, 지옥에 보낸다는 말이 아니라, 육체를 끝내버림으로써, 활동을 하지 못하게 한다는 뜻입니다. 그러나 영은 주의 날에 구원하여 주실 것입니다.

- 고전5:1 너희 중에 심지어 음행이 있다 함을 들으니 그런 음행은 이방인 중에서도 없는 것이라 누가 그 아버지의 아내를 취하였다 하는도다

- 고전5:5 이런 자를 사탄에게 내주었으니 이는 **육신은 멸하고 영은** 주 예수의 날에 **구원을 받게 하려 함**이라

고린도 교회에 아버지의 아내와 음행을 저지르는 일들이 있었습니다. 그들은 은사가 풍성한 교회의 성도들이었습니다. 하나님은 이렇게 음행한 자들을 사탄에게 내어주어, 육체는 죽여서 멸해버리고, 그의 영은 주 예수의 날에 구원을 받게 하겠다고 말씀하십니다. 이 말씀을 요약하자면, 거듭나고도 의미 없는 삶을 사는 자는 죽여 버린다는 것입니다. 그 의미는 육체로 살아봤자 하나님의 일을 기대할 수도 없고, 마귀에게 속아서 헛된 인생을 살게 하느니 차라리 데려가시겠다는 것이지요. 본인은 육체를 따라 사는 것이 좋은 것처럼 느껴지지만 육체를 따라 사는 것은 절대 본인에게 유익이 되지 않습니다. 오죽하면 땅만 버리는 무익한 나무를 찍어 버리라 하셨겠습니까!

- 눅13:6~9 이에 비유로 말씀하시되 한 사람이 포도원에 **무화과나무**를 심은 것이 있더니 와서 그 **열매**를 구하였으나 얻지 못한지라, 포도원지기에게 이르되 내가 삼 년을 와서 이 무화과나무에서 열매를 구하되 얻지 못하니 **찍어버리라** 어찌 **땅만 버리게 하겠느냐**, 대답하여 이르되 주인이여 금년에도 그대로 두소서 내가 두루 파고 거름을 주리니, 이 후에 만일 **열매가 열면 좋거니와 그렇지 않으면 찍어버리소서** 하였다 하시니라

어떤 농장 주인이 밭에 무화과나무를 심었습니다. 주인은 열매를 기대하고 3년을 밭에 와 보았지만 열매를 얻지 못했습니다. 그러자 주인은 땅만 차지해버리는 무화과나무를 찍어 버리라고 명령했습니다. 그때에 포도원지기가 주인에게 간청을 합니다. 자기가 땅을 파고 거름을 주어 열매를 맺도록 해볼 터이니, 1년만 더 기다려 달라는 것이지요. 그렇게 해서 만약 1년 뒤에 열매를 맺는다면 좋은 일이 아니냐는 것이지요. 그러나 1년 뒤에도 열매를 맺지 못한다면, 그 때 찍어버리셔도 늦지 않으니, 기회를 한 번만 더 주자는 겁니다.

땅만 버리는 무화과나무는 지금도 땅에 서있습니다. 무화과나무가 땅을 차지하고 서 있을 수 있는 이유는 무엇입니까? 그렇습니다. 바로 열매를 맺을 수 있다는 기대 때문입니다. 그럼 거듭난 내가 지금도 살아갈 수 있는 이유는 무엇입니까? 바로 선한 열매를 맺을 수 있다는 하나님의 기대 때문입니다. 하나님의 기대대로 광야에서 열매를 맺으며 살 수 있도록 선한 비전에 사로잡히시기 바랍니다.

 구원받은 자가 구원받은 이후에 하는 행위는 천국에 가는 것과 관계가 있는 것이 아니라 상급과 관계가 있는 것이다.

적용 :: 우리는 삶의 현장에서 숱한 유혹을 받으며 삽니다. 그 유혹은 때로는 매우 좋은 것이라는 명목으로 다가올 때도 있습니다. ● 막 1장에서 예수님께서 새벽기도를 마치셨을 때 많은 병자들이 예수님을 만나려고 나왔습니다. 예수님은 그들을 거들 떠 보지도

않고 다른 마을로 가셨습니다. 왜냐면 그날에 해야 할 하나님의 일이 있었기 때문입니다. 모든 것이 하나님의 일이고 좋은 일처럼 보여도, 우리는 매순간을 하나님의 뜻에 따라 움직여야 합니다. 왜냐면 좋아 보이는 일과 하나님이 원하시는 일은 분명 다르기 때문입니다.

기도§ 하나님, 좋은 일이라고 하는 명목 때문에 그 일에 대해 하나님께 묻지 않았던 경솔함이 있었습니다. 이제 좋고 옳은 일이라 할지라도 하나님께 묻고 행하는 일을 생활화하겠습니다. 하나님의 뜻을 알 수 있게 해주신 예수님의 이름으로 기도합니다. 아멘

8. 광야를 통과하라

주님은 당신에게 뱀과 전갈을 밟는 권세를 주셨습니다. 우리는 이 사실을 '맞다' 고 대답을 하고 그렇게 믿고도 있습니다. 그런데 뱀과 전갈이 당신을 향해오면 당신은 어떤 반응을 보입니까?

'왜 예수를 믿는 데도 나에게 뱀과 전갈이 있는 거야?' 라며 원망이나 푸념을 하지는 않습니까? 그러한 당신에게 주님은 뭐라고 말씀하실까요? '그래서 밟을 권세를 주었잖니?' 라고 하실 것입니다.

앞부분에서 이해를 돕기 위하여, 공력을 쌓는 광야 생활을 2차 구원이

라고 분류하였습니다. 그리고 2차 구원은 가나안을 향해 가고 있는 이스라엘 백성들이, 하나님의 말씀대로 행하여, 삶의 문제를 해결해 나가는 것이라고 말씀드렸습니다. 애굽에서 빠져 나온 이스라엘 백성들이라 할지라도, 그들이 서있는 광야에는, 숱한 위험들이 도사리고 있습니다. 그래서 • 신8:15 말씀은 광야를 이렇게 묘사합니다.

> • 신8:15　너를 인도하여 그 광대하고 위험한 **광야** 곧 **불 뱀**과 **전갈**이 있고 물이 없는 간조한 땅을 지나게 하셨으며 또 너를 위하여 단단한 반석에서 물을 내셨으며

불 뱀과 전갈이 있는 위험한 곳이 광야입니다. 뿐만 아니라 물이 없는 건조한 땅이 광야입니다. 이처럼 광야에는 요소요소마다 뛰어넘어야할 숱한 위험과 장애물이 있습니다. 그런데 공교롭게도 하나님은, 이런 위험한 땅에서 이스라엘 백성들을 향하여, 하나님께서 주신 말씀을 선택하라고 명령하고 계십니다. 그리고 그 말씀을 선택한 자들은, 반드시 생명을 얻게 될 것이라고 약속하십니다. 이제 광야에 있는 사람들에게 살고 죽는 것은 온전히, 자신의 선택과 의지에 달려있습니다. 왜냐면 하나님은 이미 그들에게, 무엇이 사는 길이고, 무엇이 죽는 길인가를 말씀해 두셨기 때문입니다.

> • 신30:15~20　보라 내가 오늘 **생명과 복과 사망과 화를** 네 앞에 두었나니, 곧 내가 오늘 네게 명령하여 네 하나님 여호와를 사랑하고 그 모든 길로 행하며 그의 명령과 규례와 법도를 지키라 하는 것이라 그리하면 **네가 생존하며**

이 말씀을 잘 음미해 보시기 바랍니다. 생명과 사망의 일들은, 그들이 건너가서 차지할 땅인, 가나안에서 일어날 일들이지만, 그러한 일들을 일어나게 하는 말씀은, 이미 광야에서 주어졌습니다. 그렇다면 이스라엘 백성이 가나안에서 살고 죽는 것은, 광야에서 스스로 선택한 것들로 이루어질 일입니다.

이 말씀은 지금 우리에게도 적용됩니다. 하나님은 예수님을 십자가에 못 박으시면서, 사람이 받을 수 있는 모든 저주들을 다 청산하셨습니다. 그리고 수없는 형통의 말씀들을 약속으로 주셨습니다.

그 결과 내가 가나안에서 영생을 누리느냐 아니냐는 순전히 지금 내가 살고 있는 삶의 현장에서 선택되어질 몫입니다. 광야를 통과하고 못하고는 이제 내가 하나님의 약속들을 믿느냐 안 믿느냐에 달린 일이고, 내가 선택해야 할 몫입니다.

■ 광야는 믿음으로 통과하는 것

우리는 출애굽기를 읽으면서 한 편의 드라마틱한 영화를 보는 듯합니다. 주인공 모세의 삶을 바라보면서, 그의 인생에 개입하시는 하나님의 역사와, 하나님의 일들을 멋지게 행하는 모세의 위대함을 보며 부럽기까지 합니다. 그러나 마지막 모세의 임종을 바라보는 마음은 너무나 안타깝고 두렵기까지 합니다. 그가 평생을 하나님의 손에 붙들려 살았음에도, 하나님은 모세에게 살아생전에 가나안에 들어가는 것을 허락하지 않으셨습니다.

그의 일이 도무지 남의 일 같지 않습니다. 모세는 250만 명의 대군을 이끌고 45년간 광야 길을 걸어왔습니다. 이제 가나안 땅이 코앞에 보입니다. 요단강만 건너면 젖과 꿀이 흐르는 약속의 땅 가나안을 밟을 수 있습니다. 모세는 느보산에 올라 가나안 땅을 바라보며, 하나님께 자신도 약속의 땅에 들어가게 해달라고 기도하지만, 하나님께선 그 일에 대하여 두 번 다시 말하지 말라며 냉정하게 모세의 청을 끊어 버리십니다. 왜 모세는 가나안 땅에 들어가지 못했습니까?

• 출17:1　이스라엘 자손의 온 회중이 여호와의 명령대로 신 광야에서 떠나 그 노정대로 행하여 르비딤에 장막을 쳤으나 백성이 **마실 물이 없는지라**

• 출17:6　내가 호렙 산에 있는 그 반석 위 거기서 네 앞에 서리니 너는 그 **반석을 치라** 그것에서 물이 나오리니 백성이 마시리라 모세가 이스라엘 장로들의 목전에서 그대로 행하니라

이스라엘 백성들이 광야에서 르비딤에 이르렀을 때 마실 물이 없었습니다. 이 문제를 해결하기 위하여, 하나님은 모세에게 "지팡이로 반석을 쳐서, 물을 내라"고 명령하셨습니다. 모세는 하나님의 말씀대로, 지팡이로 반석을 쳐서 물을 냈습니다. 그들은 해갈을 하고 다시 광야 길을 걸어 갔습니다. 그들이 시내 산에 이르렀을 때, 하나님은 모세를 산으로 불러 올리셔서, 40일 동안 금식기도를 시키시며 말씀을 주셨습니다.

이제 이스라엘 백성들은 하나님이 주신 말씀을 가지고, 그 말씀대로 행하며 광야를 통과하면 됩니다. 이스라엘 백성들이 출애굽한지 40년째가 되던 해에, 가데스라는 곳에 이르렀을 때입니다. 가데스에도 마실 물이 없자, 백성들은 모세를 원망하였습니다. 이때 하나님께서 모세에게 이르시되, "반석에게 명령하여 물을 내라하라"고 말씀하셨습니다.

• 민20:2 회중이 물이 없으므로 모세와 아론에게로 모여드니라

• 민20:7~8 여호와께서 모세에게 말씀하여 이르시되, 지팡이를 가지고 네 형 아론과 함께 회중을 모으고 그들의 목전에서 너희는 **반석에게 명령하여 물을 내라 하라** 네가 그 반석이 물을 내게 하여 회중과 그들의 짐승에게 마시게 할지니라

• 민20:10~12 모세와 아론이 회중을 그 반석 앞에 모으고 모세가 그들에게 이르되 반역한 너희여 들으라 우리가 너희를 위하여 이 반석에서 물을 내랴 하고, 모세가 그의 손을 들어 그의 **지팡이로 반석을 두 번 치니 물이 많이 솟아나오므로** 회중과 그들의 짐승이 마시니라, 여호와께서 모세와 아론에게 이르시되 **너희가 나를 믿지 아니하고** 이스라엘 자손의 목전에서 내 거룩함을

물이 없는 가데스 땅에서 하나님은 모세에게, 반석에게 '명령'을 하여, 물을 내게 하라고 말씀하셨습니다. 멀쩡하게 생긴 반석을 보고, 물을 내라고 말을 하면 물이 나오겠습니까?

더구나 모세에게는 이제까지 애굽의 바로 왕 앞에서, 지팡이로 10가지의 기적을 행했던 경험이 있습니다. 홍해를 건널 때도, 지팡이를 대어서 물을 갈랐습니다. 그리고 르비딤에서 물이 없었을 때에도, 지팡이로 반석을 쳐서 물을 냈던 경험이 있습니다. 그만 이 경험들이 모세의 올무가 돼버렸습니다.

반석에다 지팡이로 치건, 명령을 하건, 물이 나온다는 것은 둘 다 불가능해 보이지만, 그래도 지팡이를 휘두르고 나니, 좀 덜 답답하지 않았을까요? 모세가 처한 입장을 잘 공감하시리라 생각합니다. 광야에 서있으면서, 하나님의 말씀을 따라가는 사람들의 마음이 대부분 이렇습니다. 하나님의 말씀은 대부분, 우리의 이성으로 판단했을 때, 동의할 수 없는 경우가 많습니다. 상식을 초월한다고 표현해도 과언이 아닐 것입니다. 하나님은 언제나 이해가 가지 않는 말씀만을 명령으로 주십니다.

나에게 심각한 질병이 있습니다. 그럴 때 하나님은 나에게 "예수님께서 채찍에 맞으심으로 너희는 나음을 얻었다"라는 말씀을 주십니다. 그리고는 그 말씀을 믿고 행동하라고 하십니다. 그러면 낫는다는 것입니다. 그런데 심각한 질병을 앓고 있는 나의 입장에서는, 이러한 하나님의 말씀이 너무 허황되게 들릴 수 있습니다. 하다못해 장작이라도 패라든가, 아니면 몇 바퀴 뒹굴기라도 하라고 하시면 그렇게 하겠는데, 가만히 있으면서, 그렇게 해 놓으신 말씀만 믿으라고 하니까, 너무 쉬워서 그런지 더 안 믿어집니다.

모세도 마찬가지였던 모양입니다. 그래서 그는 그에게 익숙한 방법을 사용했습니다. 하나님은 반석에게 '명령을 하라'고 하셨는데 그는 지금 지팡이로 '반석을 치고' 있는 것입니다. 하나님의 말씀만 따라 하자니, 자기의 마음이 답답했던 모양입니다.

여러분은 어떻습니까? 여러분도 혹시 마음이 후련해지는 쪽을 더 믿고 있는 것은 아닙니까?

하나님은 모세의 이런 돌발 행동에 대하여 "너희(모세와 아론)가 나를 믿지 아니하고 나의 거룩함을 나타내지 않았으므로, 너희는 가나안 땅에 들어가지 못한다"고 말씀하셨습니다.

그들이 광야에서 물을 냈던 반석은 바로 예수 그리스도이십니다.

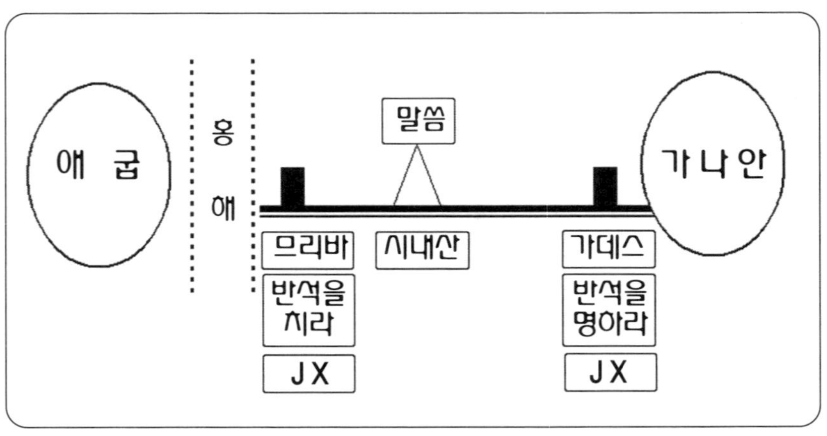

예수 그리스도께서 마귀에게 잡혀있는 우리를 1차 구원하실 때에, 이미 채찍에 맞으시고 십자가에 달리심으로 모든 문제를 해결해 놓으셨습니다. 이건 기정사실입니다. 예수 그리스도가 맞으심으로 우리는 구원을 얻었고, 이 사실을 믿음으로 우리는 거듭났습니다. 그리고 하나님은 거듭난 우리들에게, 하나님의 말씀을 주셨습니다. 우리에게 필요한 모든 것들을, 이미 말씀으로 다 이루어 놓으신 것입니다. 그러므로 우리는 그때그때마다 필요한 것들에게 명하여 말씀들을 존재로 만들어내면 됩니다. 이것이 2차 구원입니다.

모세는 시내 산에서 말씀을 받고 광야를 걸어갔던 사람입니다. 그에게는 이미 말씀이 있으므로 가데스에서 또 다시 마실 물이 없는 문제를 만났다 해도, 하나님이 그에게 말씀하신 대로 반석을 보고 명령만 하면 물은 나오게 되어 있습니다.

거듭난 우리 안에는 예수 그리스도가 계십니다. 그리스도는 이미 내가 필요한 모든 것들을 이루어 놓으셨습니다. 이제 나는 예수님의 말씀을 붙잡고 명령만 하면 됩니다. 그리고 예수님께서 이미 이루어 놓으신 것들을 실생활 가운데서 찾아 누리고 사용하면 그만인 것입니다.

그럼에도 여전히 기도를 해도 목청을 높여야 후련하고, 발음을 내도 센 소리 된소리로 ‘믿씁니다!’ 해야 이루어질 것 같은, 어리석은 경험들은 이제는 버리시기 바랍니다. 하나님은 이 모든 행위가 믿음이 없는 것이라고 책망하십니다.

한 가지 궁금한 점이 있습니다. 앞부분에서는 분명히 가나안 땅을 영적 천국의 모형이라고 했습니다. 그렇다면 모세는 가나안에 들어가지 못했으니까, 천국에도 못 들어갔다는 말로 이해해도 되는 걸까요?

만약 평생을 하나님의 도구로 쓰임 받은 모세도 천국에 들어가지 못했다면, 나 같이 보잘 것 없는 성도는 어떻게 되는 것일까요? 혹시 이런 의문이 생기지 않으셨나요?

물론 모세는 가나안에 들어갈 수 없었습니다. 성경은 그 이유를 모세에게는 믿음이 없었기 때문이라고 말씀하셨습니다. 하나님께서 모세에게 명하셔서 반석에게 명령하여 물을 내게 하라고 하셨을 때 모세는 그대로 이행하지 않고 지팡이로 반석을 두 번 내리쳤습니다. 하나님은 모세의 이런 행위를 보시고 그에게 믿음이 없다고 말씀하시며 그 이유로 너는 가나안에 들어갈 수 없다고 말씀하셨기 때문입니다.

그러나 그것은 모세의 육체가 들어가지 못한 것을 뜻하는 것일 뿐, 모세는 분명 영적인 가나안에는 들어갔습니다. 영적인 가나안이란 무슨 말인가? 천국을 말합니다. 이 사실을 증명하는 말씀이 •마17장에 나옵니다. •마17장에는 예수님께서 변화산에 기도하러 가셨다가 거기서 모세와 엘리야와 함께 대화하는 장면이 나옵니다. 이것으로 미루어 모세는 분명 엘리야와 함께 영적인 가나안에 들어갔음을 알 수 있습니다.

아무래도 이 부분에서 믿음에 대한 설명을 조금 더 첨가해야 할 것 같습니다. 믿음에는 두 종류가 있습니다. 저는 이 두 가지의 믿음을 말할 때 '영접하는 믿음'과 '역사하는 믿음'이라는 용어를 사용하고 있는데 용어가 중요한 것이 아니고 개념이 중요합니다.

다음 그림을 참조하시기 바랍니다.

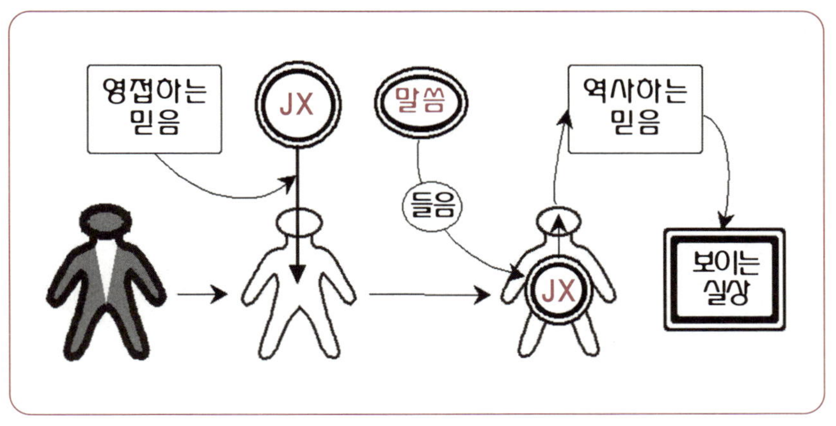

우리는 앞에서 어둠 속에 있던 자들은 빛이 와도 알지를 못했다고 배웠습니다. 그러나 하나님의 자녀들에게는 하나님께서 그 빛을 받아들일 수 있는 믿음이라는 것을 주시기 때문에, 이렇게 하나님이 주시는 믿음으로 예수님을 영접할 수 있게 됩니다. 예수님을 영접한다는 말은 곧 '내가 이제부터 예수님으로 산다' 는 말씀입니다. 예수님이 나와 함께 사시니까, 자연 예수님의 뜻이 내 안에서 이루어지는 거지요. 이걸 예수 안에 있는 믿음이라고 합니다.

하나님께서 말씀으로 만물을 만들어 놓으셨습니다. 뿐만 아니라, 아직 가시적으로 나타나지 않은 일들에 대해서도 하나님은 이미 말씀을 해 놓으셨습니다. 그리고 모든 문제의 해답을 예수 그리스도를 통하여 이미 완성해 놓으셨습니다. 예수님은 세상에 오실 때, 아버지의 이러한 말씀을 가지고 오셨습니다. 그리고 예수님의 이름으로 오신 성령께서는, 아버지의 말씀을 다 알고 계시기 때문에 내 안에서 아버지가 이미 해놓으신 말씀을 '맞다' 라고 인정하는 것이고, '맞다' 라고 인정한 말씀이 곧 믿음이 되어 내 앞에서 실제 상황으로 이루어지는 것이지요.

> • 딤후3:15 또 어려서부터 성경을 알았나니 성경은 능히 너로 하여금 **그리스도 예수 안에 있는 믿음**으로 말미암아 구원에 이르는 지혜가 있게 하느니라

> • 롬10:17 그러므로 **믿음**은 들음에서 나며 **들음**은 그리스도의 **말씀으로** 말미암았느니라

> • 히11:3 믿음으로 **모든 세계가** 하나님의 **말씀으로** 지어진 줄을 우리가 아나니 보이는 것은 나타난 것으로 말미암아 된 것이 아니니라

나는 예수님을 영접하였습니다. 그리고 내가 영접한 예수님 안에는, 또 하나의 믿음이 있습니다. 그것은 바로 역사되는 믿음입니다. 내 안에 계신 예수 그리스도는 말씀 자체이시며, 그 말씀은 모든 세계를 지으신 말씀입니다. 그러므로 내가 성경을 읽거나, 설교를 들을 때, 하나님의 말씀에 대해서 '맞다' 라고 하여 '아멘' 을 하는 것은, 내 안에 계신 성령님께서, 그것이 자신의 말씀이니까 '맞다' 라고 인정해주시는 것입니다. 그리고 성령님께서 나에게 '맞다' 라고 하는 사인으로 감동을 주셨을 때, 내가 '아멘' 하는 것입니다. 그리고 아멘으로 응답한 나의 믿음이 역사가 되어 실제 상황으로 나타나는 것입니다. 그러니 아멘을 많이 하십시오. 물론 이것조차도 내 생각과 뜻대로 되어지는 일은 아닙니다. 그러나 내가 말씀

을 많이 깨닫게 되면, 나는 자연스럽게 아멘이 체질이 되어 질 것입니다. 하나님의 약속은 얼마든지 그리스도 예수 안에서 맞기 때문에, 내가 아멘으로 화답하여 믿기만 하면, 하나님께 영광을 돌리는 실상으로 나타나는 것입니다.

영적으로 어린아이는 영접하는 믿음으로 예수님을 영접하였으나 예수님 안에 있는 말씀을 경험하지 못한 자입니다. 즉 행하는 믿음은 없는 자입니다. 그러나 장성한 자는 자기 속에 있는 말씀을 믿음으로써 순간순간 문제를 해결해 나가는 자를 말합니다. 그래서 로마서는 다음과 같이 말합니다.

• 롬1:17 복음에는 하나님의 의가 나타나서 **믿음으로 믿음에 이르게 하나**니 기록된 바 오직 의인은 믿음으로 말미암아 살리라 함과 같으니라

예수님을 영접하는 믿음은, 예수님 안에 있는 역사하는 믿음을 사용하게 합니다. 거듭난 자는 광야 길에서 이 믿음으로 살아가야 합니다. 바울도 의인은 그 믿음으로 살아가는 사람이라고 했습니다.

• 고후1:20 **하나님의 약속**은 얼마든지 그리스도 안에서 예가 되니 그런즉 그로 말미암아 우리가 아멘 하여 하나님께 **영광**을 돌리게 되느니라

2차 구원을 이루어가는 우리 앞에는 오직 하나님의 말씀이 '맞다' 라고 하는 믿음만이 있을 뿐입니다. 이 믿음은 선한 열매가 되어 우리에게 보다 가치 있는 일을 하도록 생각의 변화를 가져다 줄 것입니다. 하나님 앞

에서 무의미한 일들은, 이제 억지로 참고 안하는 것이 아니라, 저절로 안하여지는 기쁨이 되어 우리를 장악할 것입니다. 이러한 기쁨의 역사를 우리는 '하나님으로 일하시게 한다' 라고 표현합니다.

적용 :: 부정적인 모든 사건에는 그것을 움직이는 영적인 배후 세력이 있습니다. 사망의 권세를 가진 마귀입니다. 그 마귀는 예수님께로부터 이미 사망이라는 삯을 받았습니다. 삯을 지불한 예수님을 당신은 영접했습니다. 마귀가 가난이나 질병이라는 사망의 요소를 가지고 당신을 찾아오면 당신은 이미 삯을 지불한 예수님의 이름을 내어 놓으십시오. 그러면 마귀는 당신에게 사망을 요구할 권리가 없기 때문에 즉시 물러갈 것입니다. "예수의 이름으로 명하노니 더러운 귀신아, 물러가!"라고 명령하는 것은 이러한 이유 때문입니다.

기도 § 하나님, 이제 마귀의 장난 앞에 두려워할 것이 아니라 합법적으로 모든 사망의 삯을 치르신 예수님의 이름으로 승리하겠습니다. 저에게 값도 없이 예수님의 보혈과 이름을 주신 예수님의 이름으로 기도합니다. 아멘

9. 붉은 암송아지로 드리는 속죄제

만약에 내가 이미 죽은 뒤에 하나님의 구원의 역사가 시작되었다면, 나는 어떻게 되었을까요?

하나님은 모든 사람들의 죄를 위하여 무엇인가를 준비하셨습니다. 그런데 그 준비 작업이 사람이 죄를 짓고 난 후에 시작되어졌다면 어떻게 될까요? 그 사람은 이미 죄를 지었고, 하나님의 준비 작업은 아직 완성되지 않았다면, 분명 그 사람은 아직 죄가 있는 상태일 것 아닙니까? 그럴 경우의 사람들, 즉 죄가 있는 상태의 사람들이 죽었다면 어떻게 되겠습니까? 아마 그랬다면 그 사람들은 영원히 구원 받지 못했을 겁니다.

이런 가정을 해볼 때, 하나님은 분명 모든 죄인을 다 구원하는 것이 목적이니까, 사람들이 창조되기 훨씬 이전에 이미 구원을 위한 모든 프로젝트가 완성되어 있어야 합니다.

여러분, 우리는 지금까지, 구원은 하나님의 일방적인 선물이요, 하나님께서 영생을 주시기로 작정된 자는 죄와 상관없이 믿음으로 구원에 이른다고 배웠습니다. 그러므로 우리의 육체는 비록 죄를 짓고 살지만 하나님이 지명하신 의인이 되었으니, 회개를 하여도 의인의 자격으로 하는 것이라고 배웠습니다. 그럼에도 우리 마음에는 아직도 죄책감이 남아있고, 매번 반복하여 짓는 죄의 문제를 해결해야 한다는 중압감이 남아 있습니다. 우리는 앞에서 이런 감정을 마귀가 속이는 죄의식일 뿐이라고 배웠습니다.

맞습니다. 성경을 제대로 이해하기 위해서는 먼저 사람을 겉 사람과 속사람으로 나누어 생각해야 합니다. 겉 사람이라 함은 육체를 가리키는 것이고, 속사람이라 함은 영을 가리키는 것입니다. 보다 정확하게 말하자면 육체를 사람으로 얘기할 경우에 그것은 살과 **뼈**를 말하는 것이 아니라 예수님을 믿기 이전에 형성된 사고와 가치 또는 습관을 말합니다. 속사람은 살아난 영이 성령과 연합된 영적 존재를 말합니다.

육체인 겉 사람은 부모님을 통해 이 땅에 태어났습니다. 그리고 육체가 태어날 때 영도 태어났습니다. 그러나 영은 죄의 삯을 지불하느라 죽은 상태로 태어났습니다. 때문에 죽은 영으로 태어난 상태의 혼과 육은 자연히 마귀의 영에 사로잡혀 살게 됩니다. 결국 마귀의 속성인 썩고 멸하는 사망의 세력에 시달리게 되고 자연 사람의 육체는 질병과 실패와 저주를 당하는 것입니다.

그러나 죽었던 영은 살려주는 영이신 예수님으로 말미암아 다시 살아나게 되었습니다. 그것을 거듭 태어난 것이라고 합니다. 그리고 하나님은 우리를 거듭나게 하실 때 우리의 영이 다시는 죄를 지을 수 없게 만들어 놓으셨습니다. 그래서 하나님께서 우리를 '너' 라고 부르실 때는, 겉 사람이 아닌, 거듭난 나의 영을 일컫는 것입니다.

그럼에도 우리가 죄에 대하여 완전한 해방감을 누리지 못하는 이유가 무엇입니까? 그것은 비록 거듭났다할지라도 여전히 우리 안에 옛사람의 습관이 남아있기 때문입니다. 거듭나기 전의 '기억' 이라는 기능이 여전히 우리의 육체를 조종하기 때문이지요. 그걸 혼(정신)의 영역이라고 말할 수 있습니다. 죄에 물든 생각이 육체를 주장하기 때문에 자꾸 죄의 습관을 반복하게 되는 거지요. 분명 죄는 우리의 육체 (혼, 정신)가 짓는 겁니다. 그런데 우리는 자꾸 우리의 영이 죄를 지었다고 생각하기 때문에 죄의식에서 헤어나지 못하는 것입니다.

분명한 것은 비록 거듭났다고 하는 내가 습관에 따라 도둑질을 한다고 해도, 이는 육체를 주장하는 혼이 범죄하는 것이지, 결코 하나님이 거듭나게 하신, 영이 하는 것이 아닙니다. 그건 내가 비록 거듭난 자라해도 성령에 의한 생각이 육체를 주장할 수도 있고, 육체에 의한 생각에 지배당할 수도 있다는 말씀입니다. 이것이 거듭난 자의 현주소입니다.

그래서 하나님께서는 우리의 연약함을 아시고 우리들의 죄의 문제를 완전하게 해결하시기 위하여 구약시대에는 속죄제를, 신약시대에는 예수님을 희생 제물로 받으신 겁니다.

■ 붉은 암송아지의 의미

먼저 구약시대에 드려지던 속죄제에 대하여 알아보겠습니다. 속죄제에 대하여 정확하게 알기를 원하시면 • 민19:1~10까지 말씀을 꼭 한 번 읽어보십시오.

하나님께서는 이스라엘 백성들이 가나안 땅에 들어가서도 여전히 죄를 지을 가능성이 있음을 알고 계셨습니다. 그러나 가나안은 거룩한 땅이므로 죄를 짓고는 절대로 살 수가 없는 땅입니다.

그래서 하나님은 그들이 죄를 지을 경우에 대비하여 해결책을 마련해 놓으셨는데 그것이 바로 붉은 암송아지로 드리는 속죄제입니다. 하나님은 이스라엘 백성들이 광야에 머물 때 모세를 통하여 이 말씀을 주셨습니다.

• 민19:2 여호와께서 명령하시는 법의 율례를 이제 이르노니 이스라엘 자

손에게 일러서 온전하여 흠이 없고 아직 멍에 메지 아니한 붉은 암송아지를
네게로 끌어오게 하고

• 민19:5   그 암소를 자기 목전에서 불사르게 하되 그 가죽과 고기와 피와
똥을 불사르게 하고

'온전하여 흠이 없는 암송아지' 란 곧 죄가 없는 암송아지를 말합니다.
죄인이 죄인의 죄를 담당할 수는 없기 때문입니다. 이는 의인으로 오실
예수님을 예표하는 상징적 의미가 있습니다.

또한 '아직 멍에 메지 않은 암송아지' 라 함은, 멍에를 멘다는 것 자체
가 죄의 대가로 치러지는 수고와 땀을 의미하는 것이고, 수고와 땀을 대
가로 지불했다는 것은, 그도 죄인이라는 것을 뜻하는 것이기 때문에, 멍
에 매지 않은 암송아지를 받으신 것입니다.

또한 암소가 아닌 암송아지를 준비하라고 하시는 것도, 소는 성장과정
에서 이미 수고와 땀을 지불한 상태이기 때문에, 그런 대가를 치르지 않
은 어린 송아지를 준비시킨 것입니다. 예수님께서 어린 나귀새끼를 타고
예루살렘에 입성하신 것도 같은 맥락으로 보시면 됩니다.

그런데 송아지 중에서도 꼭 '붉은 암송아지' 를 지정하신 것은 왜일까
요? 붉은 색은 예수님의 보혈을 상징하기 때문입니다. 하나님은 제물로
사용할 '털이 붉은 암송아지' 를 불에 태워, 그 재를 이스라엘 백성을 위
하여 간직해 두라고 명령하셨습니다.

• 민19:9   이에 정결한 자가 암송아지의 재를 거두어 진영 밖 정한 곳에 둘

하나님께서 모세에게 명령하신 말씀 중 '이스라엘 자손 회중을 위하여' 라는 말씀과 '간직하라' 는 말씀을 꼭 기억하시기 바랍니다. 간직이라는 말은 지금 당장은 쓸데가 없지만 언젠가는 쓸 때가 오기 때문에 미리 준비해 두라는, 예비적인 태도를 일컫는 말입니다.

또한 간직하되 '이스라엘 자손 회중을 위하여' 그리하라는 말씀은, 이스라엘 백성이 죄를 짓고 난 다음에, 그 죄를 해결하기 위하여 그때 가서 붉은 암송아지를 잡고 재를 얻어서 뿌리고 하다보면, 이미 때를 놓칠 수도 있기 때문입니다.

이스라엘은 매년 7월 10일을 대속죄일로 정하고 이스라엘 전체 백성들을 위하여 속죄제를 드렸습니다. 이것은 이스라엘 백성들이 애굽을 빠져나온 사건을 기념하는 것으로, 영적 의미로는 죄로부터 빠져나와 건짐을 받았다는 구원의 감격을 기념하는 날입니다.

대속죄일의 속죄제는 1차 구원을 의미합니다. 그러나 구원 받은 자라도 살아가면서 죄된 환경과 접촉하여 살 수 밖에 없습니다. 하나님은 이렇게 짓는 죄를 해결하기 위하여 붉은 암송아지로 드리는 속죄제를 준비하신 것입니다.

• 민19:16~19 누구든지 들에서 칼에 죽은 자나 시체나 사람의 뼈나 무덤을 만졌으면 이레 동안 부정하리니, 그 부정한 자를 위하여 죄를 깨끗하게 하려고 불사른 재를 가져다가 **흐르는 물**과 함께 그릇에 담고, 정결한 자가 **우슬**

초를 가져다가 그 물을 찍어 장막과 그 모든 기구와 거기 있는 사람들에게 뿌리고 또 뼈나 죽임을 당한 자나 시체나 무덤을 만진 자에게 뿌리되, 그 정결한 자가 셋째 날과 일곱째 날에 그 부정한 자에게 뿌려서 일곱째 날에 그를 정결하게 할 것이며 그는 자기 옷을 빨고 물로 몸을 씻을 것이라 저녁이면 **정결하**리라

어떤 사람이 시체나 무덤을 만져서 부정해지면, 그 사람을 위하여 간직해 두었던 붉은 암송아지의 재를 가져다가 흐르는 물에 담아 정결한 우슬초로 찍어, 그 사람과 장막과 그와 접한 모든 기구에 뿌리면 그의 죄가 정결해집니다. 그렇다면 하나님은 왜 '흐르는 물'에 재를 타라고 하셨을까요? 그 이유는 고여 있는 물은 썩을 수 있는 요소가 있기 때문입니다. 이미 아시는 것처럼, 구약의 모든 제사법은 그리스도의 십자가 사건을 예시하고 예표하는 영적 의미가 담겨져 있습니다. 이런 맥락에서, 붉은 암송아지를 드리는 속죄제 속에는 장차 오실 구원자 예수 그리스도를 통한 구원의 계획이 담겨져 있습니다.

■ 다윗의 믿음

다윗의 고백이 담긴 •시 51편을 보십시오. •시 51편은 다윗이 우리야의 아내 밧세바와의 간음사건에 대하여 나단 선지자의 책망을 듣고 그가 하나님 앞에서 철저히 자신의 죄를 고백하는 내용입니다. 그는 자신이 죄를 지은 이유를 이미 태어나기 전부터 죄 중에 있었기 때문이며 어머니가 죄 중에서 자기를 잉태하였기 때문이라고 고백합니다.

• 시51:5　내가 죄악 중에서 출생하였음이여 어머니가 죄 중에서 나를 잉태하였나이다

다윗은 하나님과의 영적 접촉점을 잘 알고 있었습니다. 죄된 것과 접촉하면 그것은 도미노 현상처럼 모든 것에 죄를 옮기게 됩니다. 이것이 죄의 접촉 원리입니다. 다윗은 자신의 어머니가 죄인이기 때문에 죄에 접촉되어 태어난 사람이 되었고, 그의 어머니는 그의 할머니의 죄와 접촉이 되었고, 이렇게 거슬러 올라가 보면 하와에게까지 죄가 닿아있음을 알 수 있습니다. 이렇게 죄를 짓고 태어난 것이 하나님과 분리된 사람의 실존입니다. 그러니 하나님도 아시다시피 죄인인 자가 잘하는 것이라곤 죄짓는 일밖에 더 있겠느냐는 항변 아닌 항변을 하는 거지요.

• 시51:4　내가 주께만 범죄하여 주의 목전에 악을 행하였사오니 주께서 말씀하실 때에 의로우시다 하고 주께서 심판하실 때에 순전하시다 하리이다

이런 원리로 볼 때 그래서 다윗은 자신이 '주님께만 범죄했다'고 고백하고 있습니다. 이 말의 의미는 사람들은 모두 죄 가운데서 태어났기 때문에, 죄인이 죄인에게 죄를 물을 수가 없다는 의미입니다. 오직 죄가 없으신 하나님 앞에서만 자신은 죄인으로 서 있다는 말입니다. 물론 이 고백이 죄를 지어놓고도 우리야에게는 떳떳하고 정당하다는 말은 아닙니다. 그렇다면 다윗은 이렇게 엄청난 죄를 지어놓고도 무엇을 믿기에 이렇게 하나님 앞에 기도할 수 있었을까요?

- 시51:6 보소서 주께서는 중심이 진실함을 원하시오니 내게 지혜를 은밀
  히 가르치시리이다

사람의 죄를 판단하시는 하나님 앞에서, 하나님은 분명 나의 진실한 고백을 받으시고, '그래 너는 의로운 사람이다. 너는 순전한 사람이다.' 그렇게 말씀하여 주실 것이라고 믿는다는 말입니다. '우리는 세상의 잣대나 도덕의 기준으로 사람들을 판단하지만, 하나님은 우리의 중심을 보시는 분이 아닙니까? 그러니 제가 마귀에게 속아서 죄를 범하게 되었다는 것을 인정해 주십시오. 그리고 오직 하나님 앞에서 그 중심이 진실한 자가 되도록 지혜를 가르쳐 주십시오.' 라고 구하고 있는 것입니다.

- 시51:7 **우슬초로 나를 정결하게 하소서 내가 정하리이다 나의 죄를 씻**
  어 주소서 내가 눈보다 희리이다

다윗은 하나님 앞에서 범한 자신의 죄를 우슬초로 정결하게 해달라고 고백하고 있습니다. 다윗이 갑자기 우슬초를 내놓고 기도하는 것은 어떤 연유입니까? 바로 민수기에서 약속하신 붉은 암송아지의 속죄제를 근거로 기도하는 것입니다. 모세에게 이미 약속하셨던 사실을 기억하시고, 나의 죄를 정결하게 해달라고 요구하는 것이지요. 다윗은 모세에게 약속하신 말씀을 믿음으로 붙잡고 있었습니다. 하나님이 하시면 자신의 죄가 얼마나 깨끗하게 사해지는가? 눈보다도 더 희어질 만큼 의로워진다는 거지요. 얼마나 멋진 고백입니까?

다윗은 항상 여호와를 앞에 모시고 살았습니다. 여호와께서 항상 자신
의 오른쪽에 계시므로 흔들리지 않았다고 고백합니다.

또한 다윗은 새벽부터 잠자리에 든 시간까지 하루 종일 하나님의 말씀
을 읊조릴 만큼 말씀에 집중하였고, 영적 세계에 대해 항상 깨어있던 사
람입니다. 때문에 나단 선지자의 불호령 앞에서도 담대하게 하나님의 속
죄하심을 믿고 기도할 수 있었습니다.

KEY 하나님은 사람이 지을 죄에 대해 속죄제로 그 해결책을 미리 준비
해 두셨다.

적용 :: 교통사고를 낸 어느 여인이 당황하여 떨면서 차내의 사물함을
열었을 때 메모가 적힌 예쁜 카드가 있었습니다. '여보, 당황하
지 말고 사고가 나면 보험회사에 전화를 걸어요, 이게 전화번호
에요. 그리고 차분히 차에서 내려 페인트로 당신과 상대방의 차
위치를 표시해 두어요. 그리고 가능하면 카메라로 현장을 찍어
놔요. 분사용 페인트와 1회용 카메라는 사물함에 준비해 두었습

니다. 그리고 보험회사 직원을 기다리면 됩니다. 당황하지 마세요. 모든 것은 다 잘 해결되게 되어 있습니다.' 언젠가 차 사고를 낼 지도 모르는 아내를 위해 남편은 이렇게 준비해 둔 것입니다. 당신을 위한 하나님의 사랑이 그렇습니다. 죄의 현장에 서 있는 당신을 죄로부터 보호하기 위해 하나님은 이미 모든 것을 준비해 두신 것입니다. 이러한 하나님으로 평강하십시오.

기도§ 하나님, 죄를 짓는다는 것이 잘하는 것은 아니지만, 이제 죄 때문에 더 이상 괴로워하지 않겠습니다. 죄를 해결하기 위해 이미 모든 준비를 해 두신 하나님, 평강과 감사로 제 마음을 채웁니다. 하나님의 모든 것을 누리게 해 주시는 예수님의 이름으로 기도합니다. 아멘

10. 우리를 위한 붉은 암송아지

혹시 우리 주변에 담배를 피운다거나 술을 마신다거나 노름을 끊지 못했다는 이유로 예수님 앞에 나오는 것이 꺼려지는 분이 계십니까?

그래서 내가 모든 잡기들을 깨끗이 정리한 다음에 그 때가서 예수님을 믿겠다는 생각을 가지고 계신 분은 안 계신가요? 그렇게 죄도 없고 흠도 없이 깨끗하다면 굳이 예수님을 믿을 필요가 있을까요? 예수님은 죄가

있는 사람들을 위해서 오신 분이신데요? 여러분, 예수님은 내가 깨끗해진 다음에 믿는 것이 아니라, 예수님을 믿어야 내가 깨끗해지는 것입니다.

우리는 예수 그리스도의 보혈로 구원을 받고 이미 천국에 가기로 되어 있는 사람들입니다. 그럼에도 불구하고 우리는 여전히 죄의 유혹 앞에 노출되어 있습니다. 하나님은 이스라엘 백성들이 가나안 땅에 들어가서도 여전히 범죄할 것을 아셨습니다. 그래서 그들의 죄를 사하시려고 미리 붉은 암송아지의 재를 준비해 놓으셨습니다.

하나님은 우리가 죄 앞에 무방비 상태로 노출되어 있음을 알고 계십니다. 그래서 이미 이천 년 전에 예수님을 이 땅에 보내셨습니다. 그리고 구약시대 때 붉은 암송아지를 태워 재를 예비하신 것처럼, 예수님을 십자가에 달리게 하셨고, 십자가에서 쏟으신 물과 피를 제물로 받으셨습니다. 이는 붉은 암송아지의 재를 역사 속에서 재현 성취하신 것입니다. 그렇게 예수님께서 십자가에 달리셔서 이루어 놓으신 제사는, 한 번의 사건으로 영원한 효력을 갖도록 하셨습니다. 이것이 현재 우리를 위해 예비하신 하나님의 속죄방법입니다.

• 막10:45 인자가 온 것은 섬김을 받으려 함이 아니라 도리어 섬기려 하고 자기 목숨을 많은 사람의 **대속물**로 주려 함이니라

• 딤전2:5~6 하나님은 한 분이시요 또 하나님과 사람 사이에 중보자도 한 분이시니 곧 사람이신 그리스도 예수라, 그가 모든 사람을 위하여 자기를 **대속물**로 주셨으니 기약이 이르러 주신 증거니라

예수님은 우리에게 대속물로 오셨습니다. 우리의 죄 값을 대신 치러주신 속죄물로 오셨습니다. 우리의 죄를 해결하려는 제사의 제물로 오신 것입니다. 예수님이 치르신 속죄제에는 어떤 효력이 있습니까?

> • 히10:11~12 제사장마다 매일 서서 섬기며 자주 같은 제사를 드리되 이 제사는 **언제나 죄를 없게 하지 못하거니와**, 오직 그리스도는 죄를 위하여 **한 영원한 제사**를 드리시고 하나님 우편에 앉으사

구약에서는 죄인들을 위하여 붉은 암송아지의 재를 준비해 놓았습니다. 그리고 어떤 사람이 죄를 지었을 때, 그 죄를 해결하기 위하여, 제사장은 흐르는 물을 떠올 때까지 기다려야 했습니다. 그리고 재가 들어있는 항아리를 가져다가 재를 물에 타고, 또 우슬초를 가져와 그것을 잿물에 적셔서 죄를 지은 사람에게 뿌려야 죄가 해결되었습니다. 우슬초에 묻힌 잿물이 뿌려질 때까지는 여전히 죄의 문제가 해결되지 않은 죄인의 신분인 거지요. 그래서 이러한 상태를 두고 '언제나 죄를 없게 하지 못한다.'라고 하는 것입니다. 즉 잿물이 뿌려질 때까지는 꼼짝없이 죄인의 신분으로 기다려야 했기 때문입니다.

그러나 예수님이 십자가에서 이루어 놓으신 속죄제는 한 번의 사건이긴 했지만 그 효력은 영원합니다. 이것을 성경은 '한 영원한 제사' 라고 하고, 유진 피터슨 목사님은 이를 '영 단번의 제사' 라고 표현하고 있습니다.

어떻게 단 한 번의 제사로 영원한 효력이 있는가? 그것은 영원이라는 속성상 당연한 논리입니다. 왜냐면 하나님의 속성은 영원한 생명이시기 때문에, 그러한 생명이 육체를 입고 오셔서, 그 생명이 죄의 대가를 치르

셨기 때문입니다. 영원한 생명이 대가를 치렀으니, 그 생명으로 인한 대가도 영원히 효력이 있게 된 것입니다. 그러므로 물리적인 제사는 더 이상 드릴 필요가 없게 되었습니다. 왜냐면 영원한 생명이신 예수님이 내 안에 계시면, 영적인 제사는 영원히 지속되기 때문입니다.

> • 히10:19~22　그러므로 형제들아 우리가 예수의 피를 힘입어 성소에 들어갈 담력을 얻었나니, 그 길은 우리를 위하여 휘장 가운데로 **열어 놓으신** 새로운 살 길이요 휘장은 곧 그의 육체니라, 또 하나님의 집 다스리는 **큰 제사장**이 계시매, 우리가 마음에 뿌림을 받아 악한 양심으로부터 벗어나고 몸은 맑은 물로 **씻음을 받았으니** 참 마음과 **온전한 믿음으로 하나님께 나아가자**

이 놀라운 사건으로 죄인으로서는 감히 들어갈 수 없는 하나님의 집 성소까지 들어갈 자격이 주어졌습니다. 하나님의 집에는 대제사장이 계셔 하나님의 집을 다스리고 계십니다. 그런데 성경은 우리가 곧 하나님의 집이라고 말씀하십니다.

> • 히3:6　**그리스도는 하나님의 집을 맡은 아들로서 그와 같이 하셨으니** 우리가 소망의 확신과 자랑을 끝까지 굳게 잡고 있으면 **우리는 그의 집이라**

예수님의 보혈은 지금도 나의 죄를 사하고 계십니다. 내가 이러한 믿음을 가지고 있으면 그 믿음은 붉은 암송아지의 재를 뿌리는 우슬초와도 같습니다. 그래서 지금 내가 죄를 짓는다 하더라도, 바로 우슬초에 묻혀 뿌려지는 재, 곧 예수님의 보혈로 말미암아 십자가 속으로 들어가는 것입니다. 그래서 이 믿음을 가진 내가, 소망과 확신과 자랑을 끝까지 굳게 잡고 있으면, 내가 곧 하나님의 집이라는 말씀입니다. 그리고 그리스도는 바로 나, 하나님의 집인 나를 맡아 다스리시는 분이라는 말씀입니다. 그러므로 우리가 그의 집이라는 말씀의 의미는, 주님이 내 안에 함께 사시는 것이요, 내가 주님과 함께 산다는 말씀입니다.

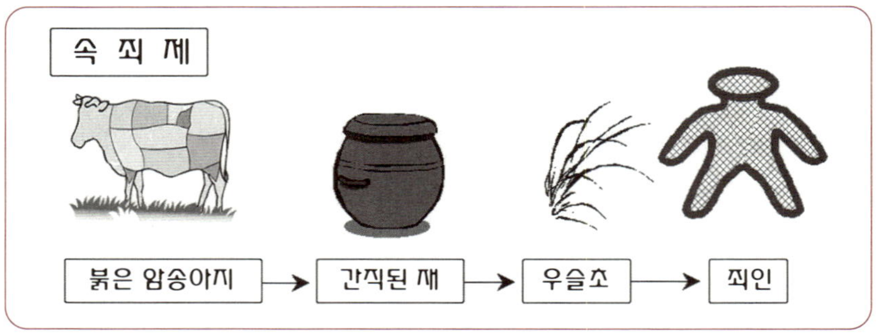

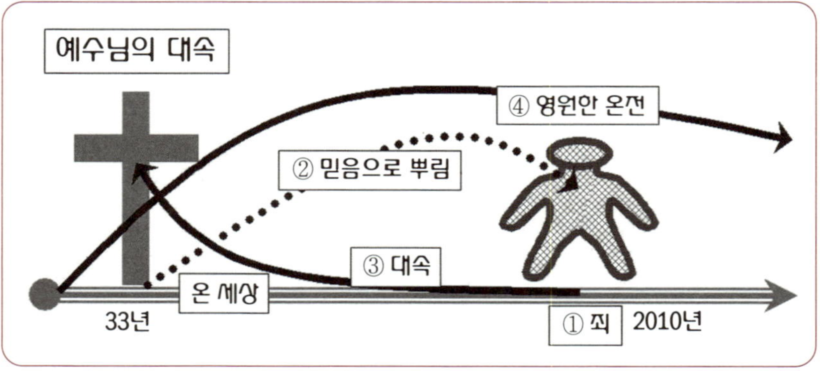

■ 지금도 붉은 암송아지를 잡아야 되는가?

그렇다면 지금도 계속 붉은 암송아지의 재로 죄사함을 받아야 하는가? 너무 뻔한 질문을 드렸지요? 물론 그렇지 않습니다. 예수님께서 아직도 이 세상에 오시지 않았고, 그래서 우리가 예수님이 오시기를 기다리는 입장이라면, 당연히 붉은 암송아지의 재를 뿌려서 죄사함을 받아야겠지만, 우리는 이미 예수님이 죄의 문제를 해결해 놓으신 세대를 살고 있기 때문에 그럴 필요가 없게 되었습니다.

> • 히10:5~10 그러므로 **주께서 세상에 임하실 때에 이르시되** 하나님이 제사와 예물을 원하지 아니하시고 오직 나를 위하여 한 몸을 예비하셨도다, 번제와 속죄제는 기뻐하지 아니하시나니, 이에 내가 말하기를 **하나님이여 보시옵소서 두루마리 책에 나를 가리켜 기록된 것과 같이 하나님의 뜻을 행하러 왔나이다** 하셨느니라, 위에 말씀하시기를 주께서는 제사와 예물과 번제와 속죄제는 원하지도 아니하고 기뻐하지도 아니하신다 하셨고 (이는 다 율법을 따라 드리는 것이라), 그 후에 말씀하시기를 보시옵소서 내가 하나님의 뜻을 행하러 왔나이다 하셨으니 그 **첫째 것을 폐하심은 둘째 것을 세우려 하심이라**, 이 뜻을 따라 **예수 그리스도의 몸을 단번에 드리심으로 말미암아 우리가 거룩함을 얻었노라**

이는 예수님께서 세상에 임하실 때하신 말씀입니다. 이제는 제사와 예물이 필요 없고 오직 하나님을 위하여 한 몸을 예비하셨으니, 곧 예수님께서 구약에서 예언 된 하나님의 뜻을 행하시겠다는 말씀이지요.

예수님은 하나님의 뜻을 행하러 오셨습니다. 그래서 첫째 것, 곧 구약에서 붉은 암송아지의 재로 죄를 사하시던 방법을 폐하여 버리셨습니다. 그리고 둘째 것, 곧 예수님의 보혈로 이루시는 죄사함의 구원을 세우셨습니다.

예수님의 공로로 우리는 거룩함을 입었습니다. 이는 예수 그리스도가 단번에 드리신 십자가의 공로 때문입니다. 붉은 암송아지의 재로 드리던 제사는 구약의 유물이 되어버렸습니다. 이제 우리는 오직 그리스도의 보혈에 의지하여 의인으로 사는 은혜를 누리게 된 것입니다.

KEY 믿음이 있는 한 붉은 암송아지의 재와 같은 예수님의 보혈은 지금도 항상 뿌려지고 있는 것이다.

적용 :: 회개의 기도는 죄를 지을 때마다 뉘우치고 자백을 하는 것이 아니라, 잘못된 행동을 뜯어 고치는 것입니다. 그래서 예수님을 모르는 불신자에게는 예수님을 모르고 살던 삶을 청산하고 예수님을 영접하겠다는 회개가 필요합니다. 그러나 이미 구원받은 우리는 "주님, 용서해 주세요."가 아니라, "주님, 저의 죄를 용서해 주셨음을 감사합니다."라고 기도해야 합니다. 왜냐면 우리가 죄를 짓는 순간, 즉시 예수님의 보혈이 나에게 뿌려지고 있기 때문입니다. 이 사실을 믿는 것이 곧 믿음입니다. 붉은 암송아지의 재를 뿌리는 우슬초가 우리의 믿음입니다.

기도 § 하나님, 저를 위해 예수님을 준비해 주셨음을 감사합니다. 그 예수님은 영원한 대속물이기에 제 인생의 영원한 속죄를 이루셨음을 감사합니다. 매일 매일 믿음을 가지고 속죄의 보혈을 뿌릴 자격을 주신 예수님의 이름으로 기도합니다. 아멘

11. 무교병과 유교병

우리는 회개라는 말을 참 많이 합니다. 회개가 무엇입니까?

회개의 사전적 의미는 '잘못을 뉘우치고 고침' 이라고 되어 있습니다만, 그 보다는 회개의 영적 의미를 찾아 보도록 하겠습니다. 나는 지금 예수님을 믿고 이미 예수님 안에 들어와 있는 사람입니다. 내 안에 계신 예수님의 생명은 영원하시므로, 영원한 생명으로 값을 치르신 보혈의 공로로, 나 또한 영원히 거룩한 자가 되었습니다.

• 히10:14 그가 거룩하게 된 자들을 한 번의 제사로 영원히 온전하게 하셨느니라

하나님은 예수님을 믿는 우리에게 '거룩하게 된 자들' 이라고 말씀하셨습니다. 이 거룩성은 한 번의 제사로 '영원히' 그리고 '온전하게' 된 사실입니다. 여러분 중에 혹시 아직도 '나는 회개할 것이 많다' 라고 생각하는 분이 계십니까? 하나님은 분명 나의 죄와 불법을 다시는 기억조차 않으신다고 말씀하셨습니다.

• 히10:17~18 또 그들의 죄와 그들의 불법을 내가 다시 기억하지 아니하리라 하셨으니, 이것들을 사하셨은즉 다시 죄를 위하여 제사 드릴 것이 없느니라

하나님께서 나의 죄와 불법을 다시는 기억하지 않겠다고 말씀하셨습니다. 그래도 미심쩍으시다면 • 레16장에 나오는 대속죄일의 규례를 이해하면 하나님의 속죄하심이 얼마나 완벽한가를 알게 됩니다.

대제사장 아론은 매년 7월 10일 대속죄일에 두 마리의 염소를 준비합니다. 그리고 제비를 뽑아 '여호와를 위한 염소'와 '아사셀을 위한 염소'를 구별합니다.

'여호와를 위한 염소'는 이스라엘 자손의 부정과 그들이 범한 모든 죄를 위하여 속죄 제물로 드려지는 염소를 말합니다. 부정하거나 죄가 있는 상태로는 지성소에 들어가 하나님을 만날 수가 없습니다. 왜냐면 죄인이 하나님을 만나면 즉시 죽기 때문입니다. 그래서 하나님은 그들이 지성소에 들어갈 수 있도록 속죄하는 제물로 염소를 잡아 그 피를 속죄소 위와 앞에 뿌려 율법에 어긋난 이스라엘 백성들의 죄를 피로 가려버리라고 말씀하신 것입니다. 그럼, 속죄소 위와 앞에 피를 뿌리라는 것의 의미는 무엇인가? 속죄소는 율법인 십계판을 보관하고 있는 법궤의 뚜껑을 말하는 것으로, • 출25:20을 보면 그 위에는 천사 둘이 마주 서 있는데 그 얼굴은 속죄소를 향하고 있다고 기록되어 있습니다. 천사 둘의 얼굴이 속죄소를 향하고 있다는 말은, 그들이 지성소에 들어오는 사람들을 율법에 비추어 보기 위하여 법궤 안에 있는 율법을 들여다보고 있다는 말입니다. 이때 율법에 비추어 죄가 있는 사람이 지성소에 들어오면 죄의 값으로 사망을 당하게 되는 것이지요. 그러나 백성을 위한 속죄제 염소의 피를 속죄소의 위에 뿌리면 그 피가 율법을 가리니 피만 보이게 되고 그리스도의 보혈을 상징하는 이 피는 모든 죄를 해결하셨으므로 그 사람은 죄 없는 자격자가 되어 지성소에 들어가 하나님을 만날 수 있게 되는 것입니다.

물론 이때의 죄는 오살죄에 해당되는 것으로, 오살자의 죄를 해결하기 위한 제사법이라고 할 수 있습니다.

그럼, 또 한 마리 아사셀을 위한 염소를 드리라는 말은 무엇인가?

아사셀은 '광야의 마귀' 라는 의미가 있습니다. 즉 이스라엘 백성들로 하여금 죄를 짓게 했던 고살죄를 본래 죄가 왔던 곳인 마귀에게로 돌려보내는 것을 뜻합니다. 죄는 마귀에게서 왔으니 마귀에게로 보낸다는 말이지요. 아사셀을 위해 제비 뽑힌 한 염소는 대제사장이 두 손으로 살아 있는 그 염소의 머리에 안수하여 이스라엘 자손의 모든 불의와 죄를 아뢰어 전가시킵니다. 그리고 불의를 짊어진 염소를 산 채로 광야로 보냅니다.

이렇게 하여 사람으로 하여금 죄를 짓게 했던 고살죄는 아사셀 염소에 의해 본래 죄가 왔던 곳으로 돌아갔고, 마귀에게 속아 오살죄를 지음으로 사망에 잡혀 죄의 삯을 지불해야 했던 사람들은 여호와를 위한 염소의 피를 뿌림으로써 하나님이 임재하신 지성소에 설 수 있게 되는 겁니다. 이것은 예수님의 십자가 보혈로 이루어진 죄인과 하나님과의 만남을 뜻합니다.

이렇게 오살죄에 대한 것과 고살죄에 대한 것이 깨끗하게 해결되었다는 죄에 대한 영적 배경이 있기에 하나님은 '그들의 죄를 다시 기억하지 않겠다' 고 말씀하고 계시는 것입니다.

때문에 아직도 내 안에 회개할 죄가 남아있다고 하는 것은, 하나님께서 예수님을 통하여 이미 완성하신 사건을 아직도 잘 모르거나 부인하는 것이 됩니다. 구원받은 우리가 하나님 앞에 드려야 할 진정한 회개는, 예수님께서 십자가에서 흘리신 보혈로 모든 죄 값을 영원히 치렀다는 말씀을 확실히 믿어, 자신은 여전히 죄를 짓고 있는 죄인이라는 생각의 올무를 끊어버리는 것입니다. 그리고 말씀을 붙들고 의인으로서 살아가는 것이 진정한 회개입니다. 성경은 예수님의 한 번의 제사로 우리가 모든 죄에서 영원히 온전하게 되었다고 말씀하고 있습니다. 이 말씀에 비추어 볼 때, 나는 여전히 죄를 짓는 죄인이다라고 생각하는 것은 틀린 것입니다. 회개란, 이와 같이 신앙생활하면서 틀린 것에서 돌이켜 옳은 것을 향해 가는 것을 말합니다.

■ 무교병을 먹어라

하나님은 이스라엘 백성들이 가나안 땅에 들어가면 무교절을 지킬 것을 말씀하셨습니다. 대속죄일에 나타난 죄에 대한 완전한 정리로 이스라엘 백성들은 거룩한 땅 가나안에서 항상 죄가 없는 거룩한 상태로 살 수 있게 되었습니다. 이 말의 의미는 무교병과 유교병을 먹으라는 하나님의 말씀을 통해 보다 명확하게 깨달을 수 있습니다.

> • 출13:5~7 네 조상들에게 맹세하신 바 젖과 꿀이 흐르는 땅에 이르게 하시거든 너는 이 달에 이 예식을 지켜, **이레 동안 무교병을 먹고** 일곱째 날에는 여호와께 절기를 지키라, 이레 동안에는 무교병을 먹고 유교병을 네게 보이지 아니하게 하며 네 땅에서 **누룩을 네게 보이지 아니하게 하라**

무교절은 이스라엘 백성들이 애굽에서 어린 양의 피를 바르고 빠져나오던 날, 즉 유월절의 저녁부터 시작하여 일주일간 지속되는 절기입니다. 이 기간에는 누룩이 없는 떡을 먹어야만 하는 것입니다. 왜 누룩이 없는 무교병을 먹으라고 하셨을까요? 누룩에는 효소가 있어서 밀가루 속에 들어가면 반죽 전체를 부풀게 하는 성분이 있습니다. 하나님은 이것을 죄악의 요소라고 상징하셨고, 그들이 누룩 없는 순전한 떡을 먹는 것을 순수한 하나님의 말씀만을 먹고 사는 것으로 상징하셨습니다. 이러한 교훈 속에 담긴 의미는 '죄악의 환경에 매어있던 자들이 유월절의 피로 말미암아 빠져 나왔으니 이제 평생을 죄의 요소가 없는 무교병을 먹고 살아야 한다' 는 겁니다.

일주일은 한 안식일이 채워지는 단위이기 때문에 무교절을 한 주간 동안 지속하는 것은 평생 무교절을 지키라는 의미입니다.

■ 유교병을 먹어라

• 수5:10에 보면 이스라엘 백성들은 가나안 땅에 들어가기 직전 여리고 평지에서 유월절을 지킵니다. 그리고 그날부터 무교병을 먹습니다.

그리고 그들은 정착생활로 인해 농사를 지을 수 있게 되었습니다. 농사를 짓게 되었을 때에 수확한 곡물의 첫 이삭 한 단을 제사장에게 가져가면, 제사장은 그들을 위해 그 단을 여호와 앞에 안식일 이튿날에 흔듭니다. 이렇게 처음 거둔 열매를 드리는 절기를 초실절이라고 합니다.

• 레23:10~11 너희는 내가 너희에게 주는 땅에 들어가서 너희의 곡물을 거둘 때에 너희의 곡물의 첫 이삭 한 단을 제사장에게로 가져갈 것이요, 제사장은 너희를 위하여 그 단을 여호와 앞에 기쁘게 받으심이 되도록 흔들되 안식일 이튿날에 흔들 것이며

제사장은 백성들이 가져온 곡물을 왜 안식일 이튿날에 흔들어서 드리는 것일까요? 그것은 예수님께서 대속물로 죽으셔서 안식일까지 무덤에 계시다 안식일 이튿날에 부활하실 것을 미리 구약에서 말씀해 놓으신 대로 이루어 내는 것입니다. 흔들어서 드리는 제사의 방법을 흔들 요자를 써서 요제(搖祭)라고 하는데, 흔들어 드리는 요제는 부활의 꿈틀거림을 상징하는 겁니다.

• 고전15:20 그러나 이제 그리스도께서 죽은 자 가운데서 다시 살아나사 잠자는 자들의 첫 열매가 되셨도다

이렇게 예수님은 부활하심으로써 잠자는 자들, 즉 믿고 죽은 자들의 부활을 알리는 첫 열매가 되셨습니다. 이러한 초실절이 있고 난 다음에 50일이 지나면 칠칠절이라고 하는 절기가 다가옵니다.

• 레23:15~17 안식일 이튿날 곧 너희가 요제로 곡식단을 가져온 날부터 세어서 일곱 안식일의 수효를 채우고, 일곱 안식일 이튿날까지 합하여 **오십일을 계수하여 새 소제를** 여호와께 드리되, 너희의 처소에서 십분의 이 에바로 만든 떡 두 개를 가져다가 흔들지니 이는 **고운 가루에 누룩을 넣어서 구운 것이요** 이는 첫 요제로 여호와께 드리는 것이며

칠칠절은 말 그대로 7이 일곱 번 지난다는 의미입니다. 다시 말하자면 초실절로부터 일곱 안식일을 세어서 그 다음날까지 합산하면 50일이 되는 날의 절기를 말하는 것입니다. 이때는 무교병이 아니라 고운 가루에 누룩을 넣어서 구운 유교병을 먹으라고 하십니다.

유교병을 먹으라고 하시는 말씀의 의미는 무엇일까요?

초실절은 신약이라는 안경으로 보면, 예수님께서 부활하신 사건을 말하는 것입니다. 예수님은 부활하셔서 이 땅에서 40일을 사역하시다 승천하셨고, 승천하신 후 10일 만에 성령으로 다시 이 땅에 오셨습니다. 즉 초실절인 부활사건 후 50일 만에 오신 겁니다. 그래서 ·행2:1에서는 '오순절 날이 이미 이르매...' 라고 하면서 성령이 이 땅에 오신 사건을 자세히 설명하고 있습니다. 오순절이란 말 그래도 다섯 오(五), 열흘 순(旬)으로 50일을 말하는 것입니다. 따라서 예수님 부활하신 후 50일이 지난 오순절에 성령이 오시면 그때는 유교병을 먹으라는 것입니다.

유교병이란 누룩이 있는 떡이요, 죄악이 있는 떡입니다. 그동안 무교병을 먹으며 절기를 지키라던 하나님께서 갑자기 유교병을 먹으라고 하신 이유가 무엇일까요?

성령님은 우리 안에 들어와 계십니다. 예수님께서 이 세상에 인자로 오셔서 우리의 죄를 담당하시고 죽으셨습니다. 예수님의 대속으로 죄가 해결된 우리 속에 이제 성령님은 들어오실 수가 있게 되었습니다. 인자 예수님은 우리의 죄를 담당하셨고, 죄가 해결된 우리 속에 예수님은 이제 성령으로 들어와 우리와 함께 동거하시는 것입니다.

우리는 앞에서, 육체는 세상의 죄된 환경에 어쩔 수 없이 접촉되며 살게 되어 있음을 배웠습니다. 이것을 접촉의 원리라고 합니다. 일례로 구약에서는 부정한 자가 어떤 자리에 앉으면 그 자리도 부정하게 되며, 그렇게 부정하게 되어진 자리에 다른 사람이 앉으면 그 사람 역시 부정하게 되어지는 것을 말합니다. 그렇다면 우리는 매일 누가 농사를 지었는지도 모르는 쌀로 밥을 해먹고 있으며, 누가 공사를 했는지도 모르는 엘리베이터를 하루에도 몇 번씩 타고 내리면서 접촉하고 있습니다. 그러나 우리 속에는 이미 죄의 값을 치러 주신 예수님이 거룩한 영으로 들어와 계십니다. 때문에 설령 순간순간 죄와 접촉되며 산다고 해도 죄악의 요소들이 죄의 문제로부터 영원히 해결 받은 거듭난 우리를 더럽히지 못한다는 겁니다. 이것이 칠칠절에는 유교병을 먹으라는 하나님의 메시지입니다.

만약 당신이 죄에 대하여 회개함으로써 깨끗하게 되기를 원한다면, 당신은 걸어가는 매 걸음걸음마다 회개를 해야 할 것입니다. 만약에 당신이 짓는 모든 죄의 문제를 스스로 회개함으로서 해결 받겠다면 당신은 당신이 행하는 모든 일에 대하여 회개를 해야 할 것입니다. 왜냐하면 당신이 앉아있는 의자도 어떤 도둑이 훔친 것을 구입한 장물일지도 모르기 때문입니다. 이처럼 우리는 죄의 접촉의 원리에 의해 수많은 죄된 요소들에 노출되어 있습니다. 그래서 예수님께서 세상의 모든 죄를 가져 가신 것입니다. 사람의 능으로는 해결할 수 없음을 아시기 때문입니다. 죄가 해결된 당신에게 성령님이 오셨습니다. 그분은 세상의 모든 죄의 요소들을 전부 가져 가셨습니다. 이제 세상의 어떤 죄의 요소도 당신 몰래 당신을 속일 수가 없게 되었습니다. 그러니 이제는 죄의 영향을 전혀 받지 않아도 됩니다. 이것이 유교병을 먹는 것입니다.

유교병을 먹는다는 것은 내가 부지불식간에 죄와 접촉된다 할지라도 이미 예수님께서 다 해결하셨으므로 더 이상 세상의 모든 죄는 구원받은 나와 아무런 상관이 없다는 것을 선포하고 누리는 것입니다. 즉 죄로부터의 완전한 해방을 말하는 것이지요. 이 모든 자유가 오직 예수님의 공로로 되어졌음을 감사하며 누리는 것, 이것이 우리가 먹는 유교병입니다. 진리 안에서 자유하기를 기원합니다.

KEY 오순절 이후에는 무교병을 먹던 사람들에게 유교병을 먹는 것이 허락되었다. 성령이 오신 이후에는 세상 죄를 가져가신 예수님이 그들 안에 있기 때문이다.

적용 :: 믿는 우리는 회개하였기에 예수님을 영접하여 하나님의 자녀가 되었습니다. 그러므로 이제 믿는 자의 회개는, 예수님 믿기 이전의 생각으로 살아가는 것에서, 하나님께서 말씀하시는 방향으로 살아가는 것을 의미합니다. 예수님이 세상 죄를 다 가져 가셨습니다. 이것은 세상 환경에서 접촉되어질 수밖에 없는 죄를 모두 예수님께로 전가시킨 것을 의미합니다. 이 믿음으로 살아가는 것이 회개입니다. 이제는 죄를 용서해 달라고 하지 마시고, 죄를 용서받았음에 감사하다고 하십시오. 더 이상 죄로 인한 양심의 가책에 걸리지 마시고 그 죄를 예수님께로 넘기십시오. 그리고 보다 나은 하나님의 뜻을 향해 가십시오. 이것이 거듭난 성도가 드리는 진정한 회개입니다.

기도 § 하나님, 제가 감상주의에 빠져있었음을 알았습니다. 죄는 예수님으로 말미암아 이미 해결되었는데 그 죄 앞에서 항상 짓눌려 살았습니다. 이제 예수님이 내 죄를 모두 해결하셨다는 사실을 믿고 더 이상 양심의 가책에 짓눌려 살지 않겠습니다. 이러한 사실을 공급하시는 예수님의 이름으로 기도합니다. 아멘

12. 십자가와 심판

당신은 구원받고 난 뒤에도 계속 죄를 짓고 있습니까? 그렇다면 그 죄의 문제를 어떻게 해결하고 계십니까? 만약에 회개하여 해결한다고 생각하신다면, 그 죄를 해결하지 못하고 죽었을 때는 어떻게 되는 걸까요? 예를 들어 죄를 짓고 회개하려고 하는데 죽었다거나, 심지어는 죄를 짓다가 죽는 경우도 있을 것이며, 또 죄를 지어 놓고 망각했을 경우엔 어떻게 되는 걸까요?

혹시 '구원 받은 사람은 원죄는 해결되었으니까 천국 가는 데 지장은 없고, 다만 매일 반복하는 자범죄에 대해서만 매번 회개하면 된다.' 라고 생각하며 사셨나요? 이런 의문을 가지고 십자가와 심판의 의미를 알아보도록 하겠습니다.

> • 요12:31~33 이제 이 세상에 대한 심판이 이르렀으니 이 세상의 임금이 쫓겨나리라, 내가 땅에서 들리면 모든 사람을 내게로 이끌겠노라 하시니, 이렇게 말씀하심은 자기가 어떠한 죽음으로 죽을 것을 보이심이러라

예수님께서 이 세상에 심판이 이르렀음을 선포하시며 이 심판으로 인하여 세상의 임금이 쫓겨 갈 것을 말씀하셨습니다. 이 말씀은 예수님께서

십자가를 지시기 전에 하신 말씀입니다. 아담 때부터 사망의 권세를 가지고 세상을 지배해왔던 마귀는 아직 심판을 받지 않았지만, 곧 심판을 받게 될 것이라는 말씀입니다.

즉 예수님께서 십자가를 지시고 세상 모든 사람들의 죄를 해결하는 날, 죄의 삯을 받은 마귀는 심판을 받게 되는 것입니다. 왜냐면 마귀는 죄를 타고 일하는데, 세상 사람들의 죄를 예수님이 모두 가져가셨으니, 이제 더 이상 세상 사람들에게는 죄가 없는 것이 되며, 결국 마귀는 죄가 없는 곳에서는 더 이상 일을 할 수 없으니까, 결국 멸망이라는 심판을 받게 되는 것입니다.

> • 요일2:1~2 나의 자녀들아 내가 이것을 너희에게 씀은 너희로 죄를 범하지 않게 하려 함이라 만일 누가 죄를 범하여도 아버지 앞에서 우리에게 대언자가 있으니 곧 의로우신 예수 그리스도시라, **그는 우리 죄를 위한 화목 제물이니 우리만 위할 뿐 아니요 온 세상의 죄를 위하심이라**

예수님은 죄인과 하나님을 화목케 하시는 화목제물로 오셨습니다. 즉 사람들의 죄를 가져가심으로써, 하나님과 죄가 없는 사람들을 화목하게 만들어 놓으신 겁니다. 십자가에서 이뤄진 이 화목의 사건은 범위적으로는 믿는 사람들만을 위한 사건이 아니라, 세상의 믿지 않는 모든 사람들의 죄를 위해서도 되어진 사건입니다.

그리고 시간적으로는 세상의 시작부터 끝까지의 모든 시간들 속에 있는 죄들을 사하신 사건입니다. 세상 죄란 이처럼 범위적으로나 시간적으로나 세상 위에 있는 죄를 말하는 것입니다.

만약 그렇지 않다면 십자가 사건 이후에 예수를 믿기로 한 사람이 있을 때마다 예수님은 매번 십자가상에서 죽어야 한다는 결론이 나오기 때문입니다.

예수님은 세상 모든 사람들의 죄를 싹 끌어안으시고, 죄의 삶을 요구하는 마귀에게 단번에 사망이라는 대가를 지불하시므로, 마귀를 상대로 모든 값을 지불하셨습니다. 죄의 근본을 뽑아 없애버리신 것이지요. 그러므로 예수님은 현재 믿고 있는 사람들의 죄는 물론, 아직 믿지 않고 있는 사람들의 죄까지도 해결하셔서, 하나님과 화목할 수 있게 해놓으신 것입니다.

그러나 아직 세상의 끝 날이 오지 않았기 때문에, 마귀는 지금도 이 세상에 남아 마지막 날에 있을 형벌을 집행받기 위하여 존재하고 있을 뿐입니다.

이제 세상 끝 날이 오면, 예수님께서는 구원 받은 자들만을 데리시고 이 세상을 떠나 천국으로 인도하실 것이며, 이 세상은 불 못으로 변하게 되어, 마귀와 그의 사자들과 구원 받지 못한 자들만 남아 영벌의 고통을 받게 될 것입니다.

그럼 세상 임금이 쫓겨나게 된다는 말이 무슨 뜻입니까? 이 말씀은 세상 임금이 어떤 특정한 공간으로 쫓겨 간다는 뜻이 아닙니다. 예수님께서 나의 죄를 사하신 사건에 대한 믿음을 가지고 있는 사람들에게는 마귀가 일을 할 수 없으니까 그러한 자들에게서 쫓겨 간다는 말입니다.

이제 우리에게는 죄가 없습니다. 단지 아직도 죄인이라고 느끼는 죄책감, 죄의식이 문제일 뿐입니다. 이제 마귀는 법적으로는 일할 수 없는 자가 되었습니다. 그럼에도 아직도 '나는 죄가 있다.' 라고 하는 죄의식에 잡혀있으면 마귀는 귀신같이 알고 죄의식에 접근하여 일을 합니다.

왜냐면 마귀의 속성은 속이는 자요 거짓의 앞잡이이기 때문입니다. 그 래서 죄의식을 가진 사람을 속여 '너는 아직도 죄인이다' 라고 동의하게 만들어서 합법적으로 끌고 다니는 것입니다.

천사는 하나님의 말씀을 존재로 만드는 일을 하도록 피조된 존재입니 다. 따라서 천사는 생명의 말씀을 존재로 만들어 내는 일을 합니다. 그러 나 타락한 천사인 마귀는 사망의 일을 만들기 위해 속이는 속성을 가지고 사람들을 끌고 다닙니다.

예수님께서 화목 제물이 되셔서, 우리를 하나님과 화목할 수 있도록 만 들어 놓으셨습니다. 그러나 우리가 이 말씀을 의심하여, 나는 아직도 죄 인이라고 생각하고 있으면 마귀는 우리에게 죄의 삯을 요구하며 사망을 이루어 냅니다. 성경도 이 사실을 증언하고 있습니다.

• 요16:7~9 그러나 내가 너희에게 실상을 말하노니 내가 떠나가는 것이 너희에게 유익이라 내가 떠나가지 아니하면 보혜사(성령)가 너희에게로 오시 지 아니할 것이요 가면 내가 그를 너희에게로 보내리니, 그가 와서 죄에 대하 여, 의에 대하여, 심판에 대하여 **세상을 책망**하시리라, **죄에 대하여라 함은 그들이 나를 믿지 아니함이요**

이미 죄가 없음에도 불구하고 아직도 죄에 대하여 이러쿵저러쿵하지 마십시오. 성령께서 '나는 아직도 죄인이다' 라고 말하는 사람들을 분명 히 책망하시겠다고 말씀하셨습니다. 예수님께서 온 세상의 죄를 담당하 신 것이 언제인데 도대체 언제까지 죄 타령을 하고 사실 겁니까?

여러분, 분명히 알아두십시오. 죄의식은 하나님 앞에서 절대 겸손이 아닙니다. 그건 곧 예수님이 해결하신 죄의 삶에 대한 불신입니다. 성령님은 그 사실을 반드시 책망하실 것입니다.

적용 :: 죄는 내가 마귀가 있는 공간에 사는 동안은 어쩔 수 없이 직면하게 되는 문제입니다. 어떤 의미에선 나의 의지와 상관없이 일어나는 사건이기도 합니다. 왜냐면 내가 부정한 것과 접촉되면 역시 나도 부정해 지는 것이 죄의 원리이기 때문입니다. 내가 지금 타고 가는 전철에 부정한 사람이 함께 있으면, 나도 자연 부정해 지는 것이기 때문입니다. 이것이 구원받은 영혼이 죄짓는 육체를 가지고 살아가야 하는 공간입니다. 그러므로 거듭난 당신은 죄를 짓지 않으려고 몸부림치기보다는 내 안에 계신 죄 없으신 성령으로 말미암아 살려고 노력하십시오. 그러다 육적인 죄가 인식되어지면 그것은 예수님께로 넘겨 버리십시오. 이 말씀이 주시는 평강이 당신을 승리하게 할 것입니다.

기도 § 하나님, 패역하고 음란한 세대에서 예수님으로 말미암아 자유할 수 있도록 여건을 만들어 주심을 감사합니다. 이제 어떠한 환경에서도 죄와 상관없도록 모든 것을 예비하신 예수님의 이름으로 기도합니다. 아멘

13. 죄의식에서 해방되라

일곱 살짜리 꼬마가 집채 만 한 황소를 끌고 가는 걸 보신 적이 있으십니까? 황소가 꼬마보다 힘이 약해서 끌려가는 걸까요? 그 이유는 황소의 코에 코뚜레가 꿰어 있기 때문입니다. 내가 죄를 지었다거나 나에게 죄가 있다고 생각하는 죄의식은 바로 소의 코뚜레를 꿰는 구멍입니다. 마귀는 그것을 잡고 나를 마음대로 끌고 다니는 것이지요. 믿는 자들에게 가장 문제가 되고 있는 것은 죄의식의 문제입니다. 이제까지 우리는 예수님께서 온 세상의 죄를 다 가져 가셨다고 배웠습니다.

> • 요일2:1~2 나의 자녀들아 내가 이것을 너희에게 씀은 **너희로 죄를 범하지 않게 하려 함이라** 만일 누가 죄를 범하여도 아버지 앞에서 우리에게 대언자가 있으니 곧 의로우신 예수 그리스도시라, 그는 **우리 죄를 위한 화목 제물이니 우리만 위할 뿐 아니요 온 세상의 죄를 위하심이라**

사람들은 대부분 하나님의 말씀을 감정적으로 받아들이는 경향이 있습니다. 그러나 하나님의 말씀을 접하는 데에는 나름대로 순서가 있습니다. 하나님의 말씀은 사실을 말씀해 놓으신 것이기 때문에, 먼저는 말씀을 지식적으로 받아 들여야 합니다. 지식적으로 판단하여 그것이 맞다고 인정되어지면 그것을 의지적으로 행해야 합니다. 의지적으로 말씀을 행하면, 그 다음에는 말씀대로 되어지는 말씀의 존재화가 일어납니다.

그렇게 자신의 믿음에 의해서, 즉 지식적으로 깨달아진 말씀을 의지적으로 행했을 때, 우리 눈 앞에 나타나는 성육신의 사건을 보고 우리는 희열을 느끼지 않을 수 없습니다. 그럼에도 우리 중에 더러는 하나님의 말씀을 자신의 감정으로 왜곡하는 경우가 있습니다. 자신의 이성적 판단으로 이해가 안가면 '어떻게 그런 일이 있을 수 있느냐?' 라며 반론을 제시합니다.

'어떻게 불신자들의 죄까지도 모두 가져가셨다고 하느냐?' 라고 반론합니다. 그러나 그것은 지극히 개인적인 감정과 견해일 뿐, 성경은 분명히 "온 세상의 죄를 다 가져가셨다."고 말씀하고 있습니다.

'그럼, 왜 불신자들이 지옥에 가느냐?' 고 질문할 수도 있을 것입니다. 여러분, 불신자가 지옥에 가는 것은 '죄' 때문이 아니라 '믿지 않아서' 가는 것입니다.

> • 요16:7~9 그러나 내가 너희에게 **실상**을 말하노니 내가 떠나가는 것이 너희에게 유익이라 내가 떠나가지 아니하면 **보혜사**가 너희에게로 오시지 아니할 것이요 가면 내가 그를 너희에게로 보내리니, **그가 와서 죄에 대하여**, 의에 대하여, 심판에 대하여 **세상을 책망**하시리라, **죄에 대하여라 함은 그들이 나를 믿지 아니함**이요

성령이 오시면 죄에 대하여 세상을 책망하실 것입니다. 죄에 대한 책망이란, 세상 사람들은 자신들이 죄를 짓고 있다고 생각하여, 이미 다 해결

해 놓으신 죄의 문제를 아직도 끌어안고 살기 때문이라는 겁니다. 혹자는 이렇게 질문할 수도 있을 겁니다. '죄가 없으면 천국에 가는 것인데 그렇다면 불신자의 죄도 모두 예수님이 해결해 놓으셨으니 불신자들도 천국에 가야하는 것이 아닌가?' 그렇지 않습니다. 예수님께서 온 세상의 죄를 해결해 놓으셨다는 것은, 온 세상 사람들로 하여금 아버지의 영, 곧 성령을 모셔 들일 수 있도록 해놓으셨다는 말씀입니다. 불신자들이 지옥에 가는 것은 죄가 있어서가 아니라, 예수님을 믿지 않고, 그 마음에 성령을 모셔 들이지 않았기 때문입니다.

> • 롬7:19~20 내가 원하는 바 선은 행하지 아니하고 도리어 원하지 아니하는 바 악을 행하는도다. **만일 내가** 원하지 아니하는 **그것을 하면** 이를 **행하는 자는 내가** 아니요 내 속에 거하는 죄니라

'내가 죄를 지으면' 이라는 말 중에 '내가' 라는 말은, 죄를 짓는 자신을 가리키는 말입니다. 다시 말해 육적인 내가 죄를 짓도록 결정한 혼을 포함한 나를 말하는 거지요.

그런데 성경은 그런 죄를 행하는 자는 '내가' 아니라고 합니다. 이때의 '행하는 자가 아닌 나' 는 '영적인 나' 를 가리키는 것입니다. 왜냐면 영적인 나는 죄를 지을 수 없도록 만들어졌기 때문입니다. 그러면 누가 죄를 짓게 했다는 말이지요? 그것을 사도 바울은 내 속에 거하는 죄라고 말합니다. 악한 자가 사람의 육체와 혼에까지 들어와서, 기억 속에 있는, 과거의 경험적 가치를 선택하게 함으로서 죄를 짓게 만든다는 것이지요. 그러나 그럴지라도 속사람은 죄를 지은 것이 아니라는 말입니다.

예를 들어 악한 자를, 눈에 보이지 않지만 눈에 보이는 괴물이라고 가정해 봅시다. 그 괴물이 내 손을 강제로 움직여 상대를 가격했다고 칩시다. 그럼 눈으로 보기에는 내가 상대를 때린 것이지만, 실제로는 괴물이 내 손을 억지로 끌어다가 상대의 얼굴을 가격한 것입니다. 그렇다면 내가 상대를 때린 것입니까? 괴물이 상대를 때린 것입니까?

우리는 이 상황에 대한 분명한 의식을 가지고 있어야 합니다. 실제 이런 일들이 벌어지고 있기 때문입니다. 그러나 이런 상황에서 지은 죄를, 하나님은 거듭난 내가 죄를 지은 것이 아니라, 귀신에게 속은 육체와 혼이 저지른 죄라고 말합니다. 그건 결국 육체와 혼을 속인 귀신이 저지른 죄라는 말이지요. 그러나 귀신은 우리의 영적 무지함을 이용하여, 우리가 죄를 저질렀다고 참소합니다. 이때 내가 죄를 저질렀다고 생각하는 것이 바로 '죄의식'입니다. 귀신은 속이는 속성으로 우리를 이용하여 내가 죄를 지었다고 생각하게 속이고, 죄의식에 잡힌 나의 동의를 얻어, 합법적으로 내게 죄의 삯인 사망의 세력을 휘두르는 것입니다.

내가 아무리 죄를 지었다고 하더라도, 나를 대하시는 하나님의 입장은 나의 감정과 전혀 다릅니다. 그래서 누누이 '죄와 상관없이' 우리를 구원에 이르게 하셨다고 말씀하시는 겁니다.

• 히9:28   이와 같이 그리스도도 많은 사람의 죄를 담당하시려고 **단번에 드리신바 되셨고** 구원에 이르게 하기 위하여 죄와 상관없이 자기를 바라는 자들에게 **두 번째 나타나시리라**

우리는 절대 느낌을 가지고 싸울 필요가 없습니다. 이 방의 온도가 추운지, 더운지는 각 사람의 건강 정도에 따라 차이가 납니다. 그래서 춥고 더움을 누구의 말만 듣고 사실로 하자는 것은 어리석은 짓입니다. 사람이 느끼는 체감온도는 다르되, 그 방의 온도를 나타내주는 온도계는 모든 사람에게 공평한 잣대입니다. 온도계는 각 사람의 느낌과는 관계없이 그 방의 실제 온도를 나타내주고 있기 때문이지요.

혹시 아직도 죄에 관하여 미진한 부분이 남아 있습니까? 여러분, 하나님의 구원은 이랬다저랬다 하는 것이 절대 아닙니다. 더구나 죄에서 우리를 해방시켜주시려고 예수님이 친히 십자가에서 죽으셨는데, 무엇 때문에 도로 죄의 올무를 놓고. 스스로 올가미를 씌우며 산단 말입니까?

하나님 앞에서 죄는 크고 작음이 없고, 무겁고 가벼운 것이 없습니다. 그래서 죄와는 상관이 없다고까지 말씀하신 겁니다. 지금껏 나의 발목을 잡고 있던 죄의식에서 과감히 벗어나시기 바랍니다. 더 이상은 마귀의 속임에 속지 마시고, 오직 말씀을 잣대로, 믿는 자에게 주신 진리 안에서 자유를 마음껏 누리며 사시기 바랍니다.

적용 :: 행동과 결과는 생각에서 유발되는 것입니다. 당신이 스스로를 죄인이라고 인정한다면 당신은 마귀가 휘두르는 사망의 권세에 잡힐 것이고, 당신이 의인이라고 생각한다면 천사가 행하는 생명의 능력을 따라 가게 될 것입니다. 세상의 모든 죄는 예수님께

서 가져 가셨습니다. 죄를 타고 일하는 마귀는 이제 날개 떨어진 새가 되었습니다. 다만 그의 속이는 속성을 가지고 아직도 자신이 죄인이라고 생각하는 사람들을 속이고 있을 뿐입니다. 마귀 앞에서 예수님께서 하신 사실들을 선포하십시오. "예수님께서 이 세상의 모든 죄를 가져 가셨다. 그러므로 마귀에게 걸릴 만한 빌미는 더 이상 없다. 나는 예수로 말미암아 자유롭다!"

기도 § 하나님, 세상 어디에서도 자유하게 하시니 감사합니다. 죄로부터의 해방감을 언제 어디서나 누릴 수 있도록 하신 예수님 이름으로 항상 마귀 앞에서 담대하겠습니다. 아니 마귀를 무시하고 살겠습니다. 마귀의 발을 묶어 놓으신 예수님의 이름으로 기도합니다. 아멘

5부

거듭난 나는 어떻게 됩니까?
3차 구원(얻을 구원)

1. 새 하늘 새 땅

2. 상과 해

3. 하나님의 영광에 참예하는 자

4. 구름타고 오시는 예수님은 누가 보는가?

　구원은 전적인 하나님의 사건입니다. 시작하신 이가 있으시니, 시작하신 이가 마치실 것입니다. 하나님은 알파와 오메가이십니다. 하나님은 우리 이성으로는 측량할 수 없는 영원이라는 시간을 시작하셨고 장차 그 끝을 이루실 것입니다. 영원에 비하면 순간에 해당되는 인류의 역사를 시작하셨으니, 이 역사의 마지막 역시 끝을 내셔서 영원 속에 집어넣으실 것입니다.

　예수님을 영접하여 1차 구원을 얻은 자가, 광야와도 같은 인생길에서 순간순간 하나님께서 주신 말씀을 가지고 2차 구원을 이루며 살아왔습니다. 이제 하나님은 우리를 어떻게 하실까요? 처음 것은 다 지나가게 하시고 새로운 것을 주신다고 하셨습니다. 이것이 3차 구원이며 아직 인생이 끝나지 않은 시점에서 보면, 미래의 사건으로 얻을 구원이라고 할 수 있습니다.

1. 새 하늘 새 땅

구분	1차 구원	2차 구원	3차 구원
시제	과거	현재	미래
표현	얻은 구원	얻는 구원	얻을 구원
성경	• 엡2:8	• 빌2:12	• 히9:28 • 벧전1:5
회수	1회	때마다	영원이
방법	은예로 주신 믿음	말씀 믿고	행하여 얻은 만큼
비유	출애굽 · 홍해	광야	가나안
상급	천국	현재 문제해결	영생
교리	예정	선택	누림
주체	예수님이 주심	내가 이룸	하나님이 주심

거지왕자라는 우화를 아시지요? 왕자가 세상 구경을 하고 싶어 궁궐을 빠져나와 거지와 옷을 바꾸어 입고 거지로 살아보기로 했습니다. 그 왕자는 거지행세를 하면서도 당당하게 살아갑니다. 물론 거지로 지내지만 먹고 사는 문제로 걱정하거나 근심하지도 않습니다. 왜냐면 그는 왕자이기 때문입니다. 그리고 다시 궁궐로 돌아갈 사람이기 때문입니다.

우리는 앞에서 예수님을 믿고 거듭난 사람은 지옥에 가는 심판을 받지 않는다고 배웠습니다. 그 이유는 이미 예수님께서 죄의 삯을 치르고 죽으셨기 때문이며, 그 때 나도 함께 십자가에서 죽었으므로, 이미 죽은 자는 죄에 대하여 더 이상 지불할 삯이 없기 때문입니다.

그러므로 예수 믿고 구원받은 나는, 설령 마지막 때가 오기 전에 죽는다 할지라도 주님께서 재림하시는 그 날에 주님과 함께 생명의 부활로 나올 것입니다. 그렇다면 생명의 부활로 나온다는 말의 의미가 무엇일까요?

무덤 속에 있던 죽은 자들이, 하나님의 아들의 음성을 들을 때가 오는데, 그때는 아들의 음성을 듣는 자가 살아날 것입니다. 어떻게 살아날 수가 있는가? 26절을 보니 "아버지께서 자기 속에 생명이 있음 같이 아들에게도 생명을 주어" 살아날 것이라고 말씀하셨습니다.

이것은 우리 육신의 부자관계에서도 알 수 있습니다. 아버지는 아들에게 자신의 생명을 주는 것이고, 아들은 아버지의 생명을 받아서 태어나는 것입니다. 이처럼 하나님 아버지는 그 아들 예수님에게 영원한 생명을 주셨습니다. 그리고 예수님은 이 생명을 다시 이 사실을 믿는 자들에게 주셨습니다. 즉 아버지가 주신 영원한 생명을 주신 것입니다. 그리하여 모든 믿는 자들도 아버지의 영원한 생명을 얻게 된 것입니다.

이처럼 아버지가 주신 생명은 영원한 생명이기 때문에, 말 그대로 영원히 없어지지 않는 영생을 누리게 되는 것입니다. 그래서 우리 믿는 자들은 영생을 가지고 인생을 살게 됩니다. 그러다가 육체의 수명이 다하면, 그 육체는 무덤 속에 묻히게 됩니다. 그리고 마지막 때에 아들의 음성이 들리면 그 음성을 듣고 생명의 부활 즉 영생의 부활로 나오게 되는 겁니다.

혹여 29절에서, "선한 일을 행한 자가 생명의 부활로 나온다"는 말씀을 보고 구원받는 것이 행위에 의하여 이루어진다고 오해하지 않기를 바랍니다. 선한 일은 앞에서도 언급하였듯이, 선한 이만 할 수 있는 것이기 때문입니다. 선한 이는 오직 하나님 한 분 밖에는 안 계십니다. 그러므로 선한 일을 행한 자라는 말은, 윤리적으로나 도덕적으로 행한 어떤 착한 행실을 뜻하는 말이 아닙니다. 이 말은 오직 선하신 한 분, 그 하나님 아버지를 모시고, 아버지의 뜻에 따라 살았던 자를 가리키는 말입니다. 즉 예수님을 영접하여 거듭난 사람으로서 살았던, 우리와 같은 사람들을 말하는 것입니다.

반면 악한 일을 행한 자라는 말은, 선하신 하나님을 떠나, 마귀의 영에 잡혀 살았던 자를 일컫는 말입니다. 하나님의 말씀과 상관없이 산 자는 설령 세상적인 윤리와 도덕적 잣대에 어긋남이 없다 할지라도, 그 안에 선하신 하나님의 말씀이 없으므로, 악한 일을 행한 것이 되는 것입니다. 결국 악한자의 인생은 심판의 부활로 나오게 되는데 그들은 마지막 때에 심판받고 지옥에 가게 될 것입니다.

생명의 부활로 나온 자들은, 예수님과 함께 불이 섞인 유리바다를 건너가게 됩니다. 이 부분은 앞에서 이미 언급을 했듯, 이스라엘 백성들이 모세의 인도로 홍해를 건널 때와 같습니다. 그들은 갈라진 홍해의 마른 땅을 밟고 빠져나오면서, 자신들을 뒤쫓던 애굽의 군사들이 물에 빠져 죽는 것을 직접 목도하였습니다. 이 사실에 감격하여 이스라엘 백성들은 구원의 노래인 모세의 노래를 불렀습니다.

이와 같이 마지막 때에 생명의 부활로 나온 자들은 불타는 우주공간이 지옥으로 바뀐 곳에서 심판의 부활로 나온 자들, 즉 마귀와, 그의 사자들과, 심판의 부활로 나온 불신자들이 고통으로 울부짖는 모습을 보면서 그 공간을 빠져 나가게 됩니다.

그래서 의가 있는 곳인 천국은, 불이 섞인 유리 바다를 빠져나온 거듭난 자들이 처음으로 밟아보는 공간이기 때문에, 새 땅이라고 말하는 것입니다. 땅이란 사람이 밟고 서 있는 지지기반을 말하는 것입니다.

그리고 그들이 바라보는 하늘은 3층천으로, 그들이 처음 바라보는 하늘이기 때문에 새 하늘이 되는 것입니다. 하나님은 천지창조 사건 때 이 우주를 땅이라고 부르셨습니다. 우리가 육안으로 볼 때 이 우주에는 분명 하늘이 있는데도 말입니다. 그 이유는 하나님은 이 우주공간을 마귀가 갇혀있는 맨 밑바닥으로 보시기 때문입니다.

• 사14:12~15 너 아침의 아들 **계명성**이여 어찌 그리 하늘에서 떨어졌으며 너 열국을 엎은 자여 어찌 그리 **땅**에 찍혔는고, 네가 네 마음에 이르기를 내가 하늘에 올라 하나님의 뭇 별 위에 내 자리를 높이리라 내가 북극 집회의 산 위에 앉으리라, 가장 높은 구름에 올라가 지극히 높은 이와 같아지리라 하는도다, 그러나 이제 네가 스올 곧 **구덩이 맨 밑**에 떨어짐을 당하리로다

계명성은 마귀의 영을 말합니다. 하나님은 마귀를 땅으로 쫓아내셨습니다. 마귀가 쫓겨 간 땅을, 성경은 스올, 곧 구덩이 맨 밑이라고 표현하고 있습니다. 창세기의 창조사건을 보면, 하나님은 이렇게 땅이라고 표현하시는 공간에 천지를 창조하셨습니다.

이때 창조되는 천지, 즉 하늘은 우주공간에 있는 1층천과, 2층천을 말하는 것입니다. 땅은 물에 덮여있는 지구에서 뭍을 드러나게 하심으로써 만드셨습니다. 결국 하나님은 땅 안에 땅을 만드신 것입니다. 결국 새 하늘과 새 땅은 마지막 날에 거듭난 자들이 서서 볼 수 있는 새로운 공간입니다. 결국 믿는 자들은 이 땅에서 하나님의 말씀대로 이룬 것을 가지고, 새 하늘 새 땅에서 영원히 살게 되는 것입니다.

> **KEY** 새 하늘 새 땅은 구원받은 자가 3차 구원 때에 거할 곳으로 죄는 없고 의만 있는 곳이다.

적용 :: 인생이란, 인생자체가 소중하기 때문에 가치가 있는 것이 아니라, 영생을 준비할 수 있는 기간이 있기 때문에 소중한 것입니다. 이 기간 동안 우리는 마귀와 그 수하들을 상대로 영적 싸움

을 싸워내야 합니다. 물론 우리에게는 벅찬 상대입니다. 그러므로 도움이 될 만한 모든 것을 취하여 무장하고, 하나님이 주신 영적무기로 전신갑주를 입어야 합니다. 내 인생이 승리의 개가를 부르도록, 항상 도우시는 하나님을 절대적으로 신뢰하십시오. 하나님은 우리에게 생명의 찬양을 부를 자격을 주신 분입니다.

기도§ 하나님, 내가 무엇을 말해야 하는가 알게 해주시고, 할 말을 제때할 수 있는 용기를 주십시오. 부활을 기대하며, 광야생활을 하는 동안 그리스도를 신뢰하는데서 오는 강력한 힘과 하나님의 의가 나를 통해 흘러가게 하옵소서. 하나님의 의로 나를 품으시고 생명싸개로 나를 보호하시는 예수님의 이름으로 기도합니다. 아멘

2. 상(賞) 과 해(害)

여러분, 천국에도 상급에 따른 빈부의 격차가 있을까요?

사람들은 2차 구원에서 말씀대로 사는 것만큼 하나님께서 상을 주신다는 사실에 대해 알아듣기는 하겠는데 별로 피부에 와 닿지는 않는다고 말을 합니다. 그러나 예수님은 분명 일한 대로 상을 주신다고 말씀하셨고, 때문에 거듭난 사람마다 차별적인 상이 주어지는 것은 확실합니다.

저자도 그 부분에 대해서 시원하게 설명해 주는 데에 한계를 느낍니다.

그러나 상과 해가 있다는 것은 분명한 사실입니다. 때문에 상에 대한 구체적인 개별지식은 없지만, 분명 상이 있다는 존재지식만으로도 풍성한 은혜를 누리게 됩니다. 천국에서 주어 질 상급의 수여문제가, 어떠한 상이 어떻게 얼마만큼 주어지는가에 대해서는 비록 모르지만, 그러한 일들이 사실로 존재한다는 지식만으로도 기대가 되지 않습니까?

상에 대한 설명이 한계에 부딪치는 이유는, 우리가 직접 경험한 사실이 없기 때문입니다.

예를 들어 선천적 소경으로 태어난 사람에게, 빨간 색이라는 것에 대해 설명을 해주면, 그가 말로써는 이해하고 알아듣겠지만, 직접 눈으로 본 사람만큼은 정확히 알 수 없는 것과도 같습니다. 그러나 빨간 색은 분명히 존재하지 않습니까? 우리는 상을 받은 자들이 그 상을 영원히 누리는 것을 직접 볼 수가 없었습니다. 우리는 천국에서 태어난 것이 아니라, 이 땅에서 태어났기 때문입니다. 그래서 하늘의 것을 이야기해 줄 때, 그것을 감각적으로 깨닫는 데 한계가 있습니다.

그러므로 성경도 상이 '있다'는 것에 대해서만 집중적으로 말씀하고 계시지, 그것들을 개체적으로 설명하지는 않습니다. 우리는 하나님에 대하여 무모하고 무지합니다. 그래서 하늘의 상에 대해서조차 우리에게 익숙한 이 세상의 감각으로 접근하려고 합니다. 그러니 이해가 잘 안 될 수밖에요.

예를 들어 ● 고전3:15에서 말씀하고 있는 "불에 타고 없어질 공력이 있는 자는 해를 받는다"고 했을 때 '어떻게 천국에 해(害)가 있는가?' 하고 의구심을 갖게 됩니다. 이런 의구심 또한 이 땅에서 형성되어진 감각입니다. 보다 정확히 표현하자면, 상을 영원히 누리는데 대한 상대적 감정이지요. 우리의 감정은 세상의 경쟁구조에서 형성된 시기와 질투에 길들여져 있습니다.

그러니 의만 있는 천국에서 되어 질 일까지도, 경쟁적 사고로 바라보게 되고, 그러다보니 이해의 한계에 부딪쳐 결국 상대적 빈곤감을 느끼게 되는 겁니다. 상과 해에 대한 이해를 돕기 위해 한 예를 들어보겠습니다.

지금 내 방 안에 그랜드 피아노가 한 대 있습니다. 그런데 유감스럽게도 나는 피아노를 연주할 줄 모릅니다. 마침 우리 집에 놀러온 친구가 피아노 앞에 앉더니 아주 멋지게 연주를 해줍니다. 달콤한 선율이 온 방안에, 그리고 내 가슴에 저며 들어옵니다. 나는 한참을 깊은 감동에 젖어 있습니다. 이러한 상황에서 내가 그랜드 피아노를 연주하지 못한다는 사실 때문에, 나에게 아름다운 음악을 들려준 연주자를 시기하며 질투를 하겠습니까? 그렇지 않겠지요?

아마 친구와 나는 향긋한 차 한 잔을 나누며, 계속 음악에 심취해 행복한 시간을 누릴 것입니다. 그러나 두 사람이 누리는 감상과 감동은 분명 차이가 있습니다. 왜냐? 피아노를 연주하여 음악을 들려준 친구와, 친구가 들려준 음악을 듣고 감상한 나 사이에는 분명히 누림성에 대한 차이가 있기 때문입니다. 유감스럽지만 그것은 어쩔 수가 없는 일입니다. 안타깝게도 나는 피아노를 연주할 수 있는 실력을 키우지 않았기 때문입니다. 이때 연주자가 누리는 누림성을 상이라고 한다면, 감상자가 누리는 누림성을 해라고 할 수 있을 것입니다.

적절한 예화가 되었는지 모르겠습니다만, 중요한 것은, 상에 대한 구체적인 개별지식에 앞서, 분명 상이 있다는 사실에 대한 존재지식이 있느냐는 문제입니다. 지금은 우리가 구체적으로 알 수 없으나, 하나님은 그 날에 밝히 보여주실 것입니다.

그러나 보다 더 중요한 사실은, 지금 광야에 서 있는 내가, 하나님의 말씀대로 살아가노라면 하나님은 반드시 그에 상응하는 상을 주실 것입니다. 뿐만 아니라, 이미 말씀을 믿고 행하는 나에게, 말씀대로 성취되어지는 것을 이 땅에서도 상으로 주고 계십니다.

마지막 때 불을 통과하고도 남는 것은 금이나 은이나 보석일 것입니다. 이걸 공력으로 쌓은 자는 그것 자체가 상급이 됩니다. 자기 손에 금이나 은이나 보석을 쥐고 있는 자와, 다 타고 아무것도 없이 빈손으로 있는 자는, 물론 차별에 대한 감정이 있을 것입니다.

이해를 돕기 위해 두 가지 예화를 들어 보겠습니다.

저자가 처음으로 하나님을 인격적으로 만났을 때의 경험입니다. 하나님의 음성을 들으면서도, 그 하시는 말씀이 내 마음에 들지 않아, 하나님께 반항을 하였습니다. 한 번은 기도 중에 내 몸이 땅바닥에 내동댕이쳐졌습니다. 알 수 없는 기운에 의해 땅바닥에서 뒹구는데, 뱃속의 창자가 꼬이고 얽히는 것과도 같은 통증이 일어났습니다. 그런데 그 통증은 아픈 통증이 아니라, 견딜 수 없는 통증이었습니다. 사실 이 통증은 말로는 표현하기 어려운 현상입니다. 고통이라고 한다면 아파야 하는데, 아픈 것은 아니면서 견딜 수가 없으니, 배를 움켜잡고 뒹굴었습니다. 그러기를 10여 분이 지났을까? 기도가 끝나고 깨닫게 된 놀라운 사실은, 그동안 내가 지병으로 앓고 있던 심장병이 깨끗하게 치료되었다는 사실이었습니다.

또 한 가지의 예는 선배 목사님의 경우입니다. 그분은 강직하고 곧은 분이라 매사를 이론적으로 합리적으로 과학적으로 따지고 변론하는 그런 분이셨습니다. 그러니 자연, 환상이나 투시나 입신에 대해서 누가 얘기하면, 아예 무시하고 인정조차 않으시던 분입니다. 그러나 우리가 조심할 것은 신비주의는 경계해야 하지만, 신비한 하나님의 역사를 무시해선 안 된다는 사실입니다.

어느 날 선배 목사님이 지붕에서 떨어졌습니다. 40일 정도를 의식을 회복하지 못한 채 식물인간이 되어 누워있었습니다. 그리고 40여일 만에 의식이 돌아왔는데, 그분이 의식을 잃게 되었을 때 경험했던 일을 이야기 하는 걸 들었습니다. 선배 목사님이 지붕에서 떨어져 의식을 잃었을 때, 누군가에게 인도되어 따라가고 있었는데, 한 곳에 도착하니 신선처럼 보이는 두 사람이 장기 비슷한 것을 두고 있더랍니다. 그분들은 목사님을 쳐다보지도 않은 채, 계속 장기를 두면서 질문을 하시더랍니다. "너는 누구냐? 어디서 왔느냐? 예배할 때 찬송을 했느냐?" 그래서 예배는 때마다 인도했고, 찬송도 때마다 불렀다고 했더니, "나는 너의 찬송을 들은 적이 없다."고 하더랍니다. 매번 그의 대답에 대해 말씀하실 때, 분명 면박을 주는 말은 아닌데, 목사님 자신은 너무나 부끄러워, 몸 둘 바를 몰랐다고 했습니다. 이해하시겠습니까? 면박을 주는 말이 아닌 데도, 부끄럽다는 말을? 아픈 것은 아닌데 견딜 수 없는 통증을? 설령 단어로는 알아듣는다 해도, 실제 그 감각으로는 공감할 수는 없는 그런 일들은 우리 주변에서, 또 저자에게 직접 일어난 일입니다. 상이라는 것도 그렇습니다. 또 상을 받지 못하는 자가 해를 받는 것도 그렇습니다. 이 해는 지옥에 가는 해 (damage)가 아니라, 상을 받지 못하는 것에 대한 부끄러움을 뜻합니다.

KEY 믿는 자가 천국에서 해를 받는다는 것은 고통이 아니라 누리지 못 하는 아쉬움을 말한다.

적용 :: 당신에게는 누려야 할 구원이 남아있습니다. 하늘 본향에서 누릴 3차 구원입니다. 그러한 당신은 이 땅에서 어떠한 존재입니까? • 벧전1:5에서 "너희는 말세에 나타내기로 예비하신 구원을 얻기 위하여 믿음으로 말미암아 하나님의 능력으로 보호하심을 받았느니라"고 하셨습니다. 당신에게 3차 구원을 주시기 위해 하나님은 이 땅에서 이미 당신을 능력으로 보호하고 계십니다. 어디서나 이 사실 때문에 담대하고 당당하십시오. 이러한 당신의 믿음 때문에 성령님께서 천사를 움직이실 것입니다.

기도 § 하나님, 이제는 가진 것이 없어도, 보이는 것이 없어도 행복할 수 있는 비결을 배웠습니다. 저는 하나님의 말씀을 사실로 받아들일 수 있기 때문입니다. 저를 행복한 사람으로 만들어 주신 예수님의 이름으로 기도합니다. 아멘

3. 하나님의 영광에 참예하는 자

모든 일에는 시작과 끝이 있습니다. 하나님은 자신을 가리켜 알파와 오메가라고 표현하셨습니다. 처음과 끝을 주장하신다는 말씀입니다. 우리에게 구원을 시작하신 하나님은 우리의 구원을 어떻게 마무리하실까요? 이 세상은 처음과 끝을 온전히 주장하시는 하나님의 말씀으로 지어졌습니다.

• 히11:3   믿음으로 **모든 세계**가 **하나님의 말씀**으로 **지어진 줄**을 우리가 아나니 보이는 것은 나타난 것으로 말미암아 된 것이 아니니라

세상의 보이는 것은 모두, 나타난 것으로 말미암아 된 것이 절대 아닙니다. 세상의 보이는 모든 것은, 보이지 않는 말씀으로 지어진 것입니다. 우리가 지금 살고 있는 세상은 광야와 같습니다. 이스라엘 백성들이 광야에 거할 때, 하나님은 그들이 수고하지 않아도 만나와 메추라기로 먹이셨고, 40년 광야를 걸어도 헤지지 않는 의복과 신발을 주셨습니다. 그들이 추울 때면 불기둥으로 덮으셨고, 그들이 더울 때는 구름기둥으로 가려주셨습니다. 그래서 이스라엘 백성들은 불 뱀과 전갈이 우글거리는 땅, 마실 물이 없는 간조한 땅에서도 끄떡없었습니다. 그들은 하나님이 공급해 주시는 물과 **빵**으로도 충분하였습니다.

이러한 사실은 지금 나에게도 적용되는 말씀입니다. 살면서 종종 돈이 필요할 때도 있고, **빵**과 고기가 필요할 때도 있습니다. 그런데 고맙게도 나에게 돈과 **빵**이 생겼다고 해보십시다. 지금 내게 생긴 돈과 **빵**이, 위에서 말씀하신대로 하나님이 지으신 '모든 세계' 에 포함된다고 생각하십니까? 그렇습니다. 그것도 모든 세계에 포함되는 것이 맞습니다. 그렇다면 이 사실을 위의 말씀에 대입시켜 보십시오.

"나는 지금 내게 주어진 돈과 **빵**이 하나님의 말씀으로 되어 진 것이라고 믿습니다."

이 고백의 의미는, 내게 주어진 돈과 **빵**이, 내가 기도해서 얻어진 것이라고 했을 때, 설령 그렇지 않고 우연히 생긴 것처럼 생각되어진다 할지라도, 그것은 하나님께서 "돈이 아무개에게 주어질 지어다, **빵**이 아무개

에게 공급될지어다." 라고 말씀하셨기 때문에 돈과 **빵**이 생겼다는 말입니다. 이 사실이 믿어진다면, 우리의 믿음은 보다 더 진보할 것입니다.

하나님의 말씀 안에 예비해 놓으신 모든 것들은, 이미 내가 살아가면서 필요한 모든 것들을 포함하고 있습니다. 그러므로 나는 오직 믿음으로, 그때그때 필요한 것들을 찾아서 사용하기만 하면 됩니다. 하나님은 비록 눈에는 보이지 않으나, 말씀 속에 존재하는 모든 것을 사용하도록 허용하셨습니다. 그리고 이 사실을 깨닫고 믿음으로 사는 나에게, 나의 믿음대로 모든 것이 이루어지도록 허락하셨습니다. 그리고 이 모든 것을 마음껏 누리며 살도록 허락하셨습니다. 이것이 바로 우리가 광야에서 누리는 상급입니다. 나는 이 사실을 믿습니다. 이 믿음으로 우리는 이미 이 땅에서도 많은 것을 상급으로 받았습니다. 그리고 이 상급은 내가 천국에 가서도 영원히 누리게 될 분복입니다.

> • 계21:22~24 성 안에서 내가 성전을 보지 못하였으니 이는 주 **하나님 곧 전능하신 이**와 및 **어린 양**이 그 성전이심이라, 그 성은 해나 달의 비침이 쓸 데 없으니 이는 하나님의 영광이 비치고 어린 양이 그 등불이 되심이라, 만국이 그 빛 가운데로 다니고 **땅의 왕들이 자기 영광을 가지고** 그리로 들어가리라

이 말씀은 사도 요한이, 자기가 본 천국에 대하여 증언한 계시록의 내용입니다. 요한이 천국에 갔을 때, 그는 새 예루살렘성이라고 하는 곳에서 성전을 보지 못하였다고 말합니다. 그 이유는 바로 하나님 자신이 성전이시기 때문이랍니다. 그 성전에서 영광이신 하나님의 빛이 비추어 나오는데, 만국이 그 빛 가운데로 다니더랍니다. 그리고 땅의 왕들이 자기

의 영광을 가지고 들어갈 곳이라고 합니다. 그럼 땅의 왕들, 이 땅에서 왕으로 살았던 자들 중 누가 진정한 왕입니까?

• 요18:33 이에 빌라도가 다시 관정에 들어가 예수를 불러 이르되 네가 **유대인의 왕**이냐

• 요18:36 예수께서 대답하시되 **내 나라는 이 세상에 속한 것이 아니니라** 만일 내 나라가 이 세상에 속한 것이었더라면 내 종들이 싸워 나로 유대인들에게 넘겨지지 않게 하였으리라 **이제 내 나라는 여기에 속한 것이 아니니라**

예수님은 유대인의 왕으로 오신 분입니다. 그가 유대인의 왕이라면, 왕은 다스리는 나라가 있어야 합니다. 그래서 예수님은 빌라도의 질문에 대해, "내가 유대인의 왕이기는 하지만 내가 다스릴 나라는 이제 이 세상에 속한 것이 아니라"고 말씀하셨습니다. 나라에 대한 예수님의 견해는 이렇습니다.

• 눅11:18 너희 말이 내가 바알세불을 힘입어 귀신을 쫓아낸다 하니 만일 사탄이 스스로 분쟁하면 **그의 나라가** 어떻게 서겠느냐

예수님께서 성령의 힘을 덧입어 귀신들을 쫓아내실 때, 바리새인들은 예수님께서 귀신의 왕인 바알세불을 힘입어 그러한 일을 한다고 빈정거렸습니다. 이에 대해 예수님은 만약에 사탄이 그의 나라에 속한 영적인 존재들과 분쟁하는 거라면, 어떻게 사탄의 나라가 서겠느냐고 반박하셨습니다. 예수님은 이 세상을 사탄의 나라로 규정하셨습니다.

• 눅11:20   그러나 내가 만일 하나님의 손을 힘입어 귀신을 쫓아낸다면 **하나님의 나라**가 이미 너희에게 임하였느니라

그런 후 예수님께서 성령을 덧입어 귀신을 쫓아내시는 것이면, 하나님의 나라가 이미 이 세상에 임했다고도 말씀하셨습니다. 결국 예수님께서 하시려는 말씀은, 사탄이 권세를 잡고 있던 이 세상의 사탄나라에, 그 나라를 물리치는 하나님의 나라가 임했다는 증언입니다. 이 세상 나라의 영적구조는 사탄의 나라, 그리고 그 나라 속에 임하신 하나님의 나라 라는 틀로 이분화 된 공간입니다.

• 벧전2:9   그러나 **너희는** 택하신 족속이요 왕 같은 제사장들이요 **거룩한 나라요** 그의 소유가 된 백성이니 이는 너희를 어두운 데서 불러내어 그의 기이한 빛에 들어가게 하신 이의 아름다운 덕을 선포하게 하려 하심이라

• 계1:6   그의 아버지 하나님을 위하여 **우리를 나라와** 제사장으로 **삼으신** 그에게 영광과 능력이 세세토록 있기를 원하노라 아멘

예수님은 이 세상에 속한 우리에게, 아버지께로부터 가지고 오신 아버지의 말씀을 주셨습니다. 그러므로 우리에게도 주님과 같이 성령을 덧입어 사탄의 나라를 깨뜨리며 살 수 있는 권세가 주어졌습니다. 이는 믿는 자들이 가는 곳마다 사탄의 나라는 깨어질 것이며, 이러한 역사를 일으키는 우리가 곧 하나님의 나라라는 것이지요.

하나님은 우리를 아버지의 나라로 삼으셨다고 말씀하셨습니다. 내가 곧 하나님의 나라입니다. 예수 믿는 우리가 곧 하나님의 나라인 곳에서, 예수님은 우리를 다스리는 왕으로 사셨습니다. 그리고 그분에게 있던 권세를 우리에게 주심으로써, 우리를 하나님 나라의 왕들로 삼으셨습니다. 왕은 예수님이시고, 왕이신 예수님이 아버지께로 가신 이후에는, 믿는 성도들이 이 땅에서 왕이 되었습니다. 이 땅의 왕들은 하나님의 말씀을 가지고, 하나님의 나라로서 살아가는 것입니다. 그래서 우리가 말씀을 가지고 살아갈 때마다, 아버지의 빛이신 영광이 나타나는 것입니다.

이렇게 영광을 가지고 이 땅에서 살아가다가, 말씀으로 살았던 만큼을 가지고 천국에 있는 성전으로 들어가는 것이지요. 하나님께서 나를 광야에 세우신 이유이기도 합니다.

때문에 우리는 서 있을 수 있는 시간이 주어졌을 때, 할 수만 있으면 더 많은 영광을 사용해야 합니다. 그리고 그렇게 이룬 것을 가지고 이 땅에서도 풍성히 누리고 살다가 마지막 때에는 이 영광을 가지고 천국에 들어가 그곳에서도 영원히 누리며 살게 될 것입니다.

이왕이면 하나님이 계신 새 예루살렘성의 성전까지, 곧 영광의 근원지인 그곳까지 들어갈 수 있는 복된 영광이 있기를 기원합니다.

그럼 낙원은 어떤 곳일까요? 낙원은 마귀가 추방된 음부라는 공간에 마귀를 진멸하기 위해 들어오신 하나님이 계신 공간을 말합니다. 자연적 빛인 해, 달, 별은 창조 넷째 날에 만들어졌습니다. 마귀를 진멸하기 위해 첫째 날에 오신 이 빛은 바로 하나님 자신입니다. 그런즉 음부라는 공간에 있는 하나님의 나라가 곧 낙원입니다. 이 낙원이라는 공간에는 살아 있으면서 믿고 있는 자뿐만 아니라, 믿다가 죽은 자가 함께 있습니다. 그러다 백 보좌 심판 후에 믿고 죽은 자는 부활하여 천국으로 가게 되고, 믿지 않고 죽은 자는 음부에 있다가 부활하여 지옥에 남게 되는 것입니다.

지옥은 천국과 마찬가지로 아직 우리에게 나타나지 않은 공간입니다. 예수님의 백 보좌 심판 후에 음부는 불 못이 되어 불신자와 마귀와 그의 사자들이 영원히 영벌을 받게 되는 곳으로 변하게 됩니다. 그렇게 되는 곳이 지옥입니다(• 계20:11~15).

지옥이 나타나기 전까지, 즉 백 보좌 심판이 있기 전까지는, 믿는 자도 함께 음부라는 공간에 있습니다. 정확하게 말하자면 음부 안에 있는 낙원에 있습니다. 그리고 백 보좌 심판이 있을 때 음부는 불 섞인 유리바다, 즉 지옥으로 변해갈 것입니다. 그때 믿는 자들은 예수님과 함께 우주를 벗어나, 유리바다 가에 서서 모세의 노래와 어린 양의 노래를 부르게 됩니다.

> • 계15:2~3 또 내가 보니 불이 섞인 유리 바다 같은 것이 있고 짐승과 그의 우상과 그의 이름의 수를 이기고 벗어난 자들이 유리 바다 가에 서서 하나님의 거문고를 가지고 하나님의 종 모세의 노래, 어린 양의 노래를 불러 이르되 주 하나님 곧 전능하신 이시여 하시는 일이 크고 놀라우시도다 만국의 왕이시여 주의 길이 의롭고 참되시도다

천국, 낙원, 음부, 지옥 이러한 영적세계 4영역의 개념이 그려졌으면 이것을 바탕으로 설명을 하도록 하겠습니다. 하나님은 궁창에, 새가 날아다니는 1층천과 그 외의 2층천을 구별하여 놓으셨습니다. 아마 이러한 하나님의 작업이 없었다면, 지구의 자전속도 때문에 당신은 벌써 우주 공간

어디론가 튕겨져 나갔을 것입니다. 뿐만 아니라, 지구의 엄청난 자전 속
도에서 생기는 마찰열에 의해 벌써 타 죽었을 겁니다.

- 신10:14　**하늘과 모든 하늘의 하늘과** 땅과 그 위의 만물은 본래 네 하나
님 여호와께 속한 것이로되

- 왕상8:27　하나님이 참으로 땅에 거하시리이까 **하늘과 하늘들의 하늘**이
라도 주를 용납하지 못하겠거든 하물며 내가 건축한 이 성전이오리이까

- 느9:6　오직 주는 여호와시라 **하늘과 하늘들의** 하늘과 일월성신과 땅과
땅 위의 만물과 바다와 그 가운데 모든 것을 지으시고 다 보존하시오니 모든
천군이 주께 경배하나이다

본문에는 세 종류의 하늘들이 설명되어져 있습니다. 이것은 단지 시적
인 표현으로 써 놓은 것이 아닙니다. 눈에 보이는 하늘은 1층천으로서
sky 라고 하며, 여기는 새가 날아다니는 공간입니다. 2층천은 cosmos
라고 하며 우주 안에 있는 1층천
외의 궁창으로서, 구약의 사람들
은 '크고 많다' 라는 개념으로 서술
하였기 때문에 복수로 '하늘들' 이
라고 설명을 했습니다. 3층천은 우
주 너머의 하나님 나라로서 이곳이
우리가 가야하는 천국입니다. 이곳
을 heaven이라고 부릅니다.

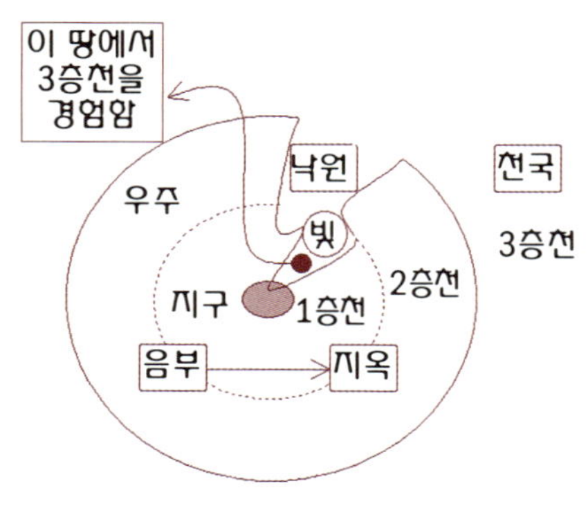

하나님께서 사도 요한을 불러올리신 곳이 3층천이며, 바울이 갔다 왔다고 하는 곳도 이곳입니다. 우리는 음부라고 하는 공간에 있으면서도 이미 죄 사함을 받고 거듭났기 때문에 낙원이라고 하는 공간에 있습니다. 우리는 이 세상에 임하신 하나님의 나라에 있습니다. 우리는 이 세상에 있으면서도 낙원이라고 하는 공간에 있기 때문에, 믿음으로 서 있는 한, 3층천이라는 영적 공간에 있음도 알게 되었습니다. 이러한 3층천, 즉 낙원에서 사도 요한이 본 것은 무엇인가?

> • 계1:13 촛대 사이에 인자 같은 이가 발에 끌리는 옷을 입고 가슴에 금띠를 띠고

사도 요한은 인자 예수님을 보았을 때 그가 촛대 사이를 거닐고 있는 것을 보았습니다. 예수님이 거닐고 있는 촛대는 무엇을 말하나요?

> • 계1:20 네가 본 것은 내 오른손의 일곱 별의 비밀과 또 일곱 금 촛대라 일곱 별은 일곱 교회의 사자요 일곱 촛대는 일곱 교회니라

하나님은 사도 요한에게 예수님께서 오른 손에 일곱별을 붙잡으시고 일곱 금 촛대 사이를 거니시는 모습을 보여 주셨습니다. 그러면서 일곱별은 일곱 교회의 사자요, 일곱 촛대는 일곱 교회라고 설명을 해 놓으시고 이것을 비밀이라고 말씀하셨습니다. 설명까지 해 놓으시고 왜 비밀이라고 하시지요? 설명을 해 놓았다 할지라도 모르는 자에게는 그것이 비밀로 남아있기 때문입니다. 이 말씀이 우리에게는 더 이상 비밀이 되지 않기를 바랍니다. 예수님은 일곱 별, 즉 일곱 교회의 사자, 즉 천사를 대동

하시고 일곱 교회를 다니셨습니다. 그럼 교회란 무엇인가?

교회는 사람입니다. 예수님을 믿는 사람들의 모임이 곧 교회입니다. 건
물은 교회가 아닌 예배당이지요. 지금 예수님은 오른 손에 천사를 대동하
시고, 교회인 예수님을 믿는 우리 곁을 다니시고 있는 것입니다. 인자 예
수님이 천사들을 대동하시고, 나와 다른 믿는 모든 사람들 곁을 다니시고
있단 말씀이 의아하십니까? 그러나 그것은 사실입니다. 어떻게 그것이
가능할까요? 예수님은 이 땅에 오실 때에 말씀이 육신되어 오신 분이기
때문입니다. 그분에게는 죄가 없습니다. 우리의 죄를 담당하셨을 때에는
십자가에서 죽으실 수밖에 없었지만, 십자가에서 죽으시고 부활하셨을
때는 사망의 권세를 깨뜨리셨으며, 사망의 권세를 깨뜨렸다는 것은, 더
이상 죄로 인해 죽음에 매여 있을 필요가 없다는 사실이 증명된 것입니다.
　예수님은 의로우신 분이시기 때문에 하나님께서 그의 몸을 받으실 수
가 있었고, 그래서 부활하신 예수님은 승천하여 아버지께로 가신 것이라
고 • 요16:10에서 말씀하고 있습니다.

이처럼 인자의 모습을 하신 예수님의 몸은 죄가 없는 신령한 몸이기

때문에 시간과 공간의 제한을 받지 않습니다. 그러므로 지금도 우리와 그리고 다른 믿는 사람들 사이로 얼마든지 거니실 수가 있는 것입니다. 그래서 믿는 자들이 이 땅에 사는 동안 어떻게 처신해야 할 것인가에 대해 예수님께서 미리 말씀해 주신 겁니다.

> • 눅12:8~9 내가 또한 너희에게 말하노니 누구든지 사람 앞에서 나를 시인하면 인자도 **하나님의 사자들 앞에서** 그를 시인할 것이요, 사람 앞에서 나를 부인하는 자는 하나님의 사자들 앞에서 부인을 당하리라

우리가 사람들 앞에서 즉 세상을 살면서 어떤 환경에서든지 예수님을 시인하면, 예수님도 하나님의 사자들 앞에서 우리를 시인하시겠다는 것입니다. 왜 하필이면 예수님은 천사들 앞에서 우리를 시인하신다고 하셨을까요? 예수님은 지금 천사들을 대동하시고 믿는 자들이 예수님을 그리스도로 인정하고 고백할 때마다, 우리의 믿음을 존재로 만들어 주시려고, 말씀을 존재로 이루어내는 천사들 앞에서 우리를 시인하시겠다는 것입니다.

KEY 낙원은 이 세상에서 천국의 것을 경험하는 공간이다.

적용 :: 거지로 살던 사람이 갑부로 성공한 다음에도 과거에 거지로 살았던 인생 때문에 괴로워하거나 실족하지는 않을 겁니다. 오히려 그러한 과거를 딛고 성공한 부요함으로 행복의 극치를 누릴 것입니다. 당신이 이 세상을 여행하는 것은, 하나님의 영광의 시점에서 본다면, 머지않아 곧 과거가 되어 과거 속의 한 경점에

불과하게 될 것입니다. 그러므로 비록 이 땅에서는 육신의 몸을 가지고 살고 있지만 믿음으로 하늘나라를 바라보며 살듯이, 때로는 3차 구원을 완성한 하늘나라에서 이곳, 내가 거하는 이 땅을 바라볼 필요가 있습니다.

기도§ 하나님, 우리의 연수가 70이고 강건하면 80이라도 자랑할 것은 수고와 슬픔 밖에 없다고 하신 의미를 비로소 알겠습니다. 이제부터는 수고와 슬픔으로 채워지는 인생에 메이지 아니하고 하나님의 영광을 바라보며 살겠습니다. 영원한 영광에 참여할 수 있게 해 주신 예수님의 이름으로 기도합니다. 아멘

4. 구름타고 오시는 예수님은 누가 보는가?

예수님은 구름을 타야만 움직이실 수 있을까요? 글쎄요, 만일 그 구름이 자연적이 구름이라면 과연 예수님을 떠받칠 수 있을까요? 그럴 수 없습니다. 예수님은 절대 손오공이 아닙니다. 물론 성경에는 예수님의 재림에 대해서 구름타고 오시는 것으로 여러 군데 묘사해 놓았습니다. 그러나 그 구름은 자연적인 구름이 아닌 하나님의 영광을 나타내는 것입니다.

• 마24:30　그 때에 인자의 징조가 하늘에서 보이겠고 그 때에 땅의 모든

예수님이 재림하실 때 구름을 타고 오는 것을 볼 것이라고 했습니다. 그렇다면 구름타고 오시는 인자 예수님을 보는 사람들은 누구인가? 바로 불신자들입니다. 그들 모두가 예수님께서 구름을 타고 오시는 것을 보게 될 때는 통곡을 하며 보게 될 것입니다. 그 이유를 읽어보십시오.

> • 행1:9~11　이 말씀을 마치시고 그들이 보는데 올려져 가시니 **구름이 그를 가리어** 보이지 않게 하더라, 올라가실 때에 제자들이 자세히 하늘을 쳐다보고 있는데 흰 옷 입은 두 사람이 그들 곁에 서서, 이르되 **갈릴리 사람들아** 어찌하여 서서 하늘을 쳐다보느냐 너희 가운데서 **하늘로 올려지신 이 예수는 하늘로 가심을 본 그대로 오시리라** 하였느니라

위 말씀은 예수님이 승천하실 때 그를 배웅하러 나왔던 사람들을 향해 천사가 하는 말입니다. 지금 구름을 타고 승천하시는 예수님은 그들이 본 그대로 다시 오신다는 겁니다. 천사는 예수님이 승천하는 모습을 보고 서 있는 무리들을 향하여 "갈릴리 사람들아"라고 부르고 있습니다.

분명 예수님께서 승천하신 곳은 예루살렘에 있는 감람산입니다. 갈릴리는 이스라엘 북단에 위치하고 있으며, 예루살렘은 남쪽에 위치하고 있는데 말이지요. 예수님께서 예루살렘에서 십자가를 지시고 골고다 언덕에 오르실 때엔, 예수님을 따르던 무리들 가운데는 아무래도 예루살렘 사람들이 많았을 것입니다. 그래서 • 눅23:28에서 "예루살렘의 딸들아"라고 말씀하셨고요. 그런데 같은 무리들을 향하여 • 행1:11에서는 왜 "갈

릴리 사람들아"라고 부르고 있을까요? 예수님께서 갈릴리 지역에서 첫 공생애 사역을 하실 때 그곳에 있는 사람들에 대해 말한 바가 있습니다.

• 마4:15~16입니다. 예수님은 그곳을 '이방의 갈릴리' 라고 부르셨습니다.

> • 마4:15~16　스불론 땅과 납달리 땅과 요단 강 저편 해변 길과 **이방의 갈릴리**여 흑암에 앉은 백성이 큰 빛을 보았고 사망의 땅과 그늘에 앉은 자들에게 빛이 비치었도다 하였느니라

예수님께서 구름을 타고 가신 그대로 오시는 모습을 보는 자들은 흑암에 앉은 백성인 이방인임을 말해주기 위해 무리 가운데 있었던 '갈릴리 사람' 이라는 특정 그룹을 부르고 있는 겁니다.

> • 계1:7　볼지어다 그가 구름을 타고 오시리라 각 사람의 눈이 그를 보겠고 그를 찌른 자들도 볼 것이요 땅에 있는 모든 족속이 그로 말미암아 애곡하리니 그러하리라 아멘

구름을 타고 오시는 예수님을 보게 되는 사람들은 바로 예수님을 믿지 않던 불신자들입니다. 그때는 예수님을 찌른 자들도 부활하여 예수님을 보게 될 것입니다. 그 때에 예수님을 믿지 않던 모든 족속이 구름 타고 오시는 예수님을 보고, 비로소 자신들에게는 이제 기회가 없음을 깨닫고 애곡하게 되는 것입니다.

■ 성전의 4가지 유형

휴거는 말 그대로 믿는 자들이 공중에 들림 받는 것을 말합니다.

> • 살전4:15~17 우리가 주의 말씀으로 너희에게 이것을 말하노니 주께서
> 강림하실 때까지 우리 살아남아 있는 자도 자는 자보다 결코 앞서지 못하리
> 라, 주께서 호령과 천사장의 소리와 하나님의 나팔 소리로 친히 하늘로부터
> 강림하시리니 그리스도 안에서 죽은 자들이 먼저 일어나고, 그 후에 우리 살
> 아남은 자들도 그들과 함께 **구름 속으로 끌어 올려 공중에서 주를 영접**하게
> 하시리니 그리하여 우리가 항상 주와 함께 있으리라

재림과 휴거를 제대로 이해하기 위해서는 '성전'에 대한 성경적 지식
이 있어야 합니다. 성전의 역사를 보면 광야에서 모세에게 지으라고 하셨
던 성막과, 이스라엘 백성들이 가나안 땅에 들어가 정착생활을 하게 되었
을 때에 솔로몬이 지은 성전, 그리고 신약시대에 예수님께서 자신의 육체
를 가리켜 성전이라고 하신 것과, 사람들의 죄를 사하시고 성령께서 오셔
서 되어진 성도들의 몸인 성전이 있습니다.

모세 성막	솔로몬 성전	예수 성전	성도 성전
b.c 1,400년	b.c 960년	a.d 0년	연 재

① 모세의 성막

- 출40:33~35 그는 또 성막과 제단 주위 뜰에 포장을 치고 뜰 문에 휘장을 다니라 모세가 **이같이 역사를 마치니, 구름이 회막에 덮이고 여호와의 영광이 성막에 충만하매, 모세가 회막에 들어갈 수 없었으니** 이는 구름이 회막 위에 덮이고 여호와의 영광이 성막에 충만함이었으며

모세는 광야를 통과하는 가운데 하나님께서 지시하신 식양대로 성막의 공사를 다 마쳤습니다. 그때 하나님께서, 완성된 하나님의 성소에 들어오셨습니다. 성소에 들어오신 하나님의 모습은 구름과 함께 구름 속에서 빛나는 영광이었습니다. 이때 모세는 성막에 들어갈 수가 없었습니다. 왜냐하면 예수님께서 십자가에 죽으셔서 우리의 죄를 사하시기 전까지는 사람들의 육체에 죄가 남아 있기 때문이며, 죄가 있는 육체는 하나님의 영광 앞에 설 수 없기 때문입니다. 구름이 덮이고 영광이 충만하기 때문에 모세가 그곳에 들어갈 수가 없었던 것이지요.

구름에 대한 부분을 보충하자면, 이스라엘 백성들이 바벨론에 포로로 끌려갔을 때, 하나님은 에스겔에게 나타나주셨습니다. 에스겔은 자신이 본 하나님의 모습을 다음과 같이 소개합니다.

- 겔1:1~4 서른째 해 넷째 달 초닷새에 내가 그발 강 가 사로잡힌 자 중에 있을 때에 하늘이 열리며 **하나님의 모습**이 내게 보이니, 내가 보니 북쪽에서부터 폭풍과 **큰 구름**이 오는데 그 속에서 불이 번쩍번쩍하여 **빛이 그 사방에** 비치며 그 불 가운데 단 쇠 같은 것이 나타나 보이고

에스겔이 보았던 하나님의 모습은 큰 구름 속에서 번쩍번쩍하는 빛으로 오셨습니다. 이 땅에 임하시는 하나님의 모습은 구름과 함께 그 속에서 빛나는 영광, 즉 빛으로 오십니다.

② 솔로몬의 성전

• 왕상7:51~8:1　솔로몬 왕이 여호와의 **성전을 위하여 만드는 모든 일을 마친지라** 이에 솔로몬이 그의 아버지 다윗이 드린 물건 곧 은과 금과 기구들을 가져다가 여호와의 성전 곳간에 두었더라. 이에 솔로몬이 여호와의 **언약궤**를 다윗 성 곧 시온에서 메어 올리고자 하여 이스라엘 장로와 모든 지파의 우두머리 곧 이스라엘 자손의 족장들을 예루살렘에 있는 자기에게로 소집하니

이스라엘이 가나안 땅에 정착하였을 때 하나님은 솔로몬을 통하여 성전을 건축하게 하셨습니다. 솔로몬이 성전건축공사를 마치고 지성소에 법궤를 들여놓기 위해 사람들을 소집했습니다. 지성소는 하나님이 임재하시는 공간으로 그곳에 말씀이신 하나님, 곧 말씀이 들어있는 법궤를 안치하면 하나님께서 성전에 임재 하시게 되는 것입니다.

• 왕상8:10~11　제사장이 성소에서 나올 때에 **구름이 여호와의 성전에 가득하매, 제사장이 그 구름으로 말미암아 능히 서서 섬기지 못하였으니** 이는 여호와의 영광이 여호와의 성전에 가득함이었더라

제사장이 지성소에 법궤를 안치하고 나올 때에 하나님께서 구름과 그 속에서 빛나는 영광으로 임재 하셨습니다. 그런데 하나님의 임재가 있었

을 때에 제사장이 쓰러졌습니다. 제사장이 쓰러진 이유는 성전에 가득한 구름 때문이었습니다.

모세의 성막이나 솔로몬의 성전에 가득찼던 구름은 어떤 구름이었을까요? 자연적 현상으로 하늘에 떠있어 비를 오게 하는 구름일까요? 아니면 하나님의 영광의 모습을 구름이라고 말한 것일까요?

만약에 자연적인 구름이었다면, 성전이라는 실내 공간에 가득히 채워질 이유도, 또한 그럴 수도 없었을 것이며, 설령 그렇다손 치더라도 자연적인 구름 속에 묻히게 된다고 해서 사람이 쓰러지진 않습니다. 때문에 성경이 말하고 있는 구름은, 임재하신 하나님의 영광을 나타내는 징조를 뜻합니다. 하나님의 성전이 있으면, 그곳에 하나님께서 영광으로 임재하시며, 임재하시는 하나님의 모습은 구름 속에서 빛나는 광채로, 즉 하나님의 영화로운 광채로 보여 지는 것입니다.

③ 예수님의 육체 성전

> • 요2:19~21 예수께서 대답하여 이르시되 너희가 이 성전을 헐라 내가 사흘 동안에 일으키리라, 유대인들이 이르되 이 성전은 사십육 년 동안에 지었거늘 네가 삼 일 동안에 일으키겠느냐 하더라, 그러나 예수는 **성전 된 자기 육체**를 가리켜 말씀하신 것이라

예수님께서 헤롯이 46년에 걸쳐 지은 성전을 가리키시며 "너희가 이 성전을 헐라 그리하면 내가 사흘 동안에 일으키겠다"고 말씀하셨습니다. 그러나 무리들은 예수님이 말씀하시는 뜻을 알아듣지 못했습니다. 예수

님께서는 성전 된 자신의 육체를 가리켜 말씀하셨기 때문입니다. 이 말씀은 곧 예수님께서 십자가에서 죽으시고 3일 후에 부활하실 것을 말씀하신 것입니다. 예수님은 당신의 육체가 성전이라고 말씀하셨습니다. 예수님의 육체가 성전이라면 모세의 성막에서처럼, 솔로몬의 성전에서처럼 구름 속에서 나타나는 영광이 있어야 하지 않겠습니까?

> • 마17:1~2 엿새 후에 예수께서 베드로와 야고보와 그 형제 요한을 데리시고 따로 높은 산에 올라가셨더니, 그들 앞에서 변형되사 그 **얼굴이 해 같이 빛나며 옷이 빛과 같이 희어졌더라**

예수님께서 베드로, 야고보, 요한을 데리시고 변화산에 올라가신 일이 있었습니다. 그때 예수님의 얼굴에서 해같이 빛나는 영광이 있었습니다. 그렇다면 이러한 영광은 구름에서 나오는 것이어야 할 것입니다.

> • 마17:5~7 말할 때에 홀연히 **빛난 구름**이 그들을 덮으며 구름 속에서 소리가 나서 이르시되 이는 내 사랑하는 아들이요 내 기뻐하는 자니 너희는 그의 말을 들으라 하시는지라, 제자들이 듣고 엎드려 **심히 두려워하니**, 예수께서 나아와 그들에게 손을 대시며 이르시되 일어나라 **두려워하지 말라** 하시니

빛난 구름이 예수님과 제자들을 덮어버렸습니다. 자연적인 비구름은 빛이 나지 않습니다. 하나님의 영광이 있는 구름이기 때문에 빛이 나는 것이지요. 이 구름이 제자들을 덮을 때 제자들은 심히 두려워했다고 했습니다. 영적인 원리는 다 같습니다. 죄가 있는 상태에서 하나님을 만나면

두려울 수밖에 없습니다. 그래서 예수님께서 구름에 덮인 제자들에게 오셔서 두려워하지 말라고 말씀하신 것입니다. 제자들이 엎드린 것도 실은 하나님의 영광 앞에 감히 서 있을 수 없었기 때문입니다.

여기서 영광(榮光)에 대해 잠깐 설명하도록 하겠습니다. 빛에는 여러 종류가 있습니다. 불이 타서 내는 빛을 염광(炎光)이라고 합니다. 형광등에서 나오는 빛을 형광(螢光)이라고 합니다. 햇빛을 일광(日光)이라고 하며, 달빛을 월광(月光)이라고 합니다. 그렇다면 영광(榮光)은 무엇인가요? 이는 하나님으로부터 나오는 빛을 말합니다.

여러분은 태양빛인 일광을 육안으로 볼 수 있던가요? 일광을 바라볼 수 있는 피조물은 독수리 밖에 없다고 합니다. 만약에 태양이 지구 쪽으로 1m만 가까워진다고 해도 지구의 모든 인류는 아마 숯덩이가 될 것입니다. 에너지의 98%는 열로 발산되며, 2%는 빛으로 발산된다고 배웠습니다. 그런데 •계21:23은 천국에서는 해나 달의 비침이 필요 없다고 했습니다. 그 이유는 하나님의 영광이 비치기 때문이라는 것이지요. 그러니 하나님의 영광에 비하면 이 세상의 태양빛은 아무것도 아니라는 말이 됩니다. 영광을 막연하게 생각하지 않도록 부연설명을 해 보았습니다. 영광은 영적인 빛이라고만 생각하고 끝내지 말고, 일광과는 비교도 안 되는 실제의 에너지라는 것을 알아야 합니다. 그러한 영광이 지금 예수님의 몸 된 성전에서 나오고 있습니다.

그런데 만약에 하나님께서 그러한 영광을 예수님의 육체 속에 감추어 두지 않으시고, 아무 때나 발산되게 하셨더라면, 아마 이 세상에 살아남았을 사람은 아무도 없을 것입니다. 왜냐하면 예수님은 이 세상에 의인이라고는 하나도 없는 상태, 곧 모든 사람들이 흑암에 앉아 있을 때 오셨기 때문입니다. 그래서 하나님은 그의 영광을 예수님의 육체 속에 숨겨 놓으셨던 겁니다.

그렇기 때문에 베드로 이하 제자들은 예수님과 함께 다니면서, 자기들끼리 싸우기도 하고 예수님의 실체를 몰라서, 의아해 하기도 했던 거지요. 예수님을 어려워할 줄도 모르고 엄벙덤벙 따라 다니던 베드로와, 야고보와 요한이, 변화산에서 예수님의 몸에서 나오는 하나님의 영광을 처음 보자, 기겁을 하고 두려워 떨었던 겁니다. 하나님은 예수님을 통하여 모든 사람들을 살려내시기 위해서, 하나님의 영광을 예수님의 몸속에 감추어 두셨습니다. 하나님은 자신의 영광을 예수님의 몸속에 감추어 두셨기 때문에, 사람의 육안으로는 볼 수가 없습니다. 그러나 사람 속에 있는 영적존재인 귀신은 그 영광을 볼 수 있습니다. 그래서 귀신들이 예수님만 보면 발광을 하였던 것입니다.

• 막3:11　더러운 **귀신들도** 어느 때든지 예수를 보면 그 앞에 엎드려 부르짖어 이르되 당신은 하나님의 아들이니이다 하니

④ 성도 성전

• 고전3:16　너희는 **너희가 하나님의 성전**인 것과 하나님의 성령이 너희 안에 계시는 것을 알지 못하느냐

• 고전6:19　**너희 몸**은 너희가 하나님께로부터 받은 바 너희 가운데 계신 **성령의 전**인 줄을 알지 못하느냐 너희는 너희 자신의 것이 아니라

하나님은 예수님을 통하여 우리를 거듭나게 하시고 죄가 사해진 우리의 몸을 성전으로 삼으셔서 우리 속에 들어오셨습니다. 곧 거듭난 우리가 성전이라는 것입니다. 우리의 몸이 성전이라면, 우리에게서도 구름 속에서 빛나는 하나님의 영광이 있어야 하지 않을까요?

• 고후3:9 정죄의 직분도 영광이 있은즉 의의 직분은 영광이 더욱 넘치리라

정죄의 직분이란, 율법을 맡았던 모세의 직분을 말합니다. 성도가 모세보다도 지극히 크다고 하는 것은 앞에서 언급을 했습니다. 모세가 맡았던 정죄의 직분도, 영광이 있었다고 했습니다. 이에 대한 증거로 모세가 시내산에서 십계명을 받아 가지고 내려왔을 때 모세의 얼굴에서 광채가 났다고 했습니다. 그 이유는 하나님의 말씀이 그에게 있었기 때문입니다. 말씀은 곧 하나님이시므로 그 영광이 그에게 나타난 것이지요.

• 출34:30에 보면 이스라엘 사람들은 모세의 얼굴에서 나오는 광채로 인하여 모세에게 가까이 하기를 두려워했습니다. 죄인들로서 당연한 것입니다. 모세의 직분이 주는 영광도 그러하거늘, 성령께서 우리에게 들어오셔서, 직접 의인으로 만들어주심으로 받은 의의 직분이야 더 말해 무엇하겠습니까? 우리에게는 모세와는 비교할 수도 없을 만큼 큰 영광이 넘칩니다. 이것은 우리의 이야기가 아니라 하나님의 말씀입니다.

믿는 성도들에게는 하나님의 영광이 있으며, 이 영광이 비치고 있음을 믿어야 합니다. 하나님께서는 이러한 실제의 영광을, 평소에는 우리의 육체에 숨겨 놓으셨습니다. 만약에 이것을 발산하게 되면, 혈과 육으로 되어있는 육체들은, 감히 우리 앞에 서지도 못할 것입니다. 귀신은 혈과 육

이 없는 상태이기 때문에 두려워 떨기만 했습니다.

예수님께 있는 영광을 알아보고 귀신들이 벌벌 떨었다면, 그 귀신은 우리를 보고도 두려워 떨어야 하는 것 아닌가요? 혹시 여러분 중에 나는 가만히 있는데, 귀신들린 상대가 먼저 알아보고, 벌벌 떨며 난리를 치는 경험을 해본 적 있습니까?

저자가 여름 수련회를 갔을 때의 일입니다. 우리 교회 청년 한 명이 오더니, 우리 교회 청년은 아니지만 참가하고 싶다고 하는데 데려 가도 되겠냐고 물었습니다. 나는 기꺼이 그렇게 하라고 허락을 했습니다. 우리는 수련회 둘째 날 밤에 성령집회를 가졌습니다. 청년들 틈에 모르는 청년이 한 명 있기에 '아, 그 사람인가보다' 하고 기도를 해주기 위해 그에게 다가갔습니다. 1m쯤 가까이 갔을 때입니다. 손도 대지 않았는데 갑자기 그 청년이 발악을 하며 나뒹굴기 시작했습니다. 그 속에 있던 귀신이 두려워 발악을 하였던 것입니다. 그때, 나는 속으로 능력 행하는 것이 이렇게 쉽다면 얼마나 좋을까라는 생각을 했었습니다.

우리가 바로 이런 사람들입니다. 하나님이 우리 안에 영광을 숨겨놓으셨으므로, 귀신이 먼저 알아보고 벌벌 떨 만큼 하나님의 영광이 가득한 존재라는 말이지요. 그렇다면 영광과 함께 있는 구름도 우리에게 있어야 하는 것이 아닌가요? 물론, 그렇습니다. 그러나 그러한 구름은 예수님의 경우에도 평상시에는 안 보였습니다. 그러나 비상시에는 영광과 함께 나타났습니다.

• 살전4:15~17 우리가 주의 말씀으로 너희에게 이것을 말하노니 주께서 강림하실 때까지 우리 살아남아 있는 자도 자는 자보다 결코 앞서지 못하리

예수님께서 강림하실 때, 곧 일반적으로 재림이라고 하는 것이 있을 때 어떠한 일이 일어나는가? 예수님은 성전이시기 때문에 당연히 구름과 함께 빛난 영광으로 나타나실 것입니다. 그리고 믿는 성도들의 몸도 성전이기 때문에, 당연히 몸 안에 숨겨놓은 구름과 영광이 있습니다. 그러나 이런 사실들은 불신자들의 눈에는 보여 지지 않고, 또한 알 수도 없는 일입니다. 그러나 사도바울과 같이 눈에서 비늘이 떨어지고 영안이 열린 사람들은 볼 수 있습니다.

재림이란, 예수님이 구름 속에서 빛나는 영광 가운데 다니시는 모습을 모든 사람들 즉 불신자들의 눈에까지도 가시적으로 순식간에 보여 지는 것을 말합니다.

그때에 믿는 우리들은 어떻게 될까요? 그때를 기준으로 하여, 이미 믿다가 죽은 영혼들이 먼저 부활하여, 신령한 몸으로 변화가 되고, 그때에 살아서 믿고 있는 자들은 부활할 필요가 없이, 곧바로 신령한 몸으로 변화될 것입니다.

부활 때에는 이 땅에서 살던 육체가 다시 합쳐져서 회생되는 것이 아닙니다. 우리의 영혼을 담을 수 있는 새로운 몸이 다시 공급되는 것입니다. 그것을 •고후5:1은 하나님께서 손으로 짓지 아니하신 '하늘에 속한 몸'이라고 표현하고 있습니다. 이 땅의 육체는 달나라에만 가도 적응할 수 없습니다. 오직 이 땅에서만 영혼을 집어넣어 활동하게끔 만들어진 구조물에 불과합니다. 그렇다고 육체를 함부로 여기면 안 됩니다. 육체가 깨어지면 영적인 일도 할 수 없기 때문입니다. 육체가 있는 동안은 육체가 목적은 아니지만, 영혼을 보존하는 귀한 존재로 잘 관리해야 합니다, 하나님은 우리가 상 주실 그 날까지 흠 없고 순전한 모습으로 있기를 원하신다고 말씀하셨습니다.

•고전15:50~53　형제들아 내가 이것을 말하노니 **혈과 육은 하나님 나라를 이어 받을 수 없고** 또한 썩는 것은 썩지 아니하는 것을 유업으로 받지 못하느니라, 보라 내가 너희에게 비밀을 말하노니 우리가 다 잠 잘 것이 아니요 마지막 나팔에 순식간에 **홀연히 다 변화되리니,** 나팔 소리가 나매 죽은 자들이 썩지 아니할 것으로 다시 살아나고 우리도 변화되리라, 이 썩을 것이 반드시 썩지 아니할 것을 입겠고 이 죽을 것이 죽지 아니함을 입으리로다

신령한 변화체로 변화되는 사건은 순식간에 이루어질 것입니다. 성경에서는 '홀연히' 라는 단어를 썼는데, 홀연히 라는 시간의 단위는 우리의 이성으로는 감지할 수 없는 가장 짧은 시간의 단위입니다. 그래서 예수님

은 그리스도가 골방에 있다 하여도 들어가지 말고, 들에 있다고 하여도 나가지 말라고 하신 겁니다. 그럴만한 시간이 없다는 것이지요. 이처럼 순식간에 되어 질 사건이 불신자들의 눈에는 믿는 자들이 예수님과 함께 구름 속으로 끌어올려져 예수님을 영접하는 것으로 보이게 되는데 이것이 곧 휴거입니다.

어떻게 무거운 사람의 몸이 공중으로 끌어 올려 질 수 있을까요? 신령한 몸으로 변화된 변화체는 인자 예수님과 같이 시간과 공간의 제한을 받지 않기 때문입니다. 당신은 천사가 자유자재로 시공간 제한 없이 다닌다는 것을 인정합니까? 마찬가지로 불신자들의 눈에 보이는 재림의 사건이 있을 때는, 당신도 신령한 몸을 덧입고 시공간 제한 없이 어디든 다니게 될 것입니다.

사람 앞에서 예수님을 구주로 시인하는 것, 이것이 곧 우리의 신앙입니다. 지금 우리 앞에 닥친 어떤 어려운 문제가 있을지라도, 모든 문제의 해결자이신 그리스도를 구주로 시인만 하면, 주님이 천사들 앞에서 나를 시인하실 것입니다. 그리고 주님의 사인을 받은 천사들은, 예수님께서 허락하신대로 우리의 문제를 해결하기 위하여 즉각 움직이기 시작할 것입니다. 그러면 당신은 매일 매일 최고의 인생을 살 게 될 것입니다. 그러다가 천국에 가서는 우리가 이 땅에서 누리며 살았던 모든 믿음의 열매들을 가지고 영생복락을 누리게 되는 것입니다.

적용 :: 당신에게는 항상 하나님의 영광인 구름이 나타나게 되어 있습니다. 당신은 성전이기 때문입니다. 이 사실을 깨닫고 믿을 때 육안으로는 보이지 않지만 당신에게서 나타나는 영광인 구름을, 영적인 존재인 귀신은 보고 알게 됩니다. 이러한 믿음에 도전하십시오. 믿음은 세상의 지식으로 얼룩진 불신의 찌꺼기들을 제거하는 것입니다.

기도 § 하나님, 제가 하나님의 성전이라는 사실을 구체적으로 깨닫게 됩니다. 이제 막연한 생각을 떨쳐 버리고 항상 어디서든지 하나님의 영광이 나타나는 하나님의 성전이 되겠습니다. 저를 하나님의 성전이 될 수 있도록 해 주신 예수님의 이름으로 기도합니다. 아멘

책을 만든 사람보다 책이 만든 사람이 더 많다는 말처럼, 이 한 권의 책에 모든 영적 원리들을 다 담을 수는 없었지만, 이 책이 하나님의 의지와 우리를 향하신 계획들을 알아 가는데 도움이 되었기를 바랍니다.

모든 영적 원리는 알고 보면 아주 간단합니다. 하나님이 지으신 모든 피조물들은 하나님의 아들이 나타나기를 학수고대합니다. 그러므로 우리는 해당되는 삶의 제목에 예수님의 이름을 선포하면 되는 것입니다.

예를 들어 장사가 잘 안되면 사업장에 대고 "이 땅의 모든 저주가 예수님의 이름으로 풀렸다!"라고 선포하면 됩니다. 그러면 모든 사망의 요소를 잡고 움직이던 엉겅퀴와 가시덤불의 저주가 제거됩니다.

또 몸이 아프면 환부에 손을 대고 "예수가 이미 우리의 질병을 위하여 채찍에 맞았음으로 이 육체는 이제 나음을 입을지어다!"라고 선포하면 됩니다. 그러면 육체도 피조물이기 때문에 하나님의 말씀을 듣게 되어 있습니다.

가난의 문제가 있다면, "부요하신 예수님이 우리의 가난을 친히 감당하셨으므로 나는 부요하다."라고 선포하면 그때부터 천사들이 환경을 말씀대로 이루어 가기 위해서 움직이게 됩니다.

'단지 말로서 선포만 해도 된다는 말인가?' 라는 궁금증이 생기십니까? 사실 그런 질문을 하는 데는 해결되는 과정을 보고 싶어 하는 충동이 우리에게 있기 때문입니다.

그러나 '어떻게 해결될까?' 는 우리의 영역이 아닙니다. 하나님께서 천사들을 움직여서, 돈이 잘 벌릴 사업을 구상하게 하시던지, 돈이 많은 사람을 감동시켜 물질을 공급하여 주시던지, 아니면 돌을 금덩어리로 만들어내기라도 하시겠지요.

분명한 사실은, 모든 영적 세계는 말씀으로 깨달을 때는 비가시적이지만, 믿음으로 그대로 될 것을 선포하면, 그 결과를 우리 눈으로 보게 된다는 것입니다.

그래서 믿음을 보지 못하는 것의 실상이라고 한 것입니다. 보지 못하는 것이 보이는 실상으로 나타날 때까지 걸리는 시간을 '시험' 이라고 하고, 그 시간 속에서 경험되어지는 기다림을 '인내' 라고 합니다. 그래서 • 계 1:9에서 사도요한은 자신의 신분을 '예수의 참음에 동참하는 자' 라고 한 것입니다.

'정말 그런 일이 일어날까?' 라는 의심은, 예수 믿기 전의 기억과 경험을 가진, 내 옛사람의 습관을 이용하는 마귀의 계략입니다. 기껏 기도하여 질병에서 치유되었다가 다시 재발하는 것도 내 안에 분명 '정말 내가 깨끗하게 나은 것일까?' 라는 의심이 있었기 때문입니다. 마귀는 여러분의 그 의심하는 마음을 잡고 다시 사망적 요소인 질병을 재발시켜 '기도로는 네 병이 나을 수가 없어' 라고 믿도록 합니다.

사실 믿는 자들이 말씀 밖으로, 도피성 밖으로 다시 나가는 것도 다 마귀의 계략에 속았기 때문입니다. 그러므로 우리는 늘 말씀으로 자신을 경계해야 합니다.

이 책을 마무리하면서 다윗의 고백으로 여러분께 권면합니다.

• 시119:61 악인들의 줄이 내게 두루 얽혔을지라도 나는 주의 법을 잊지 아니하였나이다

평생을 사는 동안 하나님에 대한 절대적 신뢰와 깨닫는 지혜가 풍성하시기를 축복합니다.

 # 인카네이션

1. 왜 인카네이션(Incarnation)인가?

• 요1:14에서 사도 요한은 예수님에 대해 '말씀이 육신되어 우리 가운데 계신 분' 이라고 고백을 했다.

말씀이 육신되었다는 말의 실질적인 의미가 무엇인가? 예수님이 이 세상에 오셨을 때, 그분은 갑자기 하늘에서 뚝 떨어지신 분이 아니라 하나님께서 약속하신 것의 성취로 오셨다는 말이다. 우리는 이 사실을 성육신 즉 인카네이션이라고 한다. 아담이 선악과를 따먹고 하나님 앞에 범죄 하자마자 하나님은 인간 구원에 대한 계획을 바로 말씀하셨다.

• 창3:15 내가 너로 여자와 원수가 되게 하고 네 후손도 여자의 후손과 원수가 되게 하리니 **여자의 후손**은 네 머리를 상하게 할 것이요 너는 그의 발꿈치를 상하게 할 것이니라

한 사람 아담의 범죄로 세상 모든 사람들이 죄인이 될 것을 아시는 하나님은 세상의 모든 죄악을 담당할 예수님을 이 땅에 보내실 것을 계획하셨다. 그러나 죄인이 죄인을 구원할 수 없으니 의인이 오셔야 했고, 때문에 그분은 성령으로 잉태되어야 하셨으며, 원숭이가 아닌 사람을 구원하셔야 하니 사람의 형상을 입기 위해 여자의 몸을 빌려야 하는 것이다. 이러한 영적원리의 표현이 '여자의 후손'이라고 하는 단어 속에 들어있다. 이러한 하나님의 약속은 구약의 역사를 타고 메시야를 기다리는 사람들에게 기억될 필요가 있었다.

• 사7:14 그러므로 주께서 친히 징조를 너희에게 주실 것이라 보라 **처녀가 잉태하여 아들을 낳을 것이요 그의 이름을 임마누엘이라 하리라**

이러한 구약의 역사 속에서 끊임없이 확인되어왔던 약속의 말씀은 정확히 성취되었고, 그 내용은 사람들의 눈에 보이는 실상으로 명확히 나타난 것이다. 그분이 바로 인간 역사 속에 육체를 가지고 사람으로 오신 예수님이다. 이러한 예수님의 탄생에 대해 사도 요한은 '말씀이 육신 되었다'고 표현하는 것이다.

2. 치는 반석과 명하는 반석

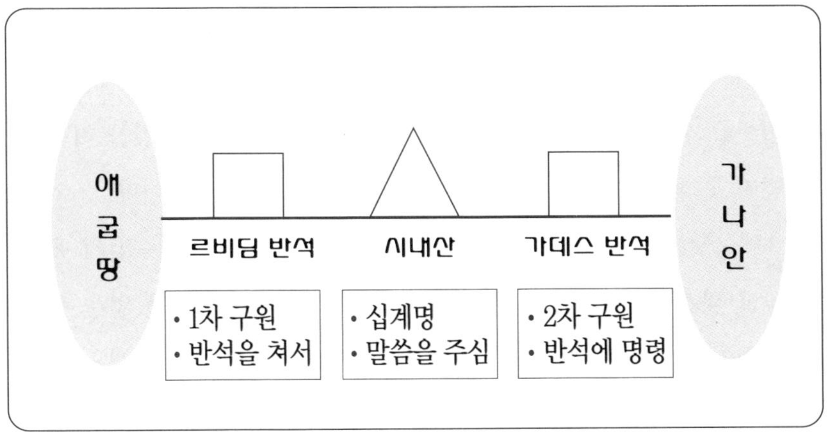

이스라엘 백성들이 광야를 통과하는 과정에서 르비딤에 머물렀을 때에 물이 없어 모세를 원망하자 하나님은 '반석을 쳐서' 물을 내라고 하셨다. 반석으로부터 나오는 물을 마시고 그들은 시내산으로 행진을 하게 된다. 르비딤에서 반석을 쳐서 물을 내는 장면은 •출17:6이고, 반석을 명하는 장면은 •민20:8이며 양대 사건은 38년의 시간적 간격을 두고 진행되었다.

르비딤을 떠나 시내산에서 말씀을 받고 가데스에 이르렀을 때 그들은 다시 물이 없는 목마름의 문제에 봉착하게 된다. 하나님은 이때 모세에게 '반석에게 명하여' 물을 내라고 말씀하신다. 이때 모세는 하나님의 말씀대로 '반석에게 명하지' 않고 르비딤에서와 같이 '반석을 쳐서' 물을 내게 된다. 이 사건으로 모세는 하나님의 진노를 사게 되었고 결국 모세는 가나안 땅에 들어가는 것을 허락받지 못하였다. 그가 하나님의 말씀을 믿지 않았기 때문이다.

이 사건은 우리에게 무엇을 말하고 있는가? 우리는 예수님의 매 맞고 찢기심으로 말미암아 천국에 갈 수 있는 1차 구원을 얻은 사람들이다. 그러한 자들은 이제 말씀을 가지고 남아있는 인생의 광야 길을 걸어가야 한다. 광야는 불 뱀과 전갈이 있는 문제투성이의 길이다. 그러나 이미 예수님께서 죄의 삯을 다 치러 놓으셨다는 말씀을 믿는 믿음으로 걸어가면 그 믿음이 실상이 되어 나타나는 순적한 길이기도 하다.

• 고전10:4에서 광야에서 물을 냈던 신령한 반석은 곧 그리스도라고 했다. 반석은 '치는 반석'도 있고 '명하는 반석'도 있다. 치는 반석이신 예수 그리스도의 보혈에 의해 우리는 1차 구원을 받은 사람들이다. 1차 구원으로 말미암아 예수님을 영접한 사람들 속에는 성령으로 오신 예수님이 내재하신다. 이 성령님은 곧 말씀

이므로 1차 구원을 얻은 사람들은 그 말씀대로 살아가야 하는 것이다.

말씀대로 살아간다는 말은 곧 우리 속에 말씀으로 임재해 계신 성령이신 예수님께 '어떻게 해 달라'고 요청을 하면, 우리의 믿음을 보신 예수님께서 우리에게 약속하신 대로 존재를 만들어 내시는 것이다. 이처럼 믿음을 실상으로 만지고 누리며 이루어 내는 것이 2차 구원인 것이다.

3. 구원받은 자는 어떻게 살 것인가?

1) 인카네이션의 실질적인 의미

• 창1:11에 보면 하나님은 말씀으로 각기 종류대로 식물들을 내셨다. 그렇다면 지금 이 땅에 존재하고 있는 식물들은 모두 말씀이 육신된 것인가? 그렇다. 이것도 인카네이션이다. 하나님의 말씀에 의해 말씀대로 되어 진 모든 것은 인카네이션이다.

오늘 아침에도 해는 동쪽에서 떴다. 내일도 그럴 것이다. 왜 그럴까? • 창1:14에 보면 하나님께서 해, 달, 별을 만드시고 이것들로 하여금 사시와 일자와 연한을 이루라고 말씀하셨다. 그렇기 때문에 지구는 자전을 하여 하루라는 시간을 만들어 내고, 태양을 공전함으로써 1년이라는 시간을 만들어 내고 있는 것이다. 따라서 사시와 일자와 연한을 이루고 있는 우리 삶의 우주적인 환경도 말씀에 의해 그렇게 된 것이니 인카네이션이다.

• 창17:15이하에 보면 하나님께서 아브라함에게 아들을 주시겠다고 약속하시는 장면이 나온다. 그때 아브라함은 하나님 앞에 엎드려서 웃고 있었다. 즉 하나님의 말씀을 못 믿고 있었던 것이다. 그러한 아브라함이 1년 뒤에 진짜 아들을 낳게 되었다. 그렇다면 아브라함이 낳은 아들 이삭은 아브라함이 생리적 기능으로 낳은 것인가, 아니면 하나님의 말씀이 낳게 하신 것인가? 답은 독자들이 아실 것이다. 이삭도 하나님의 말씀에 의해 태어났고, 말씀이 이루어진 것이니 곧 말씀이 육신이 된 인카네이션이다.

이처럼 존재하는 피조물이나 환경이나 사람까지도 모두가 말씀에 의해 이루어진 실상이니 이러한 것은 모두 '말씀이 육신되어진 것' 이라고 정의를 내릴 수 있다. 그러므로 우리가 사는 환경 속

에서 말씀에 의해 이루어지는 모든 것들은 다 인카네이션이라고
할 수 있다.

2) 우리에게 말씀을 주셨다.

• 히11:3에 보면 모든 세계는 다 하나님의 말씀으로 지어졌다고
했다. '모든 세계' 란 우리가 이미 경험한 것도 있지만, 미래라는
시간 속에 잠겨있는 것도 있다. 예를 들어 당신이 치유 받아야 할
건강의 문제, 공급되어야 할 물질의 문제, 뿐만 아니라 당신이 앞
으로 살아가면서 만날 모든 문제들도 이미 하나님은 예수 그리스
도를 통하여 해결해 놓으셨다는 말씀이다.

그러므로 마귀의 권세도 이미 하나님의 말씀으로 모두 깨어진
권세가 되었다. 그래서 예수님은 십자가에서 '다 이루었다' 고 말
씀하셨고, 또한 '내가 세상을 이기었다' 라고 말씀하신 것이다.

살면서 당신은 많은 문제를 만날 것이다. 그러나 염려하지 마시
라! 왜냐? 하나님은 이미 당신 앞에 펼쳐질 모든 문제까지도 다 해
결하여 '말씀으로 되어진 세계' 속에 담아 놓으셨기 때문이다. 그
리고 하나님은 우리에게 세상의 모든 피조세계를 창조하셨던 그

말씀을 해답으로 주신 것이다.

• 요17:8 나는 아버지께서 내게 주신 **말씀들**을 그들에게 주었사오며

구원받은 우리는 하나님의 의도와 원리에 의해 인생이라는 광야에서 불 뱀과 전갈을 말씀으로 밟으며 승리의 걸음을 걷게끔 되어 있는 사람들이다.

인카네이션(가칭)이라고 하는 근간서적은 총론과 각론으로 구성되어 있다. 총론에서는 왜 말씀이 육신이 되어 나타나는가에 대한 원리를 설명하였다. 또한 각론에서는 말씀을 깨닫고 실제 삶의 현장에서 적용한 결과, 해결 받았던 사람들의 실제적 문제의 내용과 말씀에 대한 가르침, 그리고 적용한 결과 등을 소개하고 있다. 독자들에게 '더 콜링'이 원론적인 책이었다면, '인카네이션'은 실용적인 책이 되어 조만간 여러분과 만나게 될 것이다.